Michael Berndt

R.I.S.K.

Der menschliche Vorteil im Zeitalter der Künstlichen Intelligenz

Erschienen
im Tredition-Verlag

ISBN Print 978-3-384-17326-3
Zeichnungen: Michael Berndt & »graphITart42«

Druck und Distribution im Auftrag des Autors:
tredition GmbH, Heinz-Beusen-Stieg 5
22926 Ahrensburg / Germany

NDA-protected knowledge sharing

Die in diesem Buch genannten Beispiele ohne Angabe von Unternehmens- oder Personennamen spiegeln dennoch den Erfahrungs- und Kenntnisschatz des Autors wider. Sie sind in einer Weise dargestellt, die den Anforderungen einer Geheimhaltungsvereinbarung (Non-Disclosure Agreement, NDA) entspricht.
Dies bedeutet, dass trotz der Anonymisierung der spezifischen Details, die Kerninformationen und Lektionen, die aus diesen Erfahrungen gezogen werden können, geteilt werden dürfen.
Die Art der Kommunikation ist so gestaltet, dass sie die Vertraulichkeit wahrt und gleichzeitig wertvolles Wissen vermittelt, ohne die NDA-Bedingungen zu verletzen.

Zielgruppen

Dieses Buch richtet sich an Führungskräfte, die bestrebt sind, ihre Mitarbeiter auf eine KI-getriebene Zukunft vorzubereiten. Unternehmer und Entscheidungsträger in KMU erhalten hier ungewöhnliche, aber erfolgversprechende Strategien für nachhaltiges Wachstum. Personalverantwortliche, die sich mit der Rolle des Menschen in der digitalen Transformation beschäftigen, finden hier Leitlinien zur Potenzialentfaltung der Mitarbeitertalente. Für Berater, Trainer und Coaches enthält dieses Buch inspirierende sowie herausfordernde Anregungen in den Bereichen Organisationsentwicklung und Change Management.

Für alle Zukunftsinteressierten bietet es Einblicke, wie Künstliche Intelligenz als Motor des Wandels nahezu jeden Beruf verändern wird. Es zeigt Wege auf, wie Unternehmen in einer technikdominierten Epoche proaktiv Resilienz aufbauen können. Durch die Förderung des menschlichen Potenzials und bemerkenswerte Formen der Zusammenarbeit können sie sich zu attraktiven und sinnstiftenden Lebensräumen entwickeln.

Obwohl der Fokus dabei auf B2B-Beziehungen liegt, sind viele der präsentierten Ansätze grundsätzlich zielgruppenübergreifend anwendbar.

Anrede in diesem Buch

Zur besseren Lesbarkeit wird in diesem Buch das generische Maskulinum verwendet. Die verwendeten Personenbezeichnungen beziehen sich auf alle Geschlechter und Identitäten.

Über das Buch

Wie Führungskräfte und Unternehmen das menschliche Potenzial nutzen, um in einer KI-getriebenen Welt zu wachsen.

Der Mensch hat auch im Zeitalter von Künstlicher Intelligenz und Automatisierung einen unersetzlichen Wert. Obwohl neue Technologien viele Routinetätigkeiten übernehmen werden, bleiben ureigene menschliche Fähigkeiten wie Intuition, Neugier, Kreativität und Empathie unverzichtbar. Unternehmen sind daher gut beraten, diese spezifisch menschlichen Kompetenzen zu stärken und als wettbewerbsrelevanten Vorteil zu begreifen. Es bedarf einer Unternehmenskultur, die das Nebeneinander überwindet und das Miteinander stärkt, die Risikobereitschaft wertschätzt und ihre Innovationskraft als wichtiges Gut betrachtet.

Das Ziel dieses Buches ist die Maximierung der Unternehmensresilienz. Dafür werden in vier zentralen Kapiteln unterstützende Methoden und Werkzeuge vorgestellt. Diese umfassen eine zukunftsorientierte Überprüfung des Geschäftsmodells, die Förderung der Intuition in Problemlösungsprozessen, ein aus der Natur inspiriertes Modell der Kollaborationskultur sowie den produktiven Umgang mit Zufall und Unvorhersehbarkeit.

R.I.S.K. ist ein praxisorientierter Leitfaden, der zeigt, wie dieser Wandel Schritt für Schritt gelingen kann.

Über den Autor

Michael Berndt (Jahrgang 1969) ist freiberuflicher Führungskräfte- und Resilienztrainer sowie Berater für Vertriebskommunikation. Zuvor Geschäftsführer innerhalb der Media-Saturn-Unternehmensgruppe, unterstützt er heute Unternehmen bei der erfolgreichen Umsetzung ihrer Veränderungsprozesse und Wachstumsstrategien.

Inhalt

Wenn eine Idee am Anfang nicht absurd klingt, dann gibt es keine Hoffnung für sie.
Albert Einstein

Der Klick-Bang

Alles wird sich ändern

Der Jahreswechsel 2022/23 markierte einen besonderen Zeitpunkt in der Welt der Technologie. Mit der Veröffentlichung von ChatGPT trat die Künstliche Intelligenz (KI) eindrucksvoll ins Scheinwerferlicht der Öffentlichkeit. Es war der Moment, in dem wir aus dem Dornröschenschlaf der digitalen Selbstgefälligkeit gerissen wurden.

Lose Gedankensammlungen konnten in strukturierte Dialoge und ausgearbeitete Texte verwandelt werden. ChatGPT diente als eine Art Katalysator für Kreativität und Effizienz. Menschen, die Schwierigkeiten hatten, ihre Ideen zu Papier zu bringen, fanden hier einen geduldigen und hilfreichen Partner.

Ein Gedankenaustausch mit der KI war fast so einfach wie mit einem menschlichen Gesprächspartner. Die Fähigkeit, Kontext zu verstehen und in natürlicher Sprache zu antworten, ermöglichte ein beeindruckend dynamisches Gesprächserlebnis.

Hinzu kam, dass die Technologie leicht zu bedienen war und jedem zugänglich, der einen Computer besaß. Mit kurzen Text- oder Spracheingaben und einem bestätigenden ›Klick‹ entfaltete sich eine Welt der dialogischen Antworten und Inspirationen. Ob zu Hause am Esstisch, entspannt auf dem Sofa oder am Arbeitsplatz: Was zuvor nur als theoretische Möglichkeit galt, wurde plötzlich greifbare Realität.

Als sogenanntes Large Language Model (LLM) repräsentiert ChatGPT zwar nur einen Teilbereich generativer KI-Systeme, doch seine Auswirkungen auf die Gesellschaft schienen tiefgreifend. Die Möglichkeiten, wie Menschen ab jetzt mit dieser Technologie interagieren würden, schienen das Wesen vieler Berufe zu verändern. Eine Welle der Beunruhigung ergriff Wissensarbeiter weltweit. Das diffuse Damoklesschwert des Jobverlustes schwebte plötzlich über ihren Köpfen. Als diese Technologie nur Monate später auch in der Robotik Einzug hielt und menschenähnlichen Robotern einen fast gespenstisch authentischen Charakter verlieh, war KI das dominierende Thema in der Wirtschaft.

Vor dem Hintergrund dieser technologischen Fortschritte entbrannten im Internet hitzige Debatten. Alarmierende Studien prognostizierten medienwirksam den Verlust von Millionen von Arbeitsplätzen. Publikationen von Forbes und Goldman Sachs ließen mit schockierenden Zahlen aufhorchen, die ausreichten, um Leser in eine Spirale der Sorge zu stürzen.[1][2] Sie zeichneten ein Bild, in dem neue Technologien wie Künstliche Intelligenz bis 2027 bis zu 69 Millionen neue Arbeitsplätze schaffen würden. Gleichzeitig würden aber auch 83 Millionen Stellen verloren gehen. Ein Szenario mit einem Nettoverlust von 14 Millionen Jobs, vor allem in administrativen Berufen.

Die andere Seite zeichnete ein noch düstereres Bild, in dem 300 Millionen Arbeitsplätze dem technologischen Fortschritt zum Opfer fallen würden. Die Öffentlichkeit schien polarisiert. Einige malten schwarz, die anderen wiesen auf die Entstehung gänzlich neuer Beschäftigungsfelder hin.

Heute schon ist erkennbar: Diese Technologie wird nicht nur einzelne Jobs überflüssig machen, sie droht ganze Berufsfelder zu entwurzeln. Aufgrund der Fortschritte in der Digitalisierung, Robotik und Künstlichen Intelligenz werden weltweit Millionen von Menschen ihre Karrierepläne ändern müssen.

i: Generative KI und LLMs

Generative KI ist ein Bereich der Künstlichen Intelligenz, der sich auf die Erzeugung von Inhalten wie Texten, Bildern, Musik und Videos spezialisiert. Large Language Models (LLMs) sind ein Teilbereich der Generativen KI, der sich auf das Verständnis und die Verarbeitung von Sprache konzentriert. Diese LLMs sind in der Lage, Fragen zu verstehen, Texte zu interpretieren, Zusammenhänge in großen Datenmengen zu erkennen und mit Nutzern in natürlicher Sprache zu kommunizieren. Dadurch werden vielfältige Anwendungen in geschäftlichen Bereichen wie Kundenservice, Marketing, Bildung oder der Unterstützung am individuellen Arbeitsplatz ermöglicht.

LLMs werden mittels großer Datenmengen ›trainiert‹, indem sie Wörter und ihr Verhältnis zueinander in Zahlen festlegen. Diese Wortbeziehungen lassen sich dann als eine Art Koordinatensystem darstellen.

Beispiele

- Die Begriffe ›Mutter‹ und ›Vater‹ liegen numerisch nahe beieinander, ebenso ›Orangen‹ und ›Äpfel‹. Diese sind jedoch weit entfernt von ›Mutter‹ und ›Vater‹.

- ›Hunde‹ und ›Katzen‹ sind auch weit entfernt von ›Mutter‹ und ›Vater‹, aber näher an ihnen als an ›Orangen‹ und ›Äpfel‹.

- ›Tisch‹ und ›Stuhl‹ liegen eng beieinander, aber weit weg von ›Mutter‹ und ›Vater‹.

- Die neuen Begriffe ›König‹ und ›Königin‹ liegen wieder näher bei ›Mutter‹ und ›Vater‹.

Das jeweilige LLM kann durch das Verständnis der Beziehungen zwischen Wörtern und Konzepten neue, sinnvolle Kombinationen erzeugen. Im umfassenderen Sinne ist Generative KI also dazu fähig, aus den erlernten Datenstrukturen und Mustern Inhalte zu erschaffen, die zuvor nicht existierten. Die von ihr konstruierten Ergebnisse können sogar als kreativ betrachtet werden.

Durchatmen

Aktuell, zum Zeitpunkt der Buchentstehung, mag es den Anschein haben, als hätte sich die ganze Aufregung gelegt. Nach der ersten Welle der Besorgnis sind die Stimmen der Arbeitnehmer leiser geworden. Doch unter der ruhigen Oberfläche, erstaunlich weit entfernt von der öffentlichen Wahrnehmung, braut sich ein wirtschaftlicher und sozialer Tsunami enormen Ausmaßes zusammen. In den stillen Kammern der KI-Spezialisten nimmt schlichtweg eine Revolution Gestalt an. Hier wird die Automatisierung vieler wichtiger Bereiche wie Produktion, Dienstleistung, Datenanalyse und Entscheidungsfindung vorbereitet. Experten verfeinern Algorithmen, füttern Datenmodelle und simulieren Prozesse, die schon bald unsere Arbeits- und Lebensweise verändern werden. Im Moment nimmt die auf das Tagesgeschäft fokussierte Arbeitswelt noch nicht allzu viel davon wahr. Doch die meisten Automatisierungsprozesse unterliegen dem sogenannten Ketchupflaschen-Effekt. Zunächst scheint es, als würde sich wenig verändern, doch im Verborgenen baut sich ein Momentum auf. Plötzlich entlädt sich diese angestaute Energie in einem einzigen Schwall und breitet sich rasch aus – ähnlich dem explosionsartigen Ausbreiten des Ketchups aus einer scheinbar verstopften Flasche. In dieser Phase der technologischen Entwicklung erleben wir ein Phänomen, das Parallelen zum ›Leapfrogging‹ aufweist. Ähnlich wie Länder oder Unternehmen in der Vergangenheit Entwicklungsschritte übersprungen haben, um direkt zu fortgeschritteneren Technologien zu gelangen, befinden sich nun Unternehmen in einer ähnlichen Situation. Sie stehen vor der Herausforderung, traditionelle Arbeitsweisen zu überspringen und sich unmittelbar den neuen Möglichkeiten der Automatisierung und Künstlichen Intelligenz zu öffnen. Denn Automatisierung bedeutet in diesem Zusammenhang weit mehr als die Vereinfachung von Routineaufgaben. Es ist ein fundamentaler Wandel, bei dem intelligente Systeme entwickelt werden, die menschliche Entscheidungen nicht einfach nachahmen. Sie werden ›Richtig

und Falsch‹ antizipieren und autonom Handlungen ausführen. Diese Systeme sind darauf programmiert, zu lernen, sich anzupassen und selbstständig zu verbessern. Unermüdlich, präzise und ohne die Grenzen menschlicher Leistungsfähigkeit. Sie sind die Vorboten einer Ära, in der die menschliche Arbeitskraft und Fachwissen nicht mehr alleinige Motoren des Fortschritts sind.
Die Funktionsweise dieser Technologien ist leise und subtil, doch ihre Auswirkungen sind es nicht. Sie werden sich mit einer Plötzlichkeit und Wucht entfalten, die bestehende Geschäftsmodelle infrage stellen und ganze Industriezweige umgestalten wird.
Die Auswirkungen auf die Arbeitswelt sind enorm. Während die Kosten für KI-Dienstleistungen sinken und die Technologie zugänglicher wird, nimmt auch die Automatisierung exponentiell zu.

i: Leapfrogging

Der Begriff ›Leapfrogging‹ steht für den Prozess, in dem Akteure – seien es Unternehmen oder ganze Länder – bestimmte Entwicklungsstufen überspringen und direkt zu fortschrittlichen Technologien oder Praktiken wechseln. In weiten Teilen Afrikas wurde beispielsweise der Aufbau einer Festnetzinfrastruktur übersprungen, zugunsten des direkten Übergangs zu Mobiltelefon- und mobiler Internettechnologie.
Diese Entwicklung beschleunigte nicht nur die Verbreitung digitaler Bezahlsysteme, sondern eröffnete auch bisher unterversorgten Bevölkerungsgruppen neue Möglichkeiten des Zahlungsverkehrs. Das trug erheblich zur wirtschaftlichen Stärkung dieser Länder bei.
Für Unternehmen bedeutet Leapfrogging, dass sie schnell auf neue Marktchancen reagieren, indem sie veraltete Technologien oder Methoden überspringen und direkt auf fortschrittliche Alternativen setzen. Allerdings bringt das auch Herausforderungen mit sich. Es erfordert oft erhebliche Anfangsinvestitionen und kann, durch das Überspringen von Zwischenschritten, zu Anpassungsschwierigkeiten führen. Bereits vorhandene Kompetenzen und Infrastrukturen können dadurch einfach überflüssig werden.

Obwohl die Energiekosten dieser Systeme hoch sein werden, scheint Künstliche Intelligenz eine lohnende Investition. Denn ihre Effizienz und Geschwindigkeit bei Routineaufgaben übertrifft die der Menschen um ein Vielfaches. Das macht sie, trotz der hohen Kosten, zu einer überlegenen Option. Hinzu kommt die Möglichkeit, autonom agierende ›KI-Agenten‹ problemlos zu vervielfältigen, die dann als intelligente Werkzeuge digitale Aufgaben im Alleingang ausführen können. Eine völlig neue Art der Wertschöpfung. Der wirtschaftliche Anreiz wird zu verlockend sein, als dass sich Unternehmen diesem Trend dauerhaft widersetzen könnten. Der Druck, wettbewerbsfähig zu bleiben, wird dazu führen, dass auch zögerliche Unternehmen den Schritt zur Automatisierung wagen (müssen).

Wachstum?

Dadurch stellt sich die Frage: Wie wird Wirtschaft funktionieren, wenn die menschliche Arbeitskraft durch die fortschreitende Automatisierung zunehmend infrage gestellt wird?

Mit der steigenden Ersetzbarkeit menschlicher Arbeit durch Maschinen müssen wir unser Verständnis von Arbeit, Geld und Unternehmertum grundlegend überdenken. Das betrifft die Art und Weise, wie wir arbeiten, Werte schaffen und verteilen.

Die Annahme, dass technologische Innovationen stets neue Arbeitsplätze schaffen, darf nicht als unumstößlich betrachtet werden. Denn in Wahrheit zielt technologischer Fortschritt primär auf Kostensenkung ab. Dadurch werden Kapital, Zeit und Ressourcen frei, die anderweitig eingesetzt werden können, wodurch neue Nachfragefelder und Märkte entstehen. Diese würden theoretisch zu Jobwachstum führen, doch die Schaffung neuer menschlicher Arbeitsplätze ist damit nicht zwangsläufig verbunden. Wenn die neuen Märkte maschinell bedient werden können, bleibt der direkte Effekt auf menschliche Arbeitsplätze fraglich.

Für viele Unternehmer wird nur eines zählen: Dass die Nachfrage bedient und ›der Job‹ erledigt wird. Die Sorge, dass Maschinen in bestimmten Bereichen bald vollständig die menschliche Arbeitskraft ersetzen, ist daher berechtigt.

Ein prominentes historisches Beispiel sind Telefonistinnen, deren Beruf mit der Einführung automatischer Telefonanlagen überflüssig wurde. Einst unverzichtbar für die Vermittlung von Gesprächen, wurden sie durch Systeme ersetzt, die Anrufe ohne menschliches Zutun vermitteln konnten. Ähnlich wird es vielen computergestützten Berufen ergehen.

In der Wissenschaft helfen KI-Tools bereits heute bei der Literaturrecherche und dem Verfassen von Manuskripten. Sie beschleunigen den Forschungsprozess erheblich. Das hat bereits heute Auswirkungen auf viele Assistenzstellen.

Auch bei den Kreativschaffenden ist ein dramatischer Einfluss zu erwarten. Die Entwicklung von Text-zu-Video-Produktionen verdeutlicht dies. Die Vorhersage, dass der erste vollständig von KI generierte Hollywood-Spielfilm nicht mehr lange auf sich warten lassen wird, steht glaubhaft im Raum. Eine solche Entwicklung könnte die Filmindustrie revolutionieren. Die Produktionskosten würden drastisch sinken, und die Art und Weise, wie wir digitale Unterhaltung konsumieren, würde sich grundlegend ändern.

i: Text-to-Video

Unter ›Text-to-Video‹ versteht man die Erzeugung von Videosequenzen ausschließlich aus Texteingaben. Bei dieser Technologie wird ein KI-Modell darauf trainiert, videorealistische Darstellungen aus Texten zu erzeugen, die auf den beschriebenen Szenarien oder Inhalten basieren. Trotz aktueller Einschränkungen bei der Auflösung und Kontinuität der Videosequenzen entwickelt sich die Qualität der Ergebnisse rasant. Die resultierenden Videos erreichen bereits heute ein fotorealistisches Niveau. Es wird nicht mehr lange dauern, bis ganze Spielfilme oder Videos für Werbe- und Schulungszwecke allein aus Text generiert werden können. Dies verspricht tiefgreifende Veränderungen in kreativen Branchen wie Film, Animation und Werbung.

AGI

Die rasante Entwicklung der Automatisierung ist aber nur eine Facette im großen Spiel der technologischen Evolution. Von noch weitreichenderer Bedeutung ist das Entstehen der ›Künstlichen **Allgemeinen** Intelligenz‹, kurz AGI (Artificial General Intelligence). Dahinter verbirgt sich ein Konzept, das weit über die derzeitigen Anwendungen von KI hinausgeht. AGI beschreibt Systeme, die eine Form von Intelligenz besitzen, die mit dem menschlichen Denken vergleichbar ist. Das bezieht sich auf die universelle Fähigkeit zu verstehen, Schlussfolgerungen zu ziehen und aus Erfahrungen zu lernen.

Ein AGI-System wird nicht auf vordefinierte Prozesse beschränkt sein, kann eine Vielzahl von Aufgaben ausführen und sich selbstständig in unbekannten Umgebungen zurechtfinden. Es wird eigenständig Probleme erkennen und Lösungen entwickeln, ohne dass dafür eine spezifische Programmierung erforderlich ist. Die hohe Lernfähigkeit wird es ihm ermöglichen, sein Wissen ständig zu erweitern und sich an neue Herausforderungen anzupassen. So wird es theoretisch jedes geistige Problem angehen können, das auch ein Mensch zu bewältigen vermag.

AGI ist nicht nur eine iterative Verbesserung von bestehenden KI-Systemen. Es wird ein evolutionärer Sprung sein, der Maschinen befähigen wird, Aufgaben zu übernehmen, die bisher als exklusiv menschlich galten. Diese Entwicklung wird weitreichende Auswirkungen haben und die Arbeitswelt, die Gesellschaftsstruktur und unser Verständnis von Intelligenz und Bewusstsein stark beeinflussen.

Wir stehen also vor einem Wendepunkt. KI ist da und AGI wird von einer Zukunftsvision zur greifbaren Realität werden. Es ist nicht unwahrscheinlich, dass eines der führenden KI-Unternehmen bereits in der zweiten Hälfte des Jahres 2024 Hinweise auf eine funktionierende AGI, als das Produkt interner Forschung, verkünden wird. Dies bedeutet noch nicht, dass wir unmittelbar in der Lage sein werden, AGI in vollem Umfang einzusetzen oder ihre Potenziale vollständig zu nutzen. Vielmehr markiert dies den Beginn einer intensiven Phase der Erforschung, Anpassung und Implementierung. Die ethischen, gesellschaftlichen und technischen Grundlagen für einen verantwortungsvollen Umgang mit dieser fortschrittlichen Technologie müssen auch hier erst noch geschaffen werden.

Auf das Wesentliche zusammengefasst bedeutet das: AGI wird bereits in wenigen Jahren die bevorzugte Lösung für Unternehmen jeder Größe und Branche sein. Sie wird in ausgesuchten Bereichen die Produktivität steigern und die Kosten senken können. Es ist keine Frage des ›ob‹, sondern des ›wann‹. Dieses ›wann‹ wird schneller kommen, als der Großteil der arbeitenden Bevölkerung erwartet. Die Herausforderung besteht darin, sicherzustellen, dass diese Technologie dem Wohl aller und nicht nur einer privilegierten Minderheit dient.

Noch einmal unverblümt

Automatisierung, Künstliche Intelligenz und ihre Ausprägung der AGI stehen vor der Tür, und sie klopfen nicht höflich. Die Arbeitswelt, wie wir sie kennen, wird auf den Kopf gestellt werden. Viele Jobs, die wir als sicher betrachteten, werden überflüssig, weil Algorithmen sie besser, schneller und unermüdlich erledigen können. Und es gibt eine unangenehme Wahrheit, der wir uns stellen müssen: Einige Berufsfelder werden schlichtweg verschwinden.

Und hier entsteht der zündende Funke im Dunkel der berechtigten Sorgen: Wer nicht mit der Zeit geht, geht mit der Zeit. Mit den neuen Technologien entsteht auch eine Welt voller neuer Möglichkeiten. Wir stehen an der Schwelle einer Epoche, in der menschliche Arbeit nicht mehr durch stumpfe Wiederholung definiert wird. Das ist eine einmalige Gelegenheit in der Menschheitsgeschichte. Wir haben die Chance, uns auf jene Eigenschaften zu besinnen, die uns als Menschen auszeichnen: die Fähigkeit zu tiefgreifender, sinnstiftender Interaktion.

Diese menschliche Komponente ist von unschätzbarem Wert und kann nicht durch Technologie repliziert werden. Sie ist das Fundament für Berufe, die auf Empathie, kreativer Problemlösung und ethischem Handeln basieren. In einer von Automatisierung geprägten Welt wird die Fähigkeit, echte Beziehungen zu knüpfen und zu pflegen, zu einer herausragenden Eigenschaft.

Wir müssen uns nicht von der Automatisierung überrollen lassen. Stattdessen können wir sie als Ausgangspunkt betrachten, um unseren schöpferischen Auftrag zu leben. Eine Domäne, die außerhalb der Reichweite von Maschinen liegt.

Künstliche Intelligenz kann der beste Partner sein, den wir je hatten: Sie übernimmt den Trott, während wir Menschen uns den Disziplinen widmen, die uns auszeichnen und erfüllen.

Die Arbeitswelt wird größer – sie wird vielfältiger. Wenn wir es richtig anstellen, wird sie auch tiefer, menschlicher. Die Frage ist, ob wir mutig genug sind, sie zu gestalten.

KI und AGI sind die Einladung, unsere wahren Fähigkeiten zu erkunden und zu entfalten. Es ist Zeit, dass wir diese Einladung annehmen.

Schrecken und Chancen

BFCS

Die zu erwartenden Auswirkungen von Künstlicher Intelligenz auf unsere Gesellschaft und die Wirtschaftslandschaft sind bereits heute unübersehbar. Vom Sammeln und Analysieren riesiger Datenmengen bis hin zur Interaktion mit Kunden oder Patienten: Künstliche Intelligenz arbeitet mit einer Effizienz, die uns Menschen sowohl herausfordert als auch fasziniert.

Es gibt vier Schlüsselkriterien als Indikatoren dafür, wann der Einsatz von KI die beste Wahl für bestimmte Aufgaben ist:

1. Besser (Better)

Finanzmarktanalyse, Kriminalitätsbekämpfung, Verkehrsmanagement, Forschung und Entwicklung ... – in vielen Situationen bieten KI-Systeme eine Qualität und Präzision der Aufgabenausführung, die menschliche Fähigkeiten übertrifft. Dies ist besonders wichtig in Bereichen, in denen Präzision und Detailgenauigkeit den Unterschied machen. In der medizinischen Diagnostik kann KI Muster und Anomalien erkennen, die für das menschliche Auge unsichtbar sind. Ihr Einsatz führt zu deutlich präziseren Diagnosen.

Die Fähigkeit, feinste Details und komplexe Muster zu erkennen und zu analysieren, ist eine Kernkompetenz der KI. Zusätzlich kann sie eine kompetente Auswahl an Handlungsvorschlägen unterbreiten. Dies macht KI zu einem wertvollen Werkzeug.

2. Schneller (Faster)

Die Leistungsfähigkeit der Künstlichen Intelligenz im Umgang mit Informationen und datenbasierten Aufgaben ist bemerkenswert. In Bereichen wie der Datenanalyse, der Zusammenfassung langer Texte oder bei logischen Entscheidungen arbeitet KI schneller als der Mensch. Sie benötigt einen Bruchteil der Zeit, was zu einer erheblichen Zeit- und Ressourceneinsparung führt. Aufgaben, die für Menschen Stunden oder Tage in Anspruch nehmen, erledigt die KI in wenigen Minuten oder Sekunden. So werden viele komplexe, datenintensive Prozesse überhaupt erst möglich.

3. Günstiger (Cheaper)

Auf lange Sicht können sich KI-Systeme als wirtschaftlicher erweisen. Im Gegensatz zu Menschen verlangen sie keine Vergütung, benötigen keine Pausen oder Sozialleistungen. Sie können kontinuierlich, 24 Stunden am Tag, eingesetzt werden. Obwohl anfänglich hohe Investitionen in KI-Technologien zu erwarten sind, amortisieren sich diese Ausgaben durch die Reduzierung von Betriebskosten an anderer Stelle schnell. Dies macht KI zu einer finanziell verlockenden Alternative, besonders wenn man die langfristigen ökonomischen Vorteile in Betracht zieht.

4. Sicherer (Safer)

Künstliche Intelligenz bietet in vielen Bereichen auch eine sicherere Alternative zur menschlichen Arbeit. Ein Beispiel sind teilautonome Fahrzeuge: Hier greift KI aktiv in das menschliche Fahrverhalten ein. Sie trifft präzise, auf Daten gestützte Entscheidungen, die menschliche Fehler minimieren und Unfälle vermeiden. In riskanten Arbeitsumgebungen, wie etwa in der chemischen Industrie, kann das Unfall- und Gesundheitsrisiko für die Belegschaft minimiert werden. Durch KI gesteuerte Roboter können gefährliche Stoffe handhaben oder andere riskante Prozesse durchführen. Dadurch wird die menschliche Belegschaft vom Umgang mit direkten Gefahren entbunden.

Diese vier Kriterien, kurz ›BFCS‹ genannt, sind bereits einzeln gute Gründe für den Einsatz von KI. Wenn ein System aber in allen diesen Bereichen besser agiert als der Mensch, wird es schwer, Gründe gegen seinen Einsatz zu finden.

Wachstum

Die Einführung von Künstlicher Intelligenz ermöglicht auch die Entwicklung neuartiger Geschäftsmodelle und vergrößert den Spielraum menschlicher Handlungsmöglichkeiten. Organisationen, die diese Technologie in ihre Prozesse integrieren, sind in der Lage, ihre Wertschöpfungsketten neu zu gestalten.

Personalisierte Medizin

Im Gesundheitswesen verändert die KI schon heute die Behandlung von Patienten. Sie analysiert große Datenmengen, einschließlich genetischer Informationen, und erstellt daraus personalisierte Behandlungspläne. Diese sind genau auf die Bedürfnisse des Einzelnen zugeschnitten. Dadurch werden Therapien wirksamer und haben weniger Nebenwirkungen. Hier entstehen völlig neue Formen der individualisierten Medizin.
In der Zukunft wird Künstliche Intelligenz auch die Entwicklung von Medikamenten revolutionieren. Sie wird die Forschungsdauer verkürzen und genauere Vorhersagen über die Wirksamkeit von Arzneimitteln ermöglichen, was zu einer beschleunigten Verfügbarkeit führt und neue Behandlungsmöglichkeiten für seltene und komplexe Krankheiten eröffnet.

Nachhaltigkeitslösungen

Unternehmen können KI nutzen, um nachhaltige Geschäftspraktiken zu entwickeln. Beispielsweise kann sie in der Landwirtschaft zur Optimierung des Wasser- und Düngemittelverbrauchs eingesetzt werden, was zu einer umweltfreundlicheren Produktion führt. In der verarbeitenden Industrie kann sie dazu beitragen, Abfälle zu reduzieren und die Energieeffizienz zu steigern. Diese

Anwendungen bieten Unternehmen nicht nur ökologische, sondern auch ökonomische Vorteile, da sie langfristig Kosten senken.

Präventive Analyse und Instandhaltung

Autonome Drohnen und mobile Messgeräte, ausgestattet mit hochauflösenden Kameras und Sensoren, werden industrielle Anlagen selbstgesteuert überwachen. Diese Geräte sammeln Daten in Echtzeit, die dann von Künstlicher Intelligenz analysiert werden. Die KI verarbeitet taktile Informationen sowie Audio- und Bildsignale, um frühzeitig mögliche Defekte zu erkennen. Dies verbessert die Vorhersage von Wartungsarbeiten, verringert Stillstandszeiten und steigert die Betriebseffizienz. In der Versicherungswirtschaft führt dies zu genaueren Risikobewertungen und einer angepassten Prämienberechnung.

Bildungsplattformen

Im Bildungsbereich ermöglicht KI die Konzeption von maßgeschneiderten Lernumgebungen, die auf die Bedürfnisse und Lernstile der Studierenden eingehen. KI kann den Fortschritt der Lernenden analysieren und daraufhin den Lehrstoff anpassen. Dies führt zu einem personalisierten und sehr effektiven Lernprozess. Dadurch wird sich langfristig auch das Konzept ›Schule‹ verändern.

Smart Cities, intelligente Abfallwirtschaft, autonome Lastentransporte, Service-Robotik, persönliche Assistenzsysteme ... – die Liste könnte endlos weitergehen. Prognosen zeigen, dass der weltweite Markt für KI-basierte Dienstleistungen, einschließlich Software und Hardware, bis 2028 voraussichtlich die 1-Billionen-US-Dollar-Marke erreichen wird. Dieses Wachstum wird durch die steigende Nachfrage nach Cloud-Services und datengestützten Erkenntnissen angetrieben. In diesem Szenario avanciert Künstliche Intelligenz zur strategischen Notwendigkeit. Sie ist das Fundament, das darüber bestimmt, ob ein Unternehmen zukunftsfähig ist oder im Strudel des technologischen Wandels zurückfällt.

Die Nachzügler, die lieber am Altbewährten festhalten oder die Tragweite der KI verharmlosen, spielen mit dem Feuer. In einem Markt, der sich rasant wandelt und jedes Zögern mit Bedeutungslosigkeit bestraft, könnten sie schnell zu Dinosauriern eines KI-getriebenen Zeitalters werden.

Veränderung lernen

Wenn sich interne Unternehmensabläufe und externe Marktchancen also verändern, dürfen wir nicht zulassen, dass Menschen durch Rationalisierungsmaßnahmen benachteiligt werden. Stattdessen sollten wir die wahren menschlichen Stärken erkennen, diese fördern und Menschen von monotonen Aufgaben befreien. Wir sind herausgefordert, unsere Rolle in der Arbeitswelt neu zu definieren. Es ist an der Zeit, sich damit auseinanderzusetzen, wo menschliche Arbeit in Zukunft ihren größten Nutzen entfalten kann. Berechtigte Sorgen um den Arbeitsplatz müssen einem proaktiven Konzept Platz machen, das die Menschen im Unternehmen im Wandel begleitet. Die bevorstehende Umwälzung sollte als Bildungsweg verstanden werden. Ein Prozess, der es erlaubt, die Widerstandsfähigkeit zu stärken, ohne sich im Widerstand zu verlieren. Denn die Integration von KI ist eine Gelegenheit, Arbeit nicht nur produktiver, sondern auch sinnstiftender zu gestalten. Dieser technologieinduzierte Wendepunkt ist auch der Aufruf zur Neuausrichtung unserer Denk- und Arbeitsweise: Anpassungsfähigkeit wird zur Schlüsselkompetenz. Flexibilität gepaart mit Resilienz sind keine wünschenswerten Extras mehr, sondern elementare Fähigkeiten, um in der beruflichen Zukunft bestehen zu können. Die Neuausrichtung erfordert eine proaktive Haltung gegenüber Veränderungen. Wir brauchen also keine halbherzigen Zugeständnisse an den Wandel, sondern dessen kompromisslose Umarmung. In einer solchen Kultur müssen Mitarbeiter geradezu angespornt werden, Neues zu lernen, sich ständig weiterzuentwickeln und Herausforderungen anzunehmen.

Mitarbeiterfreundlichkeit bedeutet nicht mehr nur den täglich frischen Obstkorb oder flexible Arbeitszeiten. Es bedeutet, jeden Einzelnen auf eine Zukunft vorzubereiten, in der Stillstand gleichbedeutend mit dem beruflichen Aus ist. Die gesamte Organisationsstruktur muss in diesen Prozess der Erneuerung einbezogen werden. Von den Führungsetagen bis hin zur Mitarbeiterbasis muss die Bereitschaft zu tiefgreifenden Veränderungen spürbar sein.

An dieser Stelle müssen auch zwei grundlegende Missverständnisse geklärt werden. Die Bedrohung für Arbeitsplätze geht nicht in erster Linie von Künstlicher Intelligenz aus, sondern vielmehr von denjenigen Angestellten, die sich frühzeitig auf KI einstellen und sie beherrschen. Es ist ihr individuelles Leistungsvermögen und ihre Flexibilität, die andere Arbeitsplätze infrage stellen.

Arbeitnehmer, die hier Schwierigkeiten haben, werden nicht durch KI ersetzt, sondern durch jemanden, der weiß, wie man sie einsetzt. Im Umkehrschluss werden Menschen, die schnell lernen, die neue Technologie in ihre Arbeitsabläufe zu integrieren, sehr gefragt sein. Sie verschaffen sich damit einen entsprechenden Wettbewerbsvorteil.

Es ist ebenfalls widersprüchlich anzunehmen, dass eine durch Künstliche Intelligenz gesteigerte Unternehmensproduktivität nicht auch das Potenzial für weiteres Wachstum birgt. Wenn Effizienzmaßnahmen erfolgreich sind und die Gewinnmargen zunehmen, entsteht ein natürlicher Antrieb zum Wachstum, der potenziell neue Arbeitsplätze schaffen kann.

Die Frage an die Leserschaft lautet also: Wann fangen Sie an, sich intensiv mit dem Thema KI in Ihrem Fachgebiet zu befassen?

Die wahren Talente der Menschen

Eine Umfrage der Bildungsplattform edX hat diesbezüglich interessante Ergebnisse geliefert: Führungskräfte erwarten, dass in den nächsten zwei Jahren fast die Hälfte der aktuellen Fähigkeiten ihrer Belegschaft überholt sein wird.[3] Dies schließt auch ihre eigenen Kompetenzen mit ein. Der Grund dafür ist der Fortschritt in der

Künstlichen Intelligenz. Ihre Prognosen besagen, dass in den nächsten fünf Jahren voraussichtlich 56 % der Einstiegspositionen für Wissensarbeiter durch KI wegfallen werden. Außerdem gehen 79 % davon aus, dass es keine Einstiegsjobs dieser Art mehr geben wird, da KI völlig neue Rollen kreiert. Darüber hinaus glaubt mehr als die Hälfte der Führungskräfte, dass ihre eigenen Positionen entweder vollständig oder teilweise durch KI ersetzt werden könnten. Die beschriebenen Entwicklungen unterstreichen die Dringlichkeit eines grundlegenden Wandels in unserer Auffassung von Arbeit und Kompetenz. Der »Future of Jobs Report 2023« des World Economic Forums veranschaulicht diesen Paradigmenwechsel eindrucksvoll.[4] Er zeigt auf, dass die wichtigsten Fähigkeiten in der zukünftigen Arbeitswelt ganz andere sein werden als heute:

Platz 1: Analytisches Denken

Die Fähigkeit, Daten zu sammeln, zu verarbeiten, zu interpretieren und zur Problemlösung und Entscheidungsfindung zu nutzen.

Platz 2: Kreatives Denken

Die Fähigkeit, originelle, innovative und unkonventionelle Ideen zu generieren, die einen Mehrwert schaffen.

Platz 3: KI und Big Data

Die Fähigkeit, eine Wertschöpfung aus umfangreichen Datenmengen zu gewährleisten (KI-Systeme und Daten begreifen, entwickeln, einführen, verbessern).

Platz 4: Führung und sozialer Einfluss

Die Fähigkeit, andere zu inspirieren, zu motivieren, zu beeinflussen und zu leiten, um gemeinsame Ziele zu erreichen.

Platz 5: Resilienz, Flexibilität und Agilität

Die Fähigkeit, sich an Veränderungen anzupassen, Herausforderungen zu meistern, Stress zu bewältigen und schnell zu lernen.

Die Verbesserung der Position von ›KI und Big Data‹ auf Platz 3 (zuvor Platz 15) ist bemerkenswert. Sie zeigt klar, wie wichtig technologische Fähigkeiten in der heutigen Geschäftswelt geworden sind. Unternehmen erkennen zunehmend, dass ein solides Verständnis und die effektive Nutzung intelligenter Systeme von grundlegender Bedeutung sind. Die Fähigkeit, große Datenmengen zu verarbeiten, zu interpretieren und daraus wertvolle geschäftliche Erkenntnisse zu gewinnen, ist ein unverzichtbarer Wettbewerbsvorteil. Sie trägt maßgeblich zum Erfolg und zur Innovationsfähigkeit von Unternehmen bei.

Ebenso ist der Anstieg von ›Führung und sozialer Einfluss‹ auf Platz 4 (zuvor Platz 9) signifikant. Führung wird hier nicht als Befehlsausübung verstanden, sondern als die Fähigkeit, ein Team durch eine sich ständig ändernde Landschaft zu navigieren. Die Platzierung weist darauf hin, dass Faktoren wie Empathie und Kommunikation als ebenso wichtig betrachtet werden, wie technologische Expertise. Und das Abrutschen der Anforderung nach ›Genauigkeit und Zuverlässigkeit‹ von ehemals Platz 7 auf Platz 18 verrät einiges: Wenn Algorithmen die Arbeit schneller und genauer erledigen können als Menschen, verliert diese Fähigkeit an Relevanz. Es wird angenommen, dass Maschinen in Zukunft die Verantwortung für Genauigkeit und Zuverlässigkeit übernehmen werden. Der Mensch soll sich stattdessen auf Eigenschaften konzentrieren, die Maschinen derzeit nicht nachahmen können. Dazu gehören Kreativität, Führungsqualitäten und soziale Intelligenz.

Bei genauerer Betrachtung ergeben sich also erhebliche Chancen für veränderungsoffene Mitarbeiter. Mit dem Wegfall von Routinearbeiten entstehen Möglichkeiten für anspruchsvollere Aufgaben, die allerdings die Entfaltung spezieller Fähigkeiten und individueller Talente erfordern könnten.

Die größte Herausforderung besteht darin, die Mitarbeiter auf die neuen Anforderungen vorzubereiten. Die Arbeitsumgebung so zu gestalten, dass das menschliche Potenzial optimal genutzt werden kann, ist eine komplexe Aufgabe. Führungskräfte müssen

Weiterbildungs- und Change-Management-Konzepte in ihre Arbeit implementieren, die zu einer grundlegenden Veränderung der Unternehmenskultur führen.

Vorteile

Die Zukunft der Unternehmenskultur in KI-getriebenen Zeiten wird von einem zentralen Prinzip bestimmt: die Hervorhebung und Veredelung der individuellen Talente jedes veränderungswilligen Mitarbeiters. Wenn Unternehmen den Raum dafür bieten und die kontinuierliche Entwicklung dieser menschlichen Potenziale aktiv unterstützen, dann wird auch die Arbeitszufriedenheit sowie die Arbeitsleistung signifikant steigen.

Zur Erklärung: Es reicht nicht aus, lediglich die Möglichkeit zur Potenzialentfaltung zu schaffen. Vielmehr bedarf es einer individuellen Auseinandersetzung mit den Talenten jedes Einzelnen und der Platzierung dieser an der richtigen Stelle im Unternehmen. Denn die Übereinstimmung von individuellen Fähigkeiten mit den zugewiesenen Aufgaben hat einen grundlegend positiven Einfluss

auf die Motivation der Menschen. Ein Gefühl der Selbstwirksamkeit und das Streben nach Selbstverwirklichung unterstützen diesen Effekt.

Dieses Erleben stärkt auch die emotionale Bindung an das Unternehmen. In einer solchen Arbeitsumgebung fühlen sich die Mitarbeiter verstanden und als wichtiger Teil des Ganzen. Das wiederum schlägt sich in einer höheren Produktivität und Loyalität nieder. Die Innovationskraft erlebt einen regelrechten Aufschwung, da zufriedene und engagierte Mitarbeiter mehr kreative Ideen und innovative Lösungsansätze einbringen.

Wenn Menschen hoch motiviert anspruchsvollen Aufgaben nachgehen dürfen, reden wir über einen Produktivitätsschub, der kanalisiert werden muss. Wenn diese Energie in die Kundenorientierung geleitet wird, trägt das entscheidend zur Steigerung der Wettbewerbsfähigkeit der gemeinsamen Unternehmung bei. Diese Kausalitätskette ist der ultimative Appell, dass Unternehmen die Talente ihrer Menschen ganz gezielt hinterfragen und einbinden sollen – ja, sogar müssen.

Voraussetzungen

Es wird notwendig sein, Fortbildungen zu organisieren, damit Mitarbeiter die neuen, höheren Anforderungen meistern können. Es geht nicht nur um die Vermittlung von technischem Wissen. Wichtig sind die Förderung von Projektmanagement-, Kommunikations- und Kreativitätsmethoden. Im Fokus steht dabei immer die Problemlösungskompetenz des Einzelnen und des ganzen Teams. Letztendlich ist ein agil geführtes Change Management wesentlicher Baustein der anstehenden Transformation. Die persönliche Einstellung gegenüber dem Einsatz moderner Technologien spielt dabei eine Schlüsselrolle. Statt sie als Gefahr zu sehen, sollte sie als wertvolle Unterstützung verstanden werden. Mitarbeiter müssen in die Lage versetzt werden, das volle Potenzial der Technologie zu nutzen, um ihre eigene Effizienz und Produktivität zu steigern. Veraltete, aber gewohnte und deswegen vermeintlich effiziente Arbeitsweisen müssen genauso weichen, wie individuelle emotionale Befindlichkeiten. Sorgen vor dem Abrutschen in die Bedeutungslosigkeit müssen einer Kultur des konstanten Lernens und des zielgerichteten Handelns ausreichend Platz einräumen.

Eine Organisation, die auch unter großem emotionalem Druck lösungsorientiert agieren soll, benötigt ein verständnisvolles und konstantes Erklären der Hintergründe von Veränderungen. Diese kulturelle Transformation ist ein langwieriger Prozess, der eine aktive Unterstützung durch Führungskräfte und Mitarbeiter erfordert. Nur wenn die Menschen gut vorbereitet sind und sie die Partnerschaft mit künstlicher Intelligenz als bereichernd empfinden, wird eine gute Mensch-Maschine-Kollaboration entstehen.

i: Agilität

Das Konzept der Agilität kommt ursprünglich aus der Softwareentwicklung. Dort beschreibt es eine flexible, anpassungsfähige und teambasierte Vorgehensweise bei Projekten. Der Begriff wurde stark durch das »Agile Manifest« geprägt, das 2001 von einer Gruppe von Softwareentwicklern verfasst wurde. In der Softwarebranche steht Agilität für eine schnelle, flexible Antwort auf Kundenanforderungen und Veränderungen. Es betont eine intensive Kundenorientierung, die enge Teamarbeit und die zielorientierte Anpassung der Arbeitsmethoden. Komplexe Projekte werden grundsätzlich in überschaubaren Teilschritten realisiert.

Mittlerweile haben sich die Prinzipien der Agilität auch in andere Geschäftsbereiche ausgebreitet. Als Unternehmenskonzept bedeutet Agilität eine Kultur der schnellen Anpassung an Marktanforderungen, eine aktive Mitarbeiterbeteiligung, kontinuierliche Verbesserungsprozesse und die Bereitschaft, hierarchische Strukturen zugunsten der Produktqualität zu überwinden. Grundsätzlich wird so die Entscheidungsfreiheit, die Verantwortungsbereitschaft und das Engagement der involvierten Mitarbeiter erhöht. In agilen Organisationen stehen das konsequente Miteinander im Team, eine transparente Kommunikation sowie ein reflektiertes und dynamisches Handeln im Vordergrund.

KI kann bald jeder

Einige Leser könnten anmerken, dass das Buch eine allzu sozialromantische Perspektive auf die Mitarbeiterentwicklung einnimmt, die fernab von der wahren Geschäftspriorität liegt: dem Geldverdienen. In ihrer Welt sind Unternehmen in erster Linie dazu da, Produkte und Dienstleistungen zu erzeugen, und müssen unweigerlich dem unternehmerischen Prinzip folgen: Die Einnahmen müssen höher sein als die Ausgaben. Im Kontext dieser gewinnzentrierten Perspektive erscheinen talentorientierte Aufwendungen in die Mitarbeiter als entbehrlicher Luxus. Hier entsteht die Frage, ob diese enorme Investition von Zeit und Geld in den Faktor Mensch wirklich notwendig ist. Diese Sichtweise betrachtet Mitarbeiterentwicklung möglicherweise als sekundär gegenüber unmittelbar gewinnsteigernden Maßnahmen. Doch in einer Welt, die von intelligenten digitalen Systemen geradezu überrannt wird, ist es ein Trugschluss zu glauben, dass ihre Nutzung allein bereits einen Wettbewerbsvorteil verschafft.

KI kann bald jeder! In naher Zukunft wird ihr Einsatz zur Norm werden. Die Technologie wird günstiger, einfacher zu integrieren und sicherer in der Anwendung sein. Was heute noch als Wettbewerbsvorteil gilt, wird morgen schon alltäglich und damit veraltet sein. Dies unterstreicht die Dringlichkeit, über die bloße Nutzung von KI hinauszuschauen.

Stattdessen die menschlichen Fähigkeiten in den Vordergrund zu stellen, sie gemeinsam zu erschließen und nutzbar zu machen, um sich im Wettbewerb zu differenzieren, scheint sinnvoll.

Entwicklungsbereitschaft und Neugier

Entwicklungsbereitschaft und Neugier sind im menschlichen Überlebensinstinkt tief verwurzelt. Sie agieren selbstständig in uns, ohne dass äußere Anforderungen nötig sind. Die intrinsische Motivation treibt uns an, kontinuierlich Neues zu erforschen und uns weiterzuentwickeln. Sie befähigt uns, komplexe Probleme mit Empathie, ethischem Urteilsvermögen und Innovationsgeist anzugehen. Sie treibt uns an, über den Tellerrand hinauszuschauen, Neues zu erschaffen und Antworten auf Fragen zu finden, die noch gar nicht gestellt wurden.

Vorstellungskraft

Hinzu kommt die Gabe, gedanklich Grenzen zu überschreiten und Herausforderungen absichtlich aus einer spektakulär anderen Perspektive zu betrachten. Eine nützliche Fähigkeit, um auf innovative Ideen zu stoßen. Die Kunst, diese kritisch zu hinterfragen, das Beste aus ihnen herauszufiltern und sie in einer verständlichen Form in die Welt zu tragen, sind menschliche Schlüsselqualitäten.

Soziale und emotionale Kompetenz

Kundenbeziehungen, Teamarbeit, Verhandlungen und Führung setzen Einfühlungsvermögen und emotionale Intelligenz voraus. Sie erfordern ein gründliches Verständnis für die individuellen Bedürfnisse und Erwartungen des Gegenübers. Die subtilen Aspekte der menschlichen Kommunikation und des Aufbaus von Beziehungen in ihrer Ganzheit bleiben menschlichen Interaktionen auf absehbare Zeit vorbehalten.

Beziehungsaufbau

Die Fähigkeit, bedeutungsvolle Beziehungen oder strategische Partnerschaften zu formen und dadurch Innovationen voranzutreiben, lässt sich nicht in digitale Algorithmen pressen. Es geht um einen zutiefst menschlichen Prozess des Interagierens: die Begegnung mit dem anderen, das Herantasten, Zutrauen finden, Vertrauen aufbauen und das Streben nach Verbundenheit. Alles Faktoren, die wie ein attraktives Leuchtfeuer in der oft unpersönlichen Arena der Marktteilnehmer wirken können. Es sind nicht die oberflächlichen Höflichkeiten oder scheinbar wertschätzenden Freundlichkeiten, die lediglich dazu dienen, ein attraktives Angebot vorzutäuschen. Was wirklich zählt, ist die glaubwürdige Demonstration echter Kompetenz – die Grundlage für dauerhafte und belastbare Beziehungen.

Wir leben in einer zunehmend unbeständigen Welt, scheinbar beherrscht vom Diktat der Digitalisierung. Hier wird die menschliche Fähigkeit, Kooperationsbereitschaft zu signalisieren und authentische Bindungen aufzubauen, zu einer seltenen Ressource. Und genau das macht sie wertvoll. Der wahre Wert menschlicher Interaktion im KI-Zeitalter liegt in der Fähigkeit, Verbindungen zu schaffen, die über reine Tauschgeschäfte hinausgehen.

Viele Unternehmen werden sich entscheiden müssen: Intelligente digitale Systeme nutzen und gleichzeitig das Menschliche stärken oder im Wettbewerb zurückfallen. Denn das Negieren eines der beiden bedeutet den Verzicht auf einen entscheidenden Wettbewerbsvorteil.

Embodied AI

Der gerühmte menschliche Verstand, das Logische, kann nicht das finale Argument für die Betonung einer menschenzentrierten Unternehmensentwicklung sein. Denn wir bewegen uns in großen Schritten in eine Zeit, in der digitale Systeme das menschliche Kognitionspotenzial um ein Vielfaches übertreffen werden.

Dieser Prozess wird sich maßgeblich beschleunigen, wenn Künstliche Intelligenz nicht mehr ausschließlich digital existiert, sondern auch barrierefrei mit der Umwelt interagieren kann.

Heute noch stoßen diese Systeme schnell an Grenzen, wenn es darum geht, die komplexe physische Welt um uns herum zu begreifen und sich sinnvoll in ihr zu bewegen. Da diese KI-Systeme keine eigene körperliche Existenz haben, sind sie limitiert. Ihnen fehlen die sensorische Wahrnehmung und die physische Präsenz, die für sinnvolle Interaktionen mit der realen Umwelt notwendig sind.

Die nächste Entwicklungsstufe der ›verkörperten KI‹ (engl. Embodied AI) wird diese Lücke schließen. Hier werden KI-Systeme in eine physische Gestalt eingebettet – beispielsweise

i: Aktuatoren

Aktuatoren bilden die Schnittstelle zwischen der digitalen Entscheidungsfindung einer KI und ihrer Umsetzung in der physischen Welt. Als Geräte oder Mechanismen wandeln sie elektrische Signale in mechanische Bewegungen um. Sie sind das Gegenstück zu Sensoren, die umgekehrt physische Signale in digitale Informationen übersetzen.

In der Welt der Künstlichen Intelligenz werden Aktuatoren dazu verwendet, um Computern und Robotern die Fähigkeit zu verleihen, physische Aktionen in ihrer Umgebung durchzuführen. Das kann von einfachen Bewegungen wie dem Drehen eines Rades oder dem Öffnen und Schließen einer Klappe bis hin zu komplexeren Aktionen wie dem Greifen oder Bewegen von Objekten reichen.

Das digitale System verarbeitet die Eingabedaten der Sensoren, trifft Entscheidungen und gibt Steuerbefehle aus. Diese werden dann von den Aktuatoren in physische Aktionen umgesetzt. Beispielsweise kann ein Roboterarm, der mit KI gesteuert wird, Informationen über ein Objekt verarbeiten und dann den Aktuator anweisen, das Objekt zu greifen und zu bewegen.

Auch in der Weiterentwicklung digitaler Systeme spielen sie eine wichtige Rolle. Je ausgefeilter die Aktuatoren, desto präziser und vielseitiger können Roboter und andere KI-gesteuerte Systeme in der realen Welt agieren. Dies reicht von der präzisen Handhabung in der Fertigung über die Navigation autonomer Fahrzeuge bis hin zu fortgeschrittenen Robotern für medizinische oder rettungstechnische Einsätze.

in einen Roboter oder eine Drohne. Diese Verkörperung ist mit Sensoren ausgestattet, die es der KI ermöglichen, ihre Umwelt auf eine dem Menschen ähnliche Weise wahrzunehmen. Kameras nehmen visuelle Daten auf, Mikrofone erfassen akustische Signale und Tastsensoren detektieren physische Berührungen.

Gleichzeitig kann die KI mittels Aktuatoren – beispielsweise Rädern oder Greifarmen – aktiv in ihre Umgebung eingreifen. Dies ermöglicht eine direkte Wechselwirkung mit der physischen

Welt, wodurch die Maschine Erfahrungen sammelt und sich ein Verständnis für die Nuancen der realen Welt aneignet. Sie kann lernen, dass Gegenstände eine bestimmte Masse haben und entsprechend schwer oder leicht zu greifen sind, oder dass Nässe den Halt von Rädern beeinträchtigt und die Anpassung der Fortbewegung erfordert. All dies sind Aspekte, die einem rein digitalen System verborgen bleiben.

In jüngster Zeit wurden bereits beeindruckende Fortschritte bei der verkörperten KI erzielt. Unternehmen wie Tesla, Figure oder Boston Dynamics haben humanoide Roboter und sensible Greifarme entwickelt, die dank ihrer Sensorik geschickt mit der realen Welt interagieren können. Dennoch gibt es noch große Herausforderungen zu meistern, bevor diese Technologie das Niveau menschlicher Interaktion und Anpassungsfähigkeit erreicht. Aber das Potenzial der verkörperten KI ist enorm. Sie kann den Menschen mittelfristig in vielen Bereichen unterstützen und gefährliche oder monotone Aufgaben übernehmen. Bis dahin wird der Mensch mit seinem geschulten Körper und seiner intuitiven Interaktionsfähigkeit in vielen Aufgabenbereichen noch lange Zeit unersetzlich bleiben.

Eine neue Strategie

In den folgenden Kapiteln widmen wir uns den herausragenden menschlichen Fähigkeiten der Intuition, des Beziehungsaufbaus und des Entdeckergeistes. Wir untersuchen, wie diese Fähigkeiten in einer zukunftsorientierten Unternehmenskultur gefördert und zur Entfaltung gebracht werden können. Darüber hinaus erkunden wir Strategien, mit denen Unternehmen ihre Resilienz und Innovationskraft stärken können, um in einer zunehmend automatisierten Zukunft wettbewerbsfähig zu bleiben.

Eines wird dabei deutlich sichtbar werden: Der Faktor Mensch kann für Unternehmen im Wettbewerb einen signifikant positiven Unterschied erzeugen.

Dafür betrachten wir vier Themenfelder ausführlicher:

1. Resilienz und Rektifikation (R):

Wir befassen uns intensiv mit dem Thema der Unternehmensresilienz. Dabei erkunden wir, wie sie durch verschiedene Maßnahmen auf- und ausgebaut werden kann. Wir konzentrieren uns auf die Flexibilität des Geschäftsmodells, die Effizienz von internen Prozessen, die Ausrichtung an den Kundenbedürfnissen, den Erhalt der Wettbewerbsfähigkeit sowie die Entwicklung von Teams und Talenten.

2. Intuition (I):

Wir erforschen die Natur der menschlichen Intuition und ihre Bedeutung als Ergänzung zur Rationalität im Geschäftsleben. Hier untersuchen wir, wie Intuition entsteht, funktioniert und wirkt. Dabei werden konkrete Methoden und Werkzeuge vorgestellt, wie sie im Unternehmensalltag besser eingesetzt werden kann.

3. Signifikanz und Symbiogenese (S):

Das dritte Kapitel beschreibt die Wirkung einer talent- und kommunikationsorientierten Unternehmenskultur auf die Resilienz. Die Aktivierung der Mitarbeiterpotenziale und die Qualität der Zusammenarbeit zwischen verschiedenen Disziplinen sind hier Kernthemen. Ein ungewöhnliches Kollaborationsmodell adressiert die Innovationskraft, Motivation und Bindung der Menschen im Unternehmen.

4. Kontingenz und Kundenzentrierung (K):

Im letzten Kapitel betrachten wir das Konzept der Kontingenz und seine Bedeutung für das Innovationsmanagement in Unternehmen. Hier wird der ›geplante Zufall‹ zur Grundlage für geschäftliche Partnerschaften. Und da der Kunde das Herzstück jeder Unternehmung sein sollte, positionieren wir ihn auf eine neue Position im Unternehmen: ins Zentrum.

Alle Handlungsfelder verfolgen ein zentrales Ziel: die Stärkung der Unternehmensresilienz. Dies geschieht durch den Aufbau und die Pflege interner und externer Partnerschaften sowie durch die effektive Nutzung des menschlichen Potenzials. Diese Strategie ist kein Ersatz, sondern eine wertvolle Ergänzung zum technologischen Fortschritt, der durch KI und Automatisierung vorangetrieben wird.

R.I.S.K.

Das Akronym R.I.S.K. des Buchtitels, zusammengesetzt aus den Initialen der vier Schlüsselthemen jedes Kapitels, reflektiert das Wesen der dargelegten Strategien: Sie bergen ein nicht unerhebliches Risiko, denn sie weichen von der ›Norm‹ ab.
R.I.S.K. symbolisiert sowohl die Herausforderungen als auch die Chancen, die sich aus der Entfaltung des vollen Mitarbeiterpotenzials und der Stärkung der Unternehmensresilienz ergeben. Diese Strategien schlagen ungewöhnliche Wege vor, die zunächst als unberechenbar in ihren Konsequenzen erscheinen mögen. Ja, die Investition von Ressourcen in Schlüsselelemente wie Vertrauen, Geduld, Aufmerksamkeit und Diversität birgt Risiken. Eine schnelle Evaluierung und Richtungskorrektur in diesen Bereichen sind jedoch ratsam. Denn die aktuellen technologischen Entwicklungen erfordern ein Eingreifen in gewohnheitsbedingte Denk- und Arbeitsweisen.

Fangen wir an.

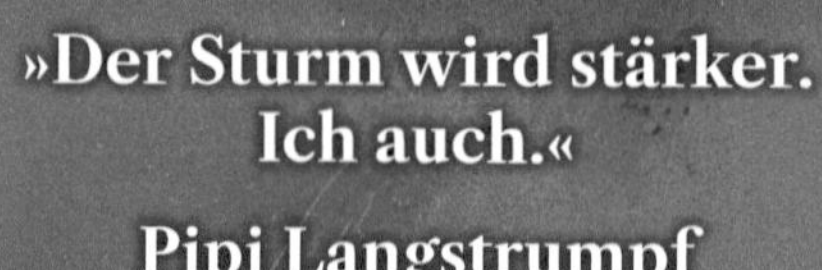

»Der Sturm wird stärker.
Ich auch.«

Pipi Langstrumpf

Resilienz

Es lebt. Es balanciert!

Ein Unternehmen ist mehr als nur eine Geschäftseinheit. Es gleicht vielmehr einem lebendigen Organismus, der voller potenzieller Energie steckt. Diese Energie resultiert aus den Interaktionen seiner unterschiedlichen Teile, die zusammenarbeiten müssen, um zu überleben, zu leisten und zu wachsen. Es ist ein komplexes Netzwerk von Handlungen zwischen Mitarbeitern, Management, Kunden, Lieferanten und der Gesellschaft. Und jede einzelne dieser Interaktionen hat das Potenzial, das Unternehmen zu stärken oder zu schwächen.

Dabei ist die Unternehmensidentität die DNA einer Organisation: Sie bildet deren ›genetischen Code‹. Dieser Code gleicht einem biologischen Fingerabdruck – einzigartig und unverwechselbar. Er entsteht aus der Synthese seiner Geschichte, seiner Überzeugungen und Visionen. Wie ein Baum, dessen Wurzeln in der Vergangenheit liegen und dessen Äste hoffentlich weit in die Zukunft reichen.

Doch die wahre Magie entfaltet sich erst in der Interaktion mit der Außenwelt. Denn ein Unternehmen braucht Ressourcen von außen, zieht sie an, wie ein Organismus Nahrung. Es verarbeitet sie und wandelt sie in Produkte und Dienstleistungen um, die idealerweise der Gesellschaft dienen.

In dieser faszinierenden Dynamik kommt die Resilienz ins Spiel – das Immunsystem des Unternehmens. Sie rüstet es für unvorhergesehene Herausforderungen, seien es Marktveränderungen, technologische Umbrüche oder geopolitische Verschiebungen. Ein widerstandsfähiges Unternehmen ist in der Lage solche Ereignisse auch als Chance für Innovation und Weiterentwicklung zu betrachten, und nicht nur als Bedrohung.

Der Weg zur Resilienz bedeutet aber mehr als nur das Erlernen von Anpassungsfähigkeit. Er beinhaltet auch, aus Fehlern zu lernen und aus Rückschlägen gestärkt hervorzugehen. Ähnlich wie das Immunsystem eines Organismus nach einer Infektion Antikörper bildet, lernt ein resilientes Unternehmen aus seinen Krisen. Es verbessert seine Strategien und Prozesse, um in Zukunft widerstandsfähiger zu sein.

Resilienz ist also nicht nur wünschenswert, sondern für das Überleben und Gedeihen eines Unternehmens unerlässlich. Welche Faktoren sind also notwendig, um ein Unternehmen resilient zu gestalten?

Im Gleichgewicht

In der Unternehmensführung liegt der Fokus häufig auf Themen wie Kennzahlen, Produktivität und Wachstum. Doch für einen vorausschauenden Resilienzaufbau gibt es einen kritischen Aspekt, der regelmäßig übersehen wird: das Gleichgewicht. Schon die Natur lehrt uns, dass Systeme stets nach Ausgleich streben. Ein Beispiel hierfür ist der menschliche Körper in Homöostase, die Faktoren wie die Temperatur, den pH-Wert und die Nährstoffversorgung in Balance hält. Es ist ein Prozess, durch den der Körper sein inneres System stabilisiert, trotz wechselnder äußerer Bedingungen. Diese intelligente Selbstregulation ist eine Grundvoraussetzung für eine gesunde Entwicklung des Lebens an sich. Wir reden also von Stabilität durch Flexibilität, durch Veränderungsfähigkeit.

Ein vergleichbares Prinzip kann auch in Unternehmen Anwendung finden. Hier geht es darum, Ressourcen wie Zeit, Kapital und Handlungsenergie intelligent zu balancieren. Erst dadurch entsteht Effizienz. Dieses Gleichgewicht zu finden ist komplex, aber für das Überleben des Unternehmens unerlässlich.

Eine übermäßige Betonung von Stabilität und Berechenbarkeit in einer wirtschaftlich ausgerichteten Organisation kann riskant sein. In einem Umfeld, in dem alles reguliert und routiniert abläuft, kann sich leicht eine Kultur der Selbstgefälligkeit entwickeln, die wenig Raum für Innovation und kreative Lösungen lässt.

Auch wenn das Festhalten am Bekannten und Bewährten prinzipiell nachvollziehbar ist, führt es dazu, dass Chancen zum Fortschritt übersehen werden. Dadurch wächst die Gefahr, von agileren Wettbewerbern überholt zu werden.

Auf der anderen Seite kann aber auch zu viel Veränderung signifikante Risiken mit sich bringen. Das ist insbesondere dann der Fall, wenn das Streben nach Fortschritt und Wachstum von kurzfristigen Erwartungen getrieben wird. Eine solche Herangehensweise kann Unsicherheit unter Mitarbeitern, Führungskräften und Stakeholdern hervorrufen. In einem Umfeld ständiger Veränderung wird es schwierig, langfristige Ziele zu verfolgen und strategische Entscheidungen zu treffen. Eine reaktive Vorgehensweise, die sich permanent auf die Lösung akuter Probleme konzentriert, wird langfristige Entwicklungen und Herausforderungen vernachlässigen. Sei es absichtlich oder unabsichtlich. Übermäßiges Wachstum ohne angemessene Berücksichtigung des erforderlichen Gleichgewichts kann zu einer unausgeglichenen Belastung mit weitreichenden Konsequenzen führen.

In diesem Spannungsfeld zwischen Stabilität und Wandel setzt das Konzept der proaktiven Resilienzbildung an. Es investiert in Methoden, die Veränderung und Beständigkeit in Einklang bringen und fördert deren Ergebnisse. Das Ziel ist es, eine Unternehmenskultur zu etablieren, die sowohl höchste Eigeninitiative als auch kreatives Denken fördert und gleichzeitig ein gesundes Maß an Sicherheit für den Einzelnen bietet.

Nur so ist es möglich, nachhaltig wirtschaftlich zu handeln und zukunftssicher zu bleiben.

Vorteil Mensch

Wenn die Mitarbeiter wirklich das wertvollste Kapital eines Unternehmens darstellen, dann muss auch hier in ein Gleichgewicht investiert werden. Denn die Fürsorge für die Menschen im Unternehmen steht in direktem Zusammenhang mit der organisationalen Resilienz. Ein ausgewogenes Verhältnis zwischen beruflichen Anforderungen und persönlichen Bedürfnissen fördert die Mitarbeiterzufriedenheit und wirkt sich positiv auf die psychische und physische Gesundheit aus. Dies wiederum erhöht die Leistungsfähigkeit und Produktivität. Die Stärkung des Gefühls der Selbstwirksamkeit einzelner Beschäftigter oder ganzer Teams ist ein wesentlicher Faktor für die Entwicklung von Resilienz. Wenn Mitarbeiter den Glauben an ihre eigene Handlungsfähigkeit festigen können, erleben sie eine größere Kontrolle über ihre Arbeit und deren Ergebnisse. Das wiederum erhöht ihre Bereitschaft und Fähigkeit, Herausforderungen zu bewältigen und sich an Veränderungen anzupassen.

Doch eine natürliche Steigerung der Selbstwirksamkeitserwartung geschieht nicht über Nacht. Sie erfordert kontinuierliches Feedback, Erfolgserlebnisse und die Anerkennung individueller und kollektiver Beiträge zum Unternehmenserfolg. Dies ist nur möglich, wenn jeder Mitarbeiter versteht, wie seine Arbeit zum Ganzen beiträgt. Dabei kommt den Führungskräften eine entscheidende Rolle zu. Sie sind dafür verantwortlich, ein Umfeld zu schaffen, in dem die Mitarbeiter ermutigt werden, Initiative zu ergreifen, Verantwortung zu übernehmen und sich weiterzuentwickeln.

Die Stärkung der Selbstwirksamkeit bietet offensichtlich Vorteile für den Ausbau der Innovationsfreude und die Entwicklung der Unternehmenskultur. Darüber hinaus hat sie auch eine weniger offensichtliche, aber wichtige Funktion: Sie trägt dazu bei, die ›innere Kündigung‹ zu reduzieren und fördert damit eine höhere Mitarbeiterbindung und -zufriedenheit.

Innere Kündigung ist ein psychologisches Phänomen, bei dem Mitarbeiter zwar physisch im Unternehmen bleiben, sich aber

i: Selbstwirksamkeitserwartung

Selbstwirksamkeit ist das allgemeine Vertrauen einer Person in ihre Fähigkeiten, bestimmte Aufgaben erfolgreich bewältigen zu können. Es ist ein Kernkonzept der Psychologie, das auf den kanadischen Psychologen Albert Bandura zurückgeht. Das Konzept der Selbstwirksamkeit basiert auf der Annahme, dass unser Verhalten nicht nur durch äußere Umstände, sondern auch durch unsere inneren Überzeugungen gesteuert wird. Eine hohe Selbstwirksamkeit führt dazu, dass Menschen Herausforderungen eher annehmen, widerstandsfähiger gegenüber Rückschlägen sind und eine größere Ausdauer zeigen.

Die Selbstwirksamkeits**erwartung** bezieht sich auf die spezifische Überzeugung einer Person, in einer konkreten Situation die notwendigen Fähigkeiten zu besitzen, um erfolgreich zu sein. Sie wird durch vier Faktoren beeinflusst: eigene Erfahrungen, stellvertretende Erfahrungen (das Beobachten anderer), verbale Überzeugung (z. B. Ermutigung) und die Wahrnehmung eigener emotionaler Zustände. Durch die bewusste Wahrnehmung und Wertschätzung auch kleiner Erfolge in alltäglichen Situationen kann die Selbstwirksamkeitserwartung schrittweise und nachhaltig erhöht werden.

Menschen, die eine hohe Selbstwirksamkeitserwartung haben, die also an ihre Fähigkeiten glauben, neigen dazu, effektiver zu planen, Ressourcen besser zu nutzen und sind eher bereit, neue Strategien auszuprobieren. Selbstwirksamkeit ist somit ein grundlegender Faktor für Leistung und Wohlbefinden.

emotional und intellektuell zurückziehen. Sie erfüllen gerade noch das Minimum ihrer Aufgaben, aber ohne Engagement und Begeisterung. Häufig resultiert diese Haltung aus dem Gefühl, nicht wirklich gebraucht oder wertgeschätzt zu werden. Auch eine Form des passiven Widerstands ist nicht ungewöhnlich.

Laut einer aktuellen Gallup-Befragung[5] hat jeder fünfte Deutsche innerlich bereits gekündigt. Mehr als 7,3 Millionen Beschäftigte in Deutschland verspüren also keine positive emotionale Bindung mehr zu ihrem Arbeitgeber. Und das hat dramatische Folgen.

Mitarbeiter erledigen ihre Aufgaben zwar formal möglichst korrekt, arbeiten aber bewusst langsam. Sie unternehmen wenig oder gar keine zusätzlichen Anstrengungen, um zur Verbesserung des Unternehmens beizutragen, geschweige denn die Erwartungen des Arbeitgebers zu übertreffen.

Überdies kann es zu einer zunehmenden Entfremdung von Kollegen oder der gesamten Organisation kommen. Das Vermeiden sozialer Interaktionen und eine gehemmte Haltung gegenüber der Dynamik im Team können zu einem Verlust des Teamgeistes und der Zusammenarbeit führen. Dies wirkt sich unweigerlich negativ auf das gesamte Arbeitsklima aus. Schließlich sind Zusammenhalt und Zusammenarbeit für ein produktives und positives Arbeitsumfeld von grundlegender Bedeutung.

Ein Arbeitsumfeld, das auf Selbstbestimmung und Partizipation ausgerichtet ist, kann das Gefühl der Entfremdung abmildern. In einem solchen Klima erfahren die Mitarbeiter, dass sie keine austauschbaren Ressourcen sind. Sie sehen sich als wertvolle Teile eines Gesamtgefüges. Sie erkennen, dass ihr Beitrag nicht nur geschätzt wird, sondern für das große Ganze unverzichtbar ist.

Die Förderung des Gleichgewichts von maximaler Eigeninitiative und Teamplay erfordert ein aufmerksames Personal- und Teamentwicklungsprogramm. Es muss sowohl die individuellen als auch die kollektiven Bedürfnisse berücksichtigen. Instrumente wie regelmäßige oder spontane Feedbackgespräche, abteilungsübergreifende Fortbildungen und die Einbindung der Mitarbeiter in Entscheidungsprozesse sind Mechanismen, die das Gleichgewicht unterstützen und die Resilienz stärken.

Diese ganzheitliche Sicht auf die Widerstandsfähigkeit zeigt, dass ihre Bedeutung weit über die individuelle Ebene einzelner Personen hinausgeht. Sie durchdringt die institutionelle Struktur eines Unternehmens und reicht von der Förderung der Mitarbeitergesundheit über die Stärkung der Teambildung bis hin zur strategischen Ausrichtung der Kommunikation.

Dieses Durchdringen der internen Struktur wird im Kapitel ›Signifikanz und Symbiogenese‹ ausführlich betrachtet.

Betriebssystem ›Mensch‹

Lassen Sie uns bis dahin eine Analogie als kreatives Denkwerkzeug nutzen: Der Mensch kann auch als Betriebssystem eines Unternehmens betrachtet werden. Denn in der digitalisierten Welt wird gerne übersehen, dass letztlich Menschen die treibende Kraft hinter der Technik sind. Sie prägen die Unternehmenskultur, setzen Strategien um und schaffen durch ihre Interaktionen und Entscheidungen nachhaltige Werte. Das Konzept des ›Menschen als Betriebssystem‹ vermittelt die Idee, dass es in der hoch technisierten Welt Algorithmen gibt, die nicht in Maschinencode geschrieben sind. Algorithmen der Empathie, des Urteils aus Erfahrung und der Anpassungsfähigkeit, die einem Plan folgen. Diese menschlichen Qualitäten sind von unschätzbarem Wert für den Erfolg eines Unternehmens. Und die aktuelle Herausforderung des Fachkräftemangels verstärkt diese Dynamik noch.

Die Rekrutierung und Bindung qualifizierter Mitarbeiter ist nicht nur schwierig, sondern auch zeitaufwändig. Hier rückt die Bedeutung der Unternehmenskultur und der Mitarbeiterzufriedenheit wieder in den Mittelpunkt. Denn beide Aspekte hängen stark vom menschlichen Betriebssystem ab. Versagt es, kann dies nicht nur viele technologische Fortschritte zunichtemachen. Unternehmen könnten sogar ihre besten Talente an Konkurrenten verlieren, die in der menschlichen Dimension erfolgreicher agieren.

Unternehmen existieren, weil Menschen sie gründen, führen und mit Leben erfüllen. Diese grundlegende Einsicht gerät im hektischen Tagesgeschäft viel zu oft in den Hintergrund. Wir dürfen begreifen, dass ein Unternehmen nicht nur auf dem Papier existiert oder aus Finanzberichten besteht. Es ist ein lebendiges Gebilde, ein Organismus, dessen Zellen die Mitarbeiter sind. Nur durch die gezielte Förderung dieser kleinsten Einheiten kann der Organismus wachsen und sich an ein ständig veränderndes Umfeld anpassen.

Die nachhaltige Einbindung der Mitarbeiter, die eigennützige Zuwendung zum menschlichen Kern, wirkt dabei wie eine Impfung gegen die innere Kündigung. Sie baut eine emotionale Resilienz auf, die weit über finanzielle Anreize hinausgeht. Sie schafft damit die Basis für eine langfristige, für beide Seiten vorteilhafte Beziehung zwischen Mitarbeitern und Unternehmen.

Und schließlich profitiert auch das Image nach außen: Unternehmen, die in ihre Mitarbeiter investieren, erzielen eine höhere Mitarbeiterloyalität. Die geringere Fluktuation und gesteigerte Attraktivität für qualifizierte Bewerber sind wichtige Faktoren im Wettbewerb.

Bausteine der Resilienz

Die Hypothese des Buches bis hierher lautet also: Die psychische und emotionale Gesundheit der Menschen im Unternehmen ist eng mit seiner Widerstands- und Zukunftsfähigkeit verknüpft. Diese Resilienz besteht aus vielen einzelnen Bausteinen, aus einem komplexen Zusammenspiel unterschiedlicher Fähigkeiten, Denkweisen und erfahrungsbasierter Strategien. Ihr Aufbau gleicht dabei einem sorgfältig ausgeführten Handwerk: Jeder einzelne Baustein wird mit Bedacht und Beharrlichkeit zusammengefügt.

Die Kombination dieser Bausteine der Resilienz führt zu einer Vielzahl gesunder Fähigkeiten: Sie ermöglicht die Bewältigung von Rückschlägen und die schnelle Erholung davon. Zudem trägt sie zur Entwicklung einer positiven Grundeinstellung bei und ermöglicht es, strategisch auf unvorhersehbare Ereignisse zu reagieren.

Um es in der Analogie des Organismus zu beschreiben: Diese Bausteine der Resilienz bilden ein Immunsystem, das sowohl den menschlichen als auch den unternehmerischen Organismus schützt und stärkt.

1. Selbstwahrnehmung

Mensch

Auf persönlicher Ebene ist Selbstwahrnehmung die Schlüsselkomponente für emotionale Intelligenz. Sie erfordert das genaue Erkennen der eigenen Gefühle und Gedanken. Nur mit diesem Verständnis können wir angemessen auf unsere inneren Impulse reagieren. In Stresssituationen wird diese Fähigkeit zu einem wertvollen Instrument, um kluge Entscheidungen zu treffen und impulsive Ausbrüche zu vermeiden. Das bewusste Eintauchen in die eigene Psyche minimiert negative Auswirkungen auf unser psychisches Wohlbefinden und stärkt unsere emotionale Widerstandskraft.

Unternehmen

Auch Unternehmen sind gefordert, eine Art Selbstwahrnehmung zu entwickeln. Sie müssen sich ihrer internen Strukturen, Prozesse und Schwachstellen bewusst sein. Nur wenn ein Unternehmen seine Defizite kennt, kann es gezielt Maßnahmen ergreifen, um diese zu beheben und seine Widerstandsfähigkeit zu stärken. Ähnlich wie sich ein gesunder Organismus gegen potenzielle Gesundheitsrisiken wappnet, müssen Unternehmen in der Lage sein, externe Risiken zu erkennen, die ihre langfristige Stabilität gefährden könnten, und strategische Anpassungen vornehmen. Dies erfordert kontinuierliche Selbstreflexion und Analyse, um sich an Veränderungen im Geschäftsumfeld anzupassen.

2. Emotionale Intelligenz

Mensch

Emotionale Intelligenz geht über das bloße Erkennen der Gefühle anderer hinaus. Sie beinhaltet auch die Interpretation der Ursachen und das Verstehen möglicher Auslöser. Das setzt eine sensible Beobachtungsgabe und ein hohes Maß an Einfühlungsvermögen voraus. Wer die Gefühlslage anderer versteht, kann besser auf deren Bedürfnisse und Reaktionen eingehen. Dies sind Eigenschaften, die in allen Formen zwischenmenschlicher Beziehungen vorteilhaft sind.

Unternehmen

Auch Unternehmen sollten ähnliche empathische Fähigkeiten entwickeln. Sie müssen die Bedürfnisse ihrer Mitarbeiter, Kunden und Stakeholder verstehen und darauf eingehen, um stabile und dauerhafte Beziehungen aufzubauen. Das ermöglicht Unternehmen wiederum, Konflikte effektiver zu bewältigen und ein positives Arbeitsumfeld zu schaffen. Mitarbeiter, die tendenziell positiv eingestellt sind, bilden die beste Grundlage für die Etablierung einer positiven Kundenkommunikation. Die Entwicklung emotionaler Intelligenz auf Unternehmensebene ist demnach ein Schlüssel zur kommunikativen Exzellenz und ein starker Unterscheidungsfaktor in einer zunehmend vernetzten und emotional aufgeladenen Geschäftswelt.

3. Soziale Unterstützung

Mensch

Ein starkes soziales Netz ist der emotionale Rettungs-
anker in stürmischen Zeiten. Familie, Freunde und auch
Arbeitskollegen sind stabile Bezugspunkte, an denen
wir uns in schwierigen Zeiten orientieren können. Diese
Beziehungen bieten nicht nur Trost und emotionale
Unterstützung. Sie tragen auch dazu bei, Stress abzubauen
und unsere psychische Widerstandsfähigkeit zu stärken.
Viele Studien zeigen, dass Menschen mit starken sozialen
Bindungen in der Regel gesünder und zufriedener sind.

Unternehmen

Ebenso sollten Unternehmen ein stabiles Netzwerk
von Partnern, engagierten Kunden und Stakeholdern
aufbauen. In Zeiten wirtschaftlicher Unsicherheit können diese Beziehungen den entscheidenden, ggf. sogar
lebenserhaltenden Unterschied ausmachen.
Menschen können sich in Krisenzeiten idealerweise auf
ihre sozialen Bindungen verlassen. So sollte ein Unternehmen auch auf die Unterstützung seiner Geschäftspartner und Kunden zählen können. Die Wahrscheinlichkeit
dafür wächst parallel mit der gegenseitigen wirtschaftlichen oder emotionalen Verbundenheit. Dies erfordert
nicht nur eine aktive Pflege dieser Beziehungen, sondern
auch ein hohes Maß an Vertrauen und Verlässlichkeit.

4. Agilität im Denken

Mensch

Die Fähigkeit, agil zu denken, bietet enorme Vorteile. Eine unflexible und starre Denkweise mindert nicht nur die Fähigkeit, sich an neue Situationen und Herausforderungen anzupassen, sondern begrenzt auch das Potenzial, kreative Lösungen für Probleme zu finden. Zudem limitiert sie die Entwicklung innovativer Ansätze. Wenn sich Umstände ändern, sollten Menschen bereit und in der Lage sein, ihre Überzeugungen und Strategien multidimensional zu überdenken. Es ist die Analogie zur Fähigkeit des menschlichen Körpers, sich an Umweltbedingungen anzupassen, um zu überleben und zu wachsen.

Unternehmen

Ähnlich dazu sollte ein Unternehmen Agilität in der strategischen Planung und Ausführung zeigen. Es muss fortwährend bereit sein, sich wandelnden Marktbedingungen anzupassen. Dies erfordert auch die Bereitschaft, sich ggf. rechtzeitig von bewährten Geschäftsmodellen zu trennen. Die konstante und vorausschauende Suche nach innovativen Wegen, um Kundenbedürfnisse zu befriedigen, kann eine ressourcenintensive Aufgabe sein. Dennoch ist sie für das Überleben des Unternehmens entscheidend. Das Loslassen überholter Prozesse und Strukturen schützt davor, von agileren Wettbewerbern überholt zu werden.

5. Lösungsorientierung

Mensch

Resiliente Individuen verstehen, dass das Leben nicht immer nach Plan verläuft. Doch anstatt sich in Problemen zu verlieren oder von Herausforderungen überwältigen zu lassen, konzentrieren sie sich konsequent auf das Finden von Lösungen. Sie suchen kreativ nach Auswegen, konstruktiven Möglichkeiten und wollen Handlungsschritte entwickeln, um eigene Grenzen zu überwinden. Diese lösungsorientierte Denkweise ist ein elementarer Baustein für die persönliche Resilienz.

Unternehmen

Nicht anders ist es in der Geschäftswelt. Ein Unternehmen, das langfristig erfolgreich sein will, sollte dieselbe lösungsorientierte Philosophie verfolgen. Anstatt sich von Hindernissen entmutigen zu lassen, entwickelt es die Fähigkeit, proaktiv nach innovativen Lösungen zu suchen. Die Denkweisen »Die Lösung, die wir suchen, gibt es **noch** nicht« oder »Wir können das besser« sollten integraler und treibender Bestandteil jeder Unternehmenskultur sein.

Um ein Umfeld zu schaffen, in dem kontinuierliche Verbesserung und kreative Problemlösung zur Norm werden, hilft es sehr, wenn das Management diese Haltung vorlebt.

6. Selbstfürsorge

Mensch

Selbstfürsorge ist das Fundament der persönlichen Resilienz. So wie ein Haus ohne stabiles Fundament nicht stehen kann, kann ein Mensch ohne angemessene Selbstfürsorge nicht dauerhaft widerstandsfähig sein. Dies bedeutet, auf die eigene körperliche Gesundheit zu achten, ausreichend Schlaf zu bekommen, sich gesund zu ernähren und regelmäßige Bewegung in den Alltag zu integrieren. Die bewusste Pflege des eigenen Wohlbefindens ist gesunder, gegenwärtiger Egoismus, der in die zukünftige Leistungsfähigkeit einzahlt. Und davon profitiert zeitverzögert das private und berufliche Umfeld.

Unternehmen

Unternehmen sollten ähnlich handeln. Die Fürsorge für die Mitarbeiter ist vergleichbar mit der Fürsorge für den menschlichen Organismus zur Erhaltung der Gesundheit. Dazu gehören die Bereitstellung gesunder Arbeitsbedingungen und die Schaffung eines positiven Arbeitsumfelds. Auch die Investition in Weiterbildung und die Förderung einer ausgewogenen Work-Life-Balance tragen dazu bei. Wenn ein Unternehmen sich um das Wohlbefinden der Mitarbeiter kümmert, werden diese gesünder, motivierter und belastbarer sein. Letztlich wirkt sich das positiv auf die Leistungsfähigkeit und den langfristigen Erfolg des Unternehmens aus.

7. Ziele setzen

Mensch

Klare Zielsetzungen sind ein fundamentaler Aspekt der Resilienz. Sie dienen als Grundlage, die es Individuen ermöglicht, auch in turbulenten Zeiten Orientierung zu finden und persönlichen Sinn zu generieren. Wer klare Ziele verfolgt, bleibt fokussiert und lässt sich von Rückschlägen weniger entmutigen. Die mentale Einstellung »Dann versuche ich es eben anders oder noch einmal« resultiert aus einer konsequenten Zielverfolgung. Diese Praxis ermöglicht es, sich kontinuierlich weiterzuentwickeln und die innere Entschlossenheit aufrechtzuerhalten, die für das persönliche Wachstum von so wesentlicher Bedeutung ist.

Unternehmen

Nicht anders ist es in der Geschäftswelt. Ein Unternehmen, das in Zeiten des Wandels und gesellschaftlicher Turbulenzen auf Kurs bleiben will, muss sich klare und messbare Ziele setzen. Eine verständliche ›Vision‹ kann als Leitstern dienen, der alle Mitarbeiter in die gleiche Richtung führt. Das bedeutet, sich auf das Wesentliche zu konzentrieren und gemeinsam ein Ziel zu verfolgen. Dieser Ansatz entspricht dem menschlichen Grundbedürfnis, sich Ziele zu setzen und eine klare Richtung im Leben zu haben.

8. Mentale Stärke

Mensch

Mentale Stärke zu entwickeln und einen vorausschauenden Optimismus zu pflegen, wirkt wie ein Schutzschild in schwierigen Zeiten. Resiliente Menschen bewahren sich den Glauben an ihre zuküftige Selbstwirksamkeit – die Fähigkeit, Herausforderungen selbstbestimmt zu meistern. Die Haltung »Ich weiß **noch** nicht, wozu X gut ist – aber der Sinn wird sich mir schon erschließen« ist ihnen vertraut und hilfreich. Sie bauen darauf, dass sich der versteckte Nutzen einer unangenehmen Situation oftmals erst im Nachhinein zeigt. Diese mentale Widerstandsfähigkeit ermöglicht es ihnen, durchzuhalten und gestärkt aus Herausforderungen hervorzugehen.

Unternehmen

Genauso sollten auch Unternehmen den Glauben an ihre Zukunftsfähigkeit stärken und fehlende Kompetenzen frühzeitig adressieren. Die gesamte Organisation sollte einen konstruktiven Dialog über anstehende Kompetenzfelder führen, um Strategien für herausfordernde Zeiten zu entwickeln. So entsteht ein berechtigter Optimismus über die Leistungsfähigkeit der gemeinsamen Unternehmung. Das Führungsteam spielt dabei eine Schlüsselrolle: Es muss sich seiner Verantwortung als Initiator und Förderer dieses Dialogs bewusst sein und durch Entschlossenheit und Engagement die Vision einer gemeinsamen, erfolgreichen Zukunft vermitteln.

9. Achtsamkeit und Stressbewältigung

Mensch

Die Praktiken der Achtsamkeit und Stressbewältigung gelten als Medizin für die Seele. Sie helfen, den Stresspegel zu senken und innere Ruhe zu bewahren. Methoden wie Meditation, Atemübungen und verschiedenste Entspannungstechniken helfen, den emotionalen und mentalen Zustand aktiv zu beeinflussen und zu verbessern. Diese Fähigkeiten sind nicht nur für das persönliche Wachstum von Bedeutung, sondern spielen auch eine wichtige Rolle in der Arbeitswelt, wo der Umgang mit Stress zunehmend als Schlüsselkomponenten für eine gesunde und produktive Arbeitsumgebung anerkannt werden.

Unternehmen

Wie ein lebendiger Organismus muss auch ein Unternehmen auf Warnsignale für Überhitzung achten und reagieren können. Indem Führungskräfte Mitarbeiterfeedback ernst nehmen, können sie Risiken für die gemeinsame Unternehmung frühzeitig erkennen. Des Weiteren müssen sie sich die Zeit nehmen, Prozesse zu hinterfragen und regulatorischen Ballast abzuwerfen. Überflüssige Arbeitsschritte müssen identifiziert, gestrafft oder eliminiert werden.

Die grundlegende Bereitschaft, Altes loszulassen und die Organisation vor anhaltendem Stress zu schützen, ist entscheidend für Innovation und eine dynamische Unternehmenskultur

10. Lernen aus Erfahrungen

Mensch

Die Entwicklung von Resilienz geht häufig mit der Fähigkeit einher, aus Erfahrungen zu lernen. Resiliente Menschen betrachten Fehler und Rückschläge nicht als Niederlagen, sondern als Lektionen. Sie nutzen diese Erlebnisse, um sich weiterzuentwickeln und gestärkt aus der Situation hervorzugehen. Die Fähigkeit, die Vergangenheit konstruktiv aufzuarbeiten und aus ihr zu lernen, stellt die Grundlage der Persönlichkeitsentwicklung dar.

Unternehmen

Auch ein Unternehmen kann aktiv aus seinen eigenen Erfahrungen lernen – z. B. aus erfolgreichen und fehlgeschlagenen Projekten, oder aus richtigen und falschen Entscheidungen. Dieses konstruktive Sammeln und Teilen von ›Geschichten‹, das interne Storytelling, kann die Widerstandsfähigkeit gegenüber belastenden Einflüssen deutlich erhöhen. Denn aus der Nachvollziehbarkeit von Vergangenheit entsteht ›Verstehen‹ – die Grundlage für echtes Zu- und Vertrauen. Das bedeutet auch, Entscheidungen der Gegenwart nicht einfach nur umzusetzen, sondern die Hintergründe und Zusammhänge allen Menschen im Unternehmen verständlich zu kommunizieren. Diese konstruktive Form der »Überkommunikation«, fördert nicht nur das Verständnis und die Akzeptanz von Entscheidungen, sondern stärkt auch das Gemeinschaftsgefühl und die Unternehmenskultur.

Die vorausschauende, proaktive Resilienzbildung bedarf einer individuellen Herangehensweise. Sie ist keine feste Größe, die jede Person oder Organisation gleichermaßen erreicht. Lebensumstände, Erfahrungen und Herausforderungen unterscheiden sich von Mensch zu Mensch. Was dem einen hilft, resilient zu werden, funktioniert für den anderen noch lange nicht.
Das gilt auch für Unternehmen.

Unsicherheit lähmt

In einer von Unsicherheit, Komplexität und Ambiguität geprägten Welt werden anpassungsfähige, belastbare und innovationsfreundliche Mitarbeiter zu einer unverzichtbaren Geschäftsgrundlage. Dies gilt umso mehr, wenn wir auf die letzten Jahre zurückblicken, die von enormen Umbrüchen geprägt waren. Pandemiebedingte Stillstände, gefolgt von wirtschaftlicher Instabilität und einem unaufhaltsamen gesellschaftlichen Wandel – all das hat bei Arbeitnehmern aller Altersklassen zu deutlich erhöhtem Stress geführt. Insbesondere die Generation Z, die gerade dabei ist, im Berufsleben Fuß zu fassen, darf zu Recht verunsichert sein.
Der Berufseinstieg dieser Altersgruppe verlief völlig anders als bei früheren Generationen. Wie ihre Vorgänger haben auch sie die Arbeitswelt revolutioniert, indem sie neue Perspektiven einbrachten. Sie haben die Dynamik in vielen Arbeitsumgebungen grundlegend verändert. Doch im Gegensatz zu den älteren Generationen fiel ihr Berufseinstieg in eine außergewöhnliche Zeit: Ein großer Teil der Arbeitswelt stellt das grundsätzliche Verhältnis zum örtlich gebundenen Arbeitsplatz infrage.
Das Aufkommen von Remote Work hat für die Generation Z bedeutende Veränderungen mit sich gebracht. Durch den Wegfall der traditionellen persönlichen Begleitung durch Kollegen im Büro sind viele junge Berufseinsteiger auf sich allein gestellt. Diese Isolation, gepaart mit der generellen Sorge um die

Arbeitsplatzsicherheit, führt bei einem Großteil dieser Generation zu einer spürbaren Verunsicherung. Eine echte Herausforderung bei der beruflichen Integration.

Laut einer Gallup-Umfrage[6] geben fast 50 Prozent der 18- bis 29-Jährigen an, dass sich ihre Arbeit negativ auf die psychische Gesundheit auswirkt. Der Stress äußert sich bei einigen in Ambivalenz und Rückzug. So nehmen Angehörige der Generation Z deutlich mehr Krankheitstage in Anspruch als ältere Kollegen, häufig aufgrund psychischer Probleme.

Wenn man sich vor Augen führt, dass die Generation Z bis zum Jahr 2025 fast ein Drittel der Arbeitnehmer in den westlichen Ländern ausmachen wird, erkennt man, wie wichtig Führungskräfte mit psychologischem Geschick sind. Falls die meisten Mitarbeiter übermäßigem Stress ausgesetzt sind und nicht ihre volle Leistung erbringen können, wären die Konsequenzen katastrophal. Das betrifft nicht nur die Wirtschaft, sondern auch das Zusammenleben in der Gesellschaft.

Stress und Ängste Einzelner wirken sich unweigerlich auch auf die Teamdynamik aus. Es ist kein Geheimnis, dass Teams, die von Angst und Sorge geprägt sind, tendenziell weniger flexibel denken und handeln. Sie bringen auch seltener Innovationen hervor und verbreiten – gewollt oder ungewollt – ihr Gefühl reduzierter psychologischer Sicherheit im gesamten Unternehmen.

Im arbeitspsychologischen Kontext gilt: Angst entsteht aus Ungewissheit. Und die Generation Z, die im digitalen Zeitalter aufgewachsen ist, hat gänzlich andere Erfahrungen im Umgang mit Ungewissheit gemacht als die Jahrgänge zuvor. Durch schnelles Googeln oder das Überprüfen von Bewertungen sind Informationen meistens nur einen Klick entfernt. Im Arbeitsumfeld, insbesondere in Remote-Settings, fehlen solche unmittelbaren Feedbackmechanismen jedoch.

Dies kann dazu führen, dass junge Fachkräfte Entscheidungen oder Konflikten ausweichen. Das gilt auch, weil es in digital geprägten Umgebungen einfacher ist, direkte Konfrontationen abzublocken oder sich dem Kontakt zu entziehen.

Ohne gezielte Selbstreflexion reagieren wir Menschen instinktiv auf dieselbe Weise: Angst löst in uns den Impuls zur Vermeidung aus. Wenn die Befürchtung, etwas Unangemessenes zu sagen, in uns arbeitet, neigen wir dazu, in Besprechungen zu schweigen. Wenn wir Furcht vor Telefongesprächen haben, neigen wir dazu, Anrufe zu vermeiden oder zu ignorieren. Diese Vermeidungstaktik führt jedoch dazu, dass die Angst noch größer wird, anstatt sie abzubauen. Indem wir die Konfrontation mit unseren Ängsten vermeiden, berauben wir uns der Möglichkeit, sie zu überwinden. Im Gegenteil: Wir verstärken stattdessen unbewusst ihre Präsenz in unserem Leben.

Das Umgehen unangenehmer Situationen im Berufsleben ist nur ein Beispiel für die verbreiteten Ausweichstrategien, die im Arbeitsumfeld zu beobachten sind. Das grundsätzliche Muster legt nahe, dass Unternehmen und ihre Führungskräfte umdenken müssen. Es unterstreicht die Notwendigkeit, grundsätzlich in das psychische Wohlbefinden der Mitarbeiter zu investieren. Es gilt, aufmerksam zu sein, Empathie zu lernen und sie auch zu zeigen. Die mentale und emotionale Gesundheit der Mitarbeiter erfordert psychologische Sicherheit. Ein Arbeitsplatz, der diese Sicherheit bietet, zieht nicht nur die besten Talente an, sondern sorgt auch für eine höhere Mitarbeiterbindung. Sie ist der Kitt, der die Mitarbeiter enger an die Organisation bindet und ihr Wohlbefinden steigert. Menschen, die sich an ihrem Arbeitsplatz und in ihren zwischenmenschlichen Beziehungen psychologisch sicher fühlen, sind auch bereit, kreativer zu sein und Risiken einzugehen. Ein Umstand, von dem Organisationen in der Regel erheblich profitieren.

i: Psychologische Sicherheit

Psychologische Sicherheit am Arbeitsplatz bedeutet, dass Mitarbeiter sich ermutigt und sicher fühlen, ihre Meinungen und Ideen offen zu äußern, ohne Angst vor negativen Konsequenzen zu haben. In einem Umfeld mit hoher psychologischer Sicherheit herrscht Vertrauen, Respekt und Wertschätzung, sodass jeder Einzelne bereit ist, kalkulierbare Risiken einzugehen, aktiv Fragen zu stellen und konstruktiv zur Diskussion und Problemlösung beizutragen.

Die folgenden Strategien fördern ein Umfeld psychologischer Sicherheit:

Offene Kommunikation fördern: Klartext reden (lassen)

Ein Umfeld, in dem offene Kommunikation gefordert und gefördert wird, bedeutet, dass auch unbequeme Wahrheiten ihren Platz haben müssen. Dies erfordert den Mut der Führungskräfte, mit gutem Beispiel voranzugehen und zu zeigen, dass jede Stimme zählt. Auch wenn sie gegen den Strom schwimmt.

Fehlerkultur etablieren: Risikobereitschaft fördern und vorleben

»Experiment. Fail. Learn. Repeat.« Dieses Motto repräsentiert das Selbstverständnis von Unternehmen, die für sich in Anspruch nehmen, eine Kultur zu pflegen, die Fehler großzügig toleriert. Dafür müssen jedoch auch die notwendigen Ressourcen (Zeit, Zugang zu Informationen, Unterstützung durch das Management, flexible Arbeitsstrukturen) bereitgestellt werden. Die aktive, (vor)gelebte Unterstützung dieser Denkweise durch das Management erleichtert die Etablierung einer konstruktiven Fehlerkultur enorm.

Leistung aktiv anerkennen: Individuelles, spezifisches Feedback

Anerkennung sollte spezifisch, ehrlich und situationsbezogen sein. Es geht um das, was an der Arbeit oder dem Verhalten eines Mitarbeiters wertvoll ist. Ein allgemeines »Gut gemacht« ist weit weniger wirksam als ein »Ich schätze es, wie du in dieser schwierigen Situation die Ruhe bewahrt hast«. Menschen sind wandelnde ›Bullshit-Detektoren‹. Sie nehmen sehr wohl wahr, ob und wann ein Lob, eine Bewertung individuell und aufrichtig ist. Alles andere schadet mehr als es nützt.

Aktiv zuhören: Aufmerksamkeit als Antrieb

Aktives Zuhören bedeutet nicht nur, als Zuhörer aufmerksam zu sein. Es beinhaltet auch, aus den gehörten Informationen (nach ausführlicher Prüfung) praktische Schritte abzuleiten, diese ggf. umzusetzen und Rückmeldung zu geben. Erst das demonstriert, wie das Gesagte tatsächlich Einfluss auf Entscheidungen und konkrete Maßnahmen hat. Wenn Führungskräfte Informationen ihrer Mitarbeiter vorschnell als irrelevant einstufen und ohne angemessene Rückmeldung beiseitelegen, entsteht ein Feedback-Vakuum, das sehr schnell und destruktiv seine entsprechende Wirkung entfaltet.

Integrität in der Führung: Vertrauen aufbauen

Integrität in der Führungsbeziehung fördert den Aufbau von Vertrauen. Es zeigt sich darin, Worte und Taten in Einklang zu bringen. Integrität erfordert Transparenz und die Bereitschaft der Führungskräfte, sich manchmal verletzlich zu zeigen. Es bedeutet, persönliche Herausforderungen und Unsicherheiten offen zu kommunizieren und Mitarbeiter als Partner im Lösungsprozess zu betrachten. Eine integre Führungskraft schafft eine Atmosphäre, in der Menschen den Wunsch haben, ihre eigenen Geschichten des Erfolgs und des Scheiterns zu teilen.

Persönliche Entwicklung: Talente fördern oder verlieren

Talentierte Menschen sind sich in der Regel ihres Potenzials bewusst. Infolgedessen entscheiden sie sich irgendwann für ein förderbereites Arbeitsumfeld und eine Atmosphäre, die ihnen entspricht — ein Spielfeld, auf dem sie ihr volles Potenzial entfalten können.

Zur Unterstützung der persönlichen und beruflichen Entwicklung gehört deshalb, die Menschen im Unternehmen nicht nur gemäß ihrer aktuellen Fähigkeiten einzusetzen. Sie müssen auch aktiv in der Entwicklung zukünftig relevanter Fähigkeiten unterstützt werden. Dazu gehört ein Umfeld, das kontinuierliches Lernen und die Offenlegung persönlicher Entwicklungswünsche ermöglicht. Die Weiterbildung und Förderung individueller menschlicher Begabungen war vielleicht noch nie so existenziell, wie in den Zeiten einer omnipräsenten Künstlichen Intelligenz.

Vertrauen schlägt Leistung

Offene Kommunikation und ein vorurteilsfreies Umfeld sind wichtig, um psychologische Sicherheit zu fördern. Führungskompetenz und glaubwürdige Führungskräfte spielen dabei eine entscheidende Rolle. Hier ist eine interessante Entwicklung zu beobachten: Mitarbeiter bevorzugen immer häufiger eine Führungskraft, die zwar nur durchschnittliche persönliche Leistungen erbringt, aber ein hohes Maß an Vertrauenswürdigkeit aufweist, gegenüber einem Top-Performer, dem es an einer vertrauensvollen Beziehung zum Team fehlt.[7][8][9]

Das zeigt, dass die zwischenmenschliche Komponente und das ethische Fundament einer Führungsrolle oft wichtiger sind als reine Leistungszahlen. Mitarbeiter erkennen zunehmend, dass eine vertrauensvolle Führung das Arbeitsklima und damit die eigene Arbeitszufriedenheit und Leistung nachhaltig positiv beeinflusst. Und das hat Folgen.

In einem Arbeitsumfeld, in dem Vertrauen herrscht, gedeihen Kreativität und Engagement. Mitarbeiter sind eher bereit, Risiken einzugehen und sich für gemeinsame Ziele einzusetzen, wenn sie wissen, dass ihre Führungskraft verlässlich und aufrichtig handelt. Dieser Trend offenbart einen tiefgreifenden Wandel in der Wahrnehmung von Führungserfolg und wirft ein interessantes Licht auf die Bewertungskultur in Organisationen. Hier deutet sich eine Verschiebung an, die das Ende einer Ära signalisiert, in der Leistungszahlen der einzige Maßstab für Führungserfolg sind. Sie unterstellt, dass die Fähigkeit, ein Klima des Vertrauens zu schaffen, für den langfristigen Erfolg eines Teams enorm wichtig ist. Wichtiger als die bloße Fähigkeit, hohe Ziele zu erreichen.

Ist es dann nicht erstaunlich, dass der aktiv unterstützende und auf Vertrauen basierende Führungsstil offenbar zu den Instrumenten zählt, die von Führungskräften am seltensten eingesetzt werden? Obwohl dieser von den Mitarbeitern sehr geschätzt wird? Das könnte daran liegen, dass der Arbeitsaufwand hinter diesem Führungsstil deutlich höher ist. Er erfordert ein maximales Maß an Aufmerksamkeit, Einfühlungsvermögen und Zeit. Er erfordert, dass Führungskräfte sich in die individuellen Bedürfnisse und Stärken ihrer Teammitglieder hineinversetzen, um ein integratives Umfeld zu schaffen. Das ist zweifellos anspruchsvoller und ressourcenintensiver als andere Führungsstile, die auf Anweisung und Kontrolle setzen.

Führungskräfte sollten jedoch erkennen, dass es sich lohnt, in ressourcenintensive und vertrauensbildende Maßnahmen zu investieren: Ihre Positionen könnten nämlich schneller neu besetzt werden, als sie es vielleicht vermuten.

ELIZA

Joseph Weizenbaum, Computerwissenschaftler am MIT, entwickelte bereits 1966 ein bemerkenswertes Computerprogramm namens ELIZA. Dieses Programm war einer der ersten Versuche, eine Art künstlicher Intelligenz zu schaffen, die mit Menschen kommunizieren konnte. Dafür imitierte das Programm einen Psychotherapeuten und nahm zuerst die Eingaben des Benutzers entgegen. Dann antwortete es mit Fragen oder Aussagen, die lediglich eine umformulierte Wiedergabe der ursprünglichen Benutzereingabe darstellten.

Das Faszinierende an ELIZA liegt in der Einfachheit und Effektivität begründet. Es nutzte einfache Mustererkennungs- und Imitationsmethoden, um Antworten zu generieren, die von den Benutzern aber als überraschend einfühlsam empfunden wurden. Das führte sogar dazu, dass einige Personen eine emotionale Bindung zu ELIZA aufbauten. Sie fühlten sich durch die Interaktionen verstanden, beruhigt und emotional unterstützt.

Durch die einfache Umformulierung und Wiederholung der Benutzeräußerungen förderte ELIZA die Bereitschaft der Benutzer, über sich selbst zu sprechen. Auch ohne fortgeschrittene digitale Sprachverarbeitung, neuronale Netzwerke oder semantisches Verständnis hatten die Menschen das Gefühl, dass ihnen aufmerksam zugehört wurde.

ELIZA war somit ein bahnbrechendes Experiment im Bereich der Mensch-Computer-Interaktion. Es legte einen wichtigen Grundstein für die Entwicklung komplexerer künstlicher Intelligenzsysteme und Chatbots, wie wir sie heute kennen. Es demonstrierte das Potenzial von Computerprogrammen, nicht nur technische Aufgaben zu erfüllen, sondern bis zu einem gewissen Grad auch menschliche Emotionen anzusprechen. ELIZA bewies, dass Computer Interaktionen ermöglichten, die über die reine Datenverarbeitung hinausgehen.

Diese Erkenntnisse erlauben die Behauptung, dass es für eine Künstliche Intelligenz durchaus möglich ist, als Führungsinstanz wahrgenommen zu werden. Sie hat das Potenzial, in einer Weise zu kommunizieren, die Empathie und Verständnis suggeriert. Diese Eigenschaften sind besonders wichtig, wenn es darum geht, Vertrauen und Akzeptanz bei den Nutzern zu schaffen.

Was geschieht, wenn wir diesem System visuelle und auditive Sensoren hinzufügen? Und eine Datenbank über unternehmensrelevante Vorgänge? Wirtschaftswissen und Kommunikationsregeln? Es entsteht ein digitaler Assistent, der nicht nur auf menschliche Eingaben sachlich korrekt reagiert, sondern auch mit einem glaubhaften Maß an Einfühlungsvermögen agiert. Eine handlungsfähige Entität, die sehr zielorientiert und dennoch sympathisch und verständnisvoll handelt. Sie kann problemlos in Bereichen wie Kundenbetreuung, Bildung und interaktiven Führungsaufgaben eingesetzt werden. Wie ein Alexa-System auf Steroiden – wesentlich leistungsfähiger und vielseitiger. Diesen ›hilfreichen‹ Hinweis sollte sich jede menschliche Führungskraft im eigenen Interesse zu Herzen nehmen.

Eine durchschnittliche Führungskraft

Um es positiv auszudrücken: Unternehmen, die darauf hinarbeiten, die Rolle einer Führungskraft auf grundlegende administrative, regulative und kommunikative Aufgaben zu reduzieren, können ihr Ziel bald erreicht sehen.

Mit fortschreitender technologischer Entwicklung stehen immer mehr Werkzeuge zur Verfügung, die Standardführungsaufgaben vereinfachen oder sogar vollständig automatisieren. Insbesondere im Bereich der Datenanalyse und Entscheidungsfindung ist davon auszugehen, dass digitale Lösungen auf Augenhöhe mit menschlichen Führungskräften stehen. Sie werden diese möglicherweise sogar übertreffen.

Die nachfolgende Auflistung soll keine Präferenz für ›gut‹ oder ›schlecht‹ ausdrücken. Sie spiegelt lediglich wider, was nach dem heutigen Kenntnisstand schon morgen sehr wahrscheinlich ist. Dies gilt insbesondere für:

Beaufsichtigung und Unterstützung von Arbeitsvorgängen

Durch ihre Fähigkeit, Abläufe und Engpässe zu erkennen, kann Künstliche Intelligenz die Mitarbeiter gezielt unterstützen und Optimierungsvorschläge unterbreiten. Sie stellt nicht nur aufgabenrelevante Informationen in Echtzeit bereit, sondern analysiert auch Arbeitsprozesse vorausschauend und verbessert sie kontinuierlich. Dieser integrative Ansatz der Prozessoptimierung ermöglicht es der KI, die Produktivität und Effizienz von Arbeitsabläufen messbar zu steigern.

Emotionserkennung und Kommunikationsunterstützung

Künstliche Intelligenz wird bald in der Lage sein, Mimik und Körpersprache präzise und zuverlässig zu analysieren. Insbesondere in virtuellen Meetings wird sie nonverbale Signale und individuelle Stimmungen erfassen können. Beispielsweise könnte sie erkennen, ob ein Mitarbeiter einen Beitrag leisten möchte oder abgelenkt ist. Diese Fähigkeit wird besonders wertvoll sein, um die Kommunikationseffizienz in Remote-Teams zu verbessern, da nonverbale Kommunikation dort manchmal schwer zu deuten ist.

Strategieberatung

Intelligente Systeme sind heute bereits in der Lage, große Datenmengen zu analysieren und daraus Trends sowie Muster abzuleiten. Diese Fähigkeit ist für strategische Entscheidungen in Unternehmen von hoher Relevanz. Ihre Kompetenz, komplexe Zusammenhänge zu erkennen, macht KI-Systeme zu wertvollen Strategieberatern. Sie stehen im Kontrast zum Menschen, der aufgrund kognitiver Verzerrungen und eingefahrener Denkmuster möglicherweise wichtige Aspekte übersieht. KI analysiert Daten streng evidenzbasiert und ist nicht anfällig für Vorurteile oder ähnliche Denkfallen, die eine abschließende Empfehlung verzerren könnten.

Verwaltungsaufgaben und Informationsweitergabe

Auch wiederholungsintensive Aufgaben können durch KI übernommen werden. Die Erstellung von Arbeitsplänen oder die Verteilung von Informationen kann sie effizient und zuverlässig bewältigen. Dadurch werden wertvolle zeitliche Ressourcen freigesetzt, die für wertschöpfende Tätigkeiten genutzt werden können. Dies schafft Freiräume für viele strategische und praktische Aufgaben der Unternehmensführung, wie etwa die konstruktive Gestaltung der Unternehmenskultur oder die individuelle Förderung und Entwicklung der Mitarbeiterinnen und Mitarbeiter. Auch das Vorantreiben innovativer Projekte oder die Verbesserung der Kundenbindung gehören dazu. Die Entlastung durch KI-Tools ermöglicht es Führungskräften und Teams, sich auf die Optimierung interner und externer Prozesse zu konzentrieren. Es entsteht Raum für kreative Lösungsansätze und neue Beiträge zur Wertschöpfung.

In diesen Beispielen zielt die Integration von Künstlicher Intelligenz in Führungsrollen darauf ab, Entscheidungsprozesse effizienter zu gestalten. Sie sollen objektiver und stärker datengetrieben sein. Diese Entwicklung kann sowohl positiv als auch negativ gesehen werden. Sie birgt jedoch ein wesentliches Risiko: Die Versuchung der Übereffizienz. Wenn wir glauben, den Menschen in seiner einflussreichen Rolle vollständig ersetzen zu können, bewegen wir uns auf eine dystopische Realität zu.

i: Kognitive Verzerrungen

Kognitive Verzerrungen sind systematische Denkfehler. Sie resultieren aus der Art und Weise, wie unser Gehirn Wahrnehmungen, Erinnerungen und Urteile verarbeitet. Es handelt sich um psychologische Tendenzen, die dazu führen, dass Menschen in bestimmten Situationen inkonsistent, irrational oder einfach ineffizient denken und entscheiden. Diese Verzerrungen entstehen, wenn das Gehirn versucht, komplexe Informationen schnell zu verarbeiten, was zu Vereinfachungen oder Fehlinterpretationen führen kann.

Beispiele für kognitive Verzerrungen sind:

- **Bestätigungsfehler:** die Tendenz, Informationen so zu interpretieren, dass sie mit den eigenen Überzeugungen übereinstimmen,

- **Verfügbarkeitsheuristik:** die Neigung, sich auf Informationen zu verlassen, die leichter verfügbar oder erinnerbar sind,

- **Ankereffekt:** das Phänomen, sich zu sehr auf die erste erhaltene Information zu stützen.

Kognitive Verzerrungen beeinflussen eine Vielzahl von Entscheidungen im täglichen Leben, in der Wirtschaft, der Politik und in sozialen Interaktionen. Sie können die Ursache für Fehleinschätzungen und ineffiziente Entscheidungen sein. Deshalb ist das Verständnis dieser Mechanismen für das Treffen objektiver und fundierter Entscheidungen wichtig.

Trotz des rasanten Fortschritts der Technologie bleibt die menschliche Führungskraft unersetzlich, insbesondere bei der Interpretation und dem Verständnis menschlicher Motive. Die Fähigkeit, individuellen Sinn und tiefere Absichten genau zu erfassen, stellt eine Schlüsselkompetenz dar. Auch das spezielle Erfahrungswissen, das viele Multiplikatoren in Unternehmen in sich tragen, lässt sich nicht einfach durch Technologie replizieren. Zumindest noch nicht.

Die Führungsstruktur der Zukunft wird eine Mischung aus menschlicher Intuition und KI-gestützter Analyse sein. Und es ist wahrscheinlich, dass die Zahl der Führungskräfte in den Unternehmen abnehmen wird. Aber diejenigen, die bleiben, müssen ihre menschlichen Stärken voll einbringen. Damit sind wir wieder bei der Notwendigkeit, dem Faktor Mensch mehr Aufmerksamkeit, Empathie und proaktive Unterstützung zukommen zu lassen. Die zuvor getroffene Feststellung, dass solche Bemühungen ›sehr aufwendig‹ sind, bekommt nun eine andere Bedeutung: Sie wandelt sich von einem vermeintlichen Hindernis zu einer Legitimation menschlicher Präsenz in Führungsfunktionen. Sie unterstreicht die Bedeutung menschlicher Interaktion und Fürsorge, die in einer zunehmend technologisierten Arbeitswelt unverzichtbar sein wird.

Technologie allein wird nicht der Schlüssel zu einer positiven Unternehmenskultur sein. Sie kann die Prozesseffizienz und Entscheidungsfindung verbessern, wird aber nicht den eigentlichen Wert eines attraktiven Arbeitsplatzes ausmachen. Am Ende ist es die Kombination aus technologischer Effizienz und menschlicher Sensibilität, die ein ausgewogenes und positives Arbeitsumfeld schafft.

Eine klare Zukunft

Im Unternehmenskontext ist Resilienz vergleichbar mit einem gut regulierten Ökosystem: Psychologische Sicherheit und Berechenbarkeit wirken als wichtige Nährstoffe, aus denen Handlungsenergie entsteht. Deswegen ist es wichtig, auch über die zukünftigen Rahmenbedingungen und die eigene Position Klarheit zu haben. Unternehmen müssen nicht nur ihren aktuellen Status transparent kommunizieren, sondern auch ihre Vision für die Zukunft.

Für viele mag das wie eine Selbstverständlichkeit klingen. In Deutschland gibt es allerdings eine beträchtliche Anzahl von Unternehmen, insbesondere im Mittelstand, denen es an Weitblick und zukunftsorientierten Zielsetzungen mangelt. Anstatt konkrete, langfristige Ziele zu formulieren, beschränkt sich die Absicht dieser Marktteilnehmer darauf, das Geschäft ›einfach nur fortzuführen‹. Wachstum um des Wachstums willen wird dabei zum zentralen Dogma des wirtschaftlichen Erfolgs. Doch diese Sichtweise greift zu kurz. Es wird übersehen, dass das Bedürfnis, die Zukunft vorherzusagen und zu gestalten, zu den grundlegenden menschlichen Antrieben zählt. Das gilt sowohl im geschäftlichen als auch im privaten Kontext. Eine klar definierte Zielsetzung ist nützlich und hilfreich. Aus psychologischer Perspektive dient sie der Orientierung, fördert die Motivation und das Engagement.

Die Kommunikation darüber, wie die Entscheidungsträger einer Unternehmung die Zukunft einschätzen, gibt Mitarbeitern, Partnern und Kunden wertvolle Einblicke in die strategische Ausrichtung. Die Erwartungen des Unternehmens bezüglich zukünftiger Entwicklungen stellen eine Berechnungsgrundlage von hohem Wert dar. Potenzielle Geschäftspartner und Mitarbeiter im Unternehmen leiten in Teilen daraus ihr individuelles Zukunftsbild ab. Ein Bild, in dem sie ihren Platz suchen.

Grundsätzlich wird die Motivation eines Individuums stets von seinen Erwartungen an die Zukunft angetrieben. Es investiert Ressourcen wie Geld, Zeit und Emotionen in der Hoffnung auf eine positive Entwicklung. Oder anders ausgedrückt: Wer nicht an die Zukunft des Spielfelds glaubt, sucht sich andere Chancen und Möglichkeiten zum Spielen.

Unternehmen müssen heutzutage eine klare und attraktive Ausrichtung kommunizieren. Dies stärkt das Vertrauen in ihre Stabilität und damit ihr Wachstumspotenzial. Auch wenn Zukunftsbilder gerne als ›große Illusion‹ abgetan werden, wird dennoch versucht werden, aus diesen Aussagen die Innovationskraft und Anpassungsfähigkeit an Marktentwicklungen zu interpretieren. Die Frage »Wohin geht die Reise?« ist daher keine bloße Rhetorik. Sie ist eine unverzichtbare Überlegung für jedes Unternehmen, das auf langfristigen Erfolg ausgerichtet ist und Ressourcen anziehen und binden will.

Von Menschen, für Menschen

Menschen erfinden, schaffen und verkaufen Produkte und Dienstleistungen für andere Menschen – nicht für Maschinen oder andere seelenlose Dinge. Dieser Austausch und die Erzeugung von Werten sind der Kern allen unternehmerischen und wirtschaftlichen Handelns. Es sind Menschen, die diesen Werten Bedeutung beimessen. Erst durch ihre Interaktionen im wirtschaftlichen Kontext werden sie mit Leben erfüllt.

Man könnte sich sogar die Frage stellen, ob ein Unternehmen ohne Menschen, die darin arbeiten, überhaupt existieren würde. Auf dem Papier – ja. Aber ansonsten ist es wohl eher eine Frage der philosophischen Interpretation.

Ein Unternehmen ist eine zweckgetriebene Ansammlung von Prozessen, Strukturen und Ressourcen. Ohne Menschen, die diese Elemente beleben, steuern und interpretieren, bleibt es jedoch ein lebloses, ungerichtetes Gebilde – eine leere Hülle mit mechanischem Zweck. Durch die Ziele einer Unternehmung rechtfertigen sich auch die eingesetzten Mittel und Werkzeuge.

Deswegen sollte der tatsächliche Sinn und Zweck des Unternehmens leicht und verständlich zu kommunizieren sein – sei es in der 1-zu-1-Kommunikation oder als positionierende Ansprache an ganze Märkte. Hier liegt auch die Existenzberechtigung der ›Mission und Vision‹-Statements, die gerne auch als ›Hochglanz-Bullshit‹ für Unternehmensbroschüren abgelehnt werden. Die Diskussion um ihren Stellenwert bewegt sich zwischen Marketingrhetorik und grundlegender Säule der Unternehmensidentität.

Grundsätzlich ist die Transparenz der Ziele, Strategien und Methoden dennoch wichtig. Sie definieren, was ein Unternehmen in seinem Kern und Wesen ausmacht oder ausmachen sollte. Dieses ›Aufräumen‹ in der Unternehmenskommunikation und -strategie ist notwendig, um ein nachvollziehbarer und attraktiver Partner für Mitarbeiter, Kunden und Stakeholder zu sein.

Ein Prozess der Klärung und Reduktion auf das Wesentliche stellt sicher, dass alle Beteiligten ein ähnliches Verständnis von der

Ausrichtung des Unternehmens haben. Die Basis für ein gemeinsames, aufgeräumtes und zielorientiertes Handeln.

›Aufräumen‹ bedeutet in diesem Kontext, dass Produkte, Dienstleistungen und Arbeitsweisen überdacht werden sollten, falls sie nicht mit dem Herkunfts- oder Zukunftsbild des Unternehmens übereinstimmen. Alles, was das Unternehmen daran hindert, sich sowohl nach innen als auch nach außen klar und fokussiert zu positionieren, sollte in Betracht gezogen werden.

Diese Entrümpelung schafft Raum für Klarheit und fördert eine widerstandsfähigere und robustere Unternehmenskultur.

i: Mission und Vision

Die ›Mission‹ eines Unternehmens beschreibt seinen Hauptzweck und seine Daseinsberechtigung. Sie ist eine konkrete Aussage darüber, was das Unternehmen tut, für wen es dies tut und welchen Nutzen es bietet. Die Mission konzentriert sich auf das Hier und Jetzt und spiegelt die aktuellen Ziele und Werte des Unternehmens wider. Sie dient als Richtschnur für die täglichen Entscheidungen und Aktivitäten und hilft, die Unternehmenskultur zu prägen.

Die ›Vision‹ hingegen ist eine in die Zukunft gerichtete Aussage, die beschreibt, wohin das Unternehmen langfristig strebt. Sie soll inspirieren und motivieren und ein Bild von einer wünschenswerten Zukunft zeichnen, in der das Unternehmen eine bedeutende Rolle spielt. Die Vision dient als Motivation und Orientierungspunkt für die langfristige Planung und Strategieentwicklung. Sie hilft, die Richtung für Wachstum und Entwicklung vorzugeben.

Zusammen bilden Mission und Vision die Grundlage für die strategische Planung eines Unternehmens. Sie helfen, das Unternehmen zu positionieren, Mitarbeiter und Stakeholder zu inspirieren und eine klare Richtung für die Zukunft vorzugeben. Ein effektives ›Mission und Vision‹-Statement muss klar, prägnant und richtungsweisend sein. Es sollte sowohl die aktuelle Identität als auch die langfristigen Ziele des Unternehmens widerspiegeln.

»Och, Mama!«

Aufräumen wird oft als lästige Pflicht empfunden, weist aber bemerkenswerte Parallelen zu strategischen Prozessen auf. Das Ordnen und Strukturieren von "Handlungsräumen" gleicht dem Prozess der Optimierung von Arbeitsabläufen, bei dem Effizienz und Klarheit im Vordergrund stehen: Eine aufgeräumte Umgebung führt zu einer verbesserten Nutzung des Raumes und einer erhöhten Produktivität. Tatsächlich werden wir von Kindheit an darauf trainiert, eine strukturierte Umgebung um uns herum zu schaffen. Und aus dieser Zeit stammt wahrscheinlich auch das Gefühl der Unlust, das damit häufig verbunden ist.

Wer kann sich den folgenden Dialog zwischen Mutter und Sohn nicht bildlich vorstellen?

»Du gehst nicht eher nach draußen, bis Du Deine Hausaufgaben erledigt hast und dein Zimmer aufgeräumt ist!«
»Ach, Mama! Warum muss ich immer alles auf einmal machen? Ich will raus und Fußball spielen!«
»Oh, Du wirst Fußball spielen, aber mit einem sauberen Zimmer und erledigten Hausaufgaben. Dann wird es sogar noch mehr Spaß machen!«
»Wie bitte? Was hat ein sauberes Zimmer mit Fußball zu tun?«
»Diskutiere nicht mit mir. Du wirst sehen, wenn Du Dein Zimmer aufräumst und Deine Hausaufgaben erledigst, fühlst Du Dich viel freier. Und das hilft Dir sogar auf dem Fußballfeld!«
»Also, wenn ich mein Zimmer aufräume, werde ich der nächste Cristiano Ronaldo?«
»Das vielleicht nicht. Aber ich verspreche Dir: Wenn Du Deine Aufgaben erledigst und einen klaren Kopf hast, wirst Du auf jeden Fall Dein eigenes Spiel verbessern! Und jetzt ab!«
»Och, Mama ...«

Aus kindlicher Perspektive ist das Aufräumen eine Barriere zwischen dem Status Quo und dem ersehnten Freizeitvergnügen.

Verständlich, dass es inneren Widerstand hervorruft. Doch trotz anfänglicher Hindernisse kennen wir instinktiv die befreiende Wirkung, die von einer neu geschaffenen Struktur und Ordnung ausgeht. Was in der Kindheit als Zumutung empfunden wurde, kann als eine Art Training für zukünftige organisatorische Herausforderungen angesehen werden. Anders ausgedrückt: Aufräumen bereitet vor! Es lehrt uns, Prioritäten zu setzen und den übergeordneten Plan nicht aus den Augen zu verlieren. Eine Struktur, die uns hilft, die Details zu beherrschen.

Die in unserem Kontext gemeinten Aufräumarbeiten gehen jedoch weit über das bloße Verschieben von Gegenständen oder das Einsortieren von Komponenten hinaus. Es ist ein Prozess des Aussortierens, der Neuausrichtung und der Prioritätensetzung. Und vor allem ist es ein entscheidendes Bindeglied bei der Suche nach Lösungen für eine resiliente Unternehmensstruktur.

Widmen wir uns der ›Rektifikation‹.

i: Diskussion vs. Dialog

Diskussion und Dialog sind zwei Kommunikationsformen, die sich sowohl in ihrem Ansatz als auch in ihrer Wortherkunft unterscheiden.

Diskussion: Das Wort ›Diskussion‹ stammt vom lateinischen ›discutere‹ ab, was ›zerstreuen‹, ›analysieren‹ oder ›untersuchen‹ bedeutet. In einer Diskussion geht es häufig um die Darstellung und Verteidigung unterschiedlicher Standpunkte. Der Schwerpunkt liegt auf dem Austausch von Argumenten. Das Ziel ist, eine bestimmte Frage zu klären oder eine Entscheidung zu treffen. Diskussionen können konfrontativ sein. Sie sind oft von der Absicht geprägt, die eigene Meinung zu bekräftigen oder die Gegenseite zu überzeugen.

Dialog: ›Dialog‹ kommt vom (alt)griechischen ›dialogos‹, zusammengesetzt aus ›dia‹ (durch) und ›logos‹ (Wort, Sinn, Vernunft). Im Gegensatz zur Diskussion ist der Dialog ein offener Austausch. Hier steht das Erkennen der Perspektive des anderen im Vordergrund. Es geht weniger darum, Argumente zu gewinnen, als darum, einander zu verstehen und Themen aus verschiedenen Blickwinkeln zu betrachten. Dialoge sind deutlich kooperativer angelegt. Sie zielen darauf ab, gemeinsame Einsichten zu entwickeln und das Bewusstsein für die Komplexität eines Themas zu erweitern.

In hitzigen Meetings, bei gemeinsamen Analysen und in Prozessen der Zielfindung kann es hilfreich sein, sich der unterschiedlichen Wesensarten von Diskussion und Dialog bewusst zu sein. Diese bewusst ins Gespräch einzubringen, kann den Erkenntnisgewinn fördern. Schließlich soll der Erkenntnisgewinn im Vordergrund stehen, der sich aus der gegenseitigen Ergänzung von individuellen Perspektiven und Sinnzusammenhängen ergibt. Dieser Ansatz kann zu einer Entspannung in Gesprächen führen, die sich sonst auf ein starres ›Richtig oder Falsch‹ versteifen.

Rektifikation

Eine Analogie

Die Alchemie der Neuordnung in Unternehmen erfordert einen scharfen Blick auf bestehende Strukturen und Gewohnheiten. Lassen Sie uns eine Analogie verwenden, die einen Gedanken besonders hervorhebt: Restrukturierung ist ein Akt der Klärung. Dieser ist dem Prozess der ›Rektifikation‹ in der Chemie sehr ähnlich. Hierbei werden Substanzen durch Verdampfen und Kondensieren voneinander getrennt und in ihre reinste Form umgewandelt. Ineffizientes wird eliminiert und Wertvolles bleibt erhalten, wird gestärkt und vermehrt. Ähnlich verhält es sich mit dem hier angestrebten reinigenden Destillationsprozess im Geschäftsleben. Durch analytischen Druck und konzeptionelle Hitze werden das Geschäfts- und Kooperationsmodell auf ihre wesentlichen Bestandteile reduziert. Man könnte sagen, dass ihr Siedepunkt bestimmt wird, um Unreinheiten zu verdampfen und die klare Essenz zu enthüllen.

Doch zuvor muss der ›Rohstoff‹ identifiziert werden. In der Chemie sind dies die Ausgangssubstanzen, im Business die Eckpfeiler eines Geschäftsmodells. Diese werden gesammelt, um sie einer Destillation, einer Klärung, zu unterziehen.

In der Chemie beschleunigen Katalysatoren die Reaktionen, ohne selbst verbraucht zu werden. Im Unternehmenskontext sind es die Menschen, die innovative Gedanken und Perspektiven in den Klärungsprozess einbringen. Sie wirken als Beschleuniger der mentalen Transformation, machen Unsichtbares sichtbar und fördern den Gedankenfluss.

Aufmerksamkeit verdienen auch die ›Nebenprodukte‹. In der Chemie sind sie oft unerwünscht, in der Wirtschaft können sie zu unerwarteten Innovationen und Erkenntnissen führen. In der Destillation werden sie in der Regel abgetrennt, im Business sollten sie bewusst betrachtet werden. Denn nicht selten steckt in dem, was als Nebenprodukt oder Abfall erscheint, ein wertvolles Potenzial, eine neue Geschäftsidee.

Und schließlich sind da noch die ›Kolonnen‹, die in der chemischen Rektifikation Stoffe trennen. Sie ermöglichen den Austausch von Dampf und Flüssigkeit. Sie finden ihre Entsprechung in den vertikalen und horizontalen Strukturen eines Unternehmens. In ihnen werden die Ströme der betrieblichen Aktivitäten gefiltert, sortiert und gelenkt. Um das beste Destillat zu erhalten, muss der Ablauf in diesen Kolonnen präzise gesteuert werden – sei es beim Ressourcenmanagement, beim Kapitaleinsatz oder bei der Pflege von Kundenbeziehungen.

In unserem Kontext bedeutet Rektifikation also eine mentale Segmentierung der Organisation. Die ausgewählten Aufgaben innerhalb des Unternehmens werden gedanklich isoliert und hinsichtlich ihrer Probleme und Potenziale bewertet.

In ihrer Denkweise darf die Rektifikation radikal sein, in ihrer Ausführung jedoch sorgsam. Das bedeutet auch, dass keine Annahmen über ›Richtig und Falsch‹ vor unangenehmen Fragen geschützt sind. Dasselbe gilt für liebgewonnene Gewohnheiten.

Die Veränderungsarbeit beginnt mit dem Freilegen der Wurzeln des Unternehmens. Dies erfordert eine Auseinandersetzung mit den Grundannahmen, auf denen das Unternehmen aufgebaut ist. Wenn diese Annahmen nicht mehr zutreffen, müssen sie angepasst oder ersetzt werden.

In diesem Prozess spielen die folgenden Fokusfelder und Fragen eine wichtige Rolle. Der Organismus ›Unternehmen‹ soll seine Anpassungsfähigkeit unter Beweis stellen.

Die Fokusfelder

Der Prozess der Rektifikation beginnt mit Fragen zur Identität, den Zielen und den Potenzialen des Unternehmens. In diesem Kontext agiert der Leser oder die Leserin als Vermittler zwischen Theorie und Praxis. Im Idealfall organisiert er dazu einen Workshop mit ausgesuchten Mitgliedern der jeweiligen Organisation.

Der Workshop ist das ›Spielfeld‹ und schafft die Rahmenbedingungen und Strukturen, in denen die Reflexion stattfinden kann. Zusätzlich trägt der Leser oder die Leserin aktiv zum Dialog bei, indem er oder sie eigene Gedanken und Perspektiven einbringt.

Im nun folgenden Schritt des Rektifikationsprozesses stehen fünf Fokusfelder im Mittelpunkt: Agilität, Prozessexzellenz, Kundenbeziehung, Wettbewerbsstrategie, Team und Talente.

Diese Fokusfelder sind in perspektivische Schwerpunkte untergliedert und werden durch Leitfragen eröffnet. Jede Leitfrage wird von erläuternden Detailfragen begleitet.

Die Teilnehmer sind aufgefordert, die Fragen und potenziellen Antworten grundsätzlich offen und kritisch zu reflektieren. So können sie einen umfassenden und differenzierten Blick auf das Unternehmen und seine Herausforderungen erhalten. Im Idealfall agiert der Leser oder die Leserin als Vermittler der jeweiligen Fragen und eröffnet einen interaktiven Dialog.

Eine Auseinandersetzung mit den Fokusfeldern ist grundsätzlich empfehlenswert – für die Durchführung und die Qualitätssicherung des Workshops jedoch ist sie unerlässlich.

Der Workshop

Organisieren Sie einen ausreichend großen Besprechungsraum sowie Flipcharts, Pinnwände oder digitale Tools zur Ideensammlung. Laden Sie drei Personen aus verschiedenen Bereichen oder mit unterschiedlichem Erfahrungshintergrund ein. Das fördert unterschiedliche Sichtweisen und Ideen. Sorgen Sie für eine möglichst offene und humorvolle Atmosphäre, damit sich alle Teilnehmer wohlfühlen und gerne offen kommunizieren.

Da die Behandlung aller Fokusfelder den zeitlichen Rahmen sprengen würde, sollten Sie sich zunächst auf maximal zwei Themen konzentrieren. Planen Sie direkt im Anschluss ein weiteres Treffen, um die verbleibenden Fragen zu behandeln.

Führen Sie die Workshop-Teilnehmer als ›interne Berater‹ in den Prozess ein, die konkrete Erfahrungen und Einblicke aus dem betrieblichen Alltag einbringen können. Schließlich sind sie es, die die Auswirkungen von Entscheidungen jeglicher Art unmittelbar spüren. Dadurch ist ihre Perspektive in der Regel praxisnäher und weniger von theoretischen Modellen geprägt.

Bevor externe Fachleute hinzugezogen werden, sollte die Expertise im eigenen Unternehmen genutzt werden. In den Köpfen der Beschäftigten schlummert ein Schatz an Wissen und Erfahrung, der Antworten auf eventuell existenzielle Fragen bereithält.

Fokusfelder und Leitfragen

Fokusfeld 1 - Agilität

Strategische Klarheit (1A)

Externe Einflüsse (1B)

Flexibilität des Geschäftsmodells (1C)

Fokusfeld 2 - Prozessexzellenz

Effizienzbewertung (2A)

Arbeitsmittel und Technologien (2B)

Engpassdiagnostik (2C)

Prozesstransparenz (2D)

Fokusfeld 3 - Kundenbeziehung

Kundenzentrierung (3A)

Partnerschaftliche Kundenbeziehung (3B)

Beziehungsmarketing (3C)

Fokusfeld 4 - Wettbewerbsstrategie

Positionierung + Differenzierung = Signifikanz (4A)

Innovationsstrategie (4B)

Marktpotenziale: Nischen und Trends (4C)

Fokusfeld 5 - Team und Talente

Teamkompetenzen (5A)

Talentmanagement (5B)

Fokusfeld 1 - Agilität

Strategische Klarheit (1A)

Jedes Unternehmen hat einen Gründungssinn, aus dem sich eine Strategie zur Zielerreichung ergibt. Diese Strategie einer Organisation sollte stets die zentralen Fragen beantworten: Was ist unser Ziel, und wie erreichen wir es? Haben wir dafür einen klaren Auftrag? Welche Ressourcen nutzen wir, welche schließen wir aus?

So entstehen Handlungsanweisungen, die richtungsweisend und identitätsstiftend wirken. Eine resiliente Organisation präsentiert ihr Wesen und ihre Strategie möglichst transparent. Sie kommuniziert das allen Beteiligten – von der Führung bis zur Mitarbeiterbasis, Partnern und Kunden – verständlich. Die Bedeutung einer klaren, an Werten orientierten Kommunikation kann kaum überschätzt werden. Sie dient dazu, Missverständnisse vorzubeugen, und stellt sicher, dass alle Beteiligten auf das gleiche Ziel hinarbeiten. Dazu gehört auch, sich bewusst von allem zu distanzieren, was diese Klarheit untergraben könnte.

Alnatura

Die deutsche Einzelhandelskette betreibt rund 150 Filialen in Deutschland, Österreich und der Schweiz. Das Unternehmen hat sich auf den Verkauf von Bio-Lebensmitteln spezialisiert und setzt dabei einen starken Fokus auf lokale Produkte. Alnatura bietet ausschließlich Lebensmittel aus kontrolliert biologischer Landwirtschaft an, legt großen Wert auf Nachhaltigkeit und setzt sich für den Schutz von Umwelt und Klima ein. Alnatura betreibt auch eine eigene Stiftung, die sich für den Erhalt der Artenvielfalt und den Schutz von Bienen und anderen Bestäubern einsetzt.

Steico

Als deutsches Unternehmen mit Spezialisierung auf ökologische Dämmstoffe setzt Steico ausschließlich auf natürliche Materialien wie Holz, Zellulose und Flachs. Ihr Sortiment erstreckt sich über eine breite Palette von Dämmstoffen, einschließlich Dämmplatten, Dämmkeile, Dämmmatten und Einblasdämmung. Das Besondere an diesen Dämmstoffen ist ihre Fähigkeit zur Feuchtigkeitsregulierung, die zu einem natürlichen Raumklima beiträgt. Steico engagiert sich aktiv für den Umwelt- und Klimaschutz, wobei der Fokus auf Nachhaltigkeit als selbstdefinierter Unternehmensauftrag glaubhaft ausgelobt wird.

Baufritz

Die Materialien für die Fertighäuser von Baufritz stammen konsequent aus heimischen Hölzern und nachhaltiger Forstwirtschaft. Die Hölzer werden in einem eigenen Sägewerk verarbeitet und nach modernsten ökologischen Standards getrocknet. Die Häuser von Baufritz sind nach dem KfW-Effizienzhaus 40 Plus Standard zertifiziert. Das bedeutet, dass sie mehr Energie erzeugen, als sie verbrauchen. Zusätzlich zu ihren umweltfreundlichen Praktiken bietet das Unternehmen auch ein einzigartiges Gesundheits- und Allergikerkonzept an.

Strategische Klarheit (1A) - Leitfrage

- Welchen ›besonderen Auftrag‹ hat unser Unternehmen, und wie wirkt sich dieser auf unsere Arbeit aus?

Vertiefende Fragen

- Gibt es ein langfristiges Unternehmensziel, das über die Umsatz- und Gewinnmaximierung hinausgeht? Wenn ja, wie lautet es?

- Sind unsere spezifischen Aktionen im Einklang mit unserem grundsätzlichen Unternehmensauftrag? Wo gibt es Abweichungen oder Konflikte?

- Wie können wir unsere Strategie weiterentwickeln, um eine stärkere Ausrichtung an den Unternehmensauftrag zu erreichen? Welche Schritte müssen wir vorausschauend planen?

Externe Einflüsse (1B)

Die strategische Klarheit (1A) kann nur dann ihr volles Potenzial entfalten, wenn sich die Strategie gegenüber externen Einflüssen behaupten kann. Dabei geht es nicht um die Vorhersagbarkeit der Zukunft, sondern um die Vorbereitung auf ihre Unvorhersehbarkeit. Es erfordert strategische Flexibilität, um auf eine breite Palette von möglichen Zukunftsszenarien vorbereitet zu sein.

Jedes Geschäftsmodell bewegt sich im Kräftefeld von Treibern und Hindernissen. Es ist gesellschaftlichen Wellenbewegungen ausgesetzt, die sowohl Marktgröße als auch Machtverhältnisse prägen. Demografische Veränderungen können Türen zu neuen Märkten aufstoßen oder bisherige Geschäftsfelder an den Rand drängen. Politische Entwicklungen, sei es durch überraschende Regulierungen oder geopolitische Verwerfungen, gestalten das Umfeld plötzlich neu. Sich Zeit zu nehmen und solche Szenarien durchzudenken, schärft die strategische Wachsamkeit.

Brexit

Der Brexit hatte erhebliche Auswirkungen auf die Automobilindustrie, insbesondere für Unternehmen wie BMW und Nissan, die Produktionsstätten im Vereinigten Königreich unterhalten. Sie standen vor Herausforderungen durch neue Zollregelungen und potenzielle Lieferkettenprobleme. Die Ungewissheit über die künftigen Handelsbeziehungen zwischen dem Vereinigten Königreich und der Europäischen Union stellte eine erhebliche Belastung dar.

COVID-19

Die globale Flugindustrie litt stark unter den Reisebeschränkungen während der COVID-19-Pandemie. Fluggesellschaften wie Lufthansa und Delta Airlines verzeichneten deutliche Umsatzeinbußen und benötigten staatliche Unterstützung, um Insolvenzen zu verhindern.

US-China Handelskrieg

Der Handelskonflikt zwischen den USA und China zwang Unternehmen, ihre Lieferketten neu zu bewerten. Apple und Nike, die stark von der Produktion in China abhängen, mussten alternative Fertigungsstandorte erwägen, um Zölle zu vermeiden und Produktionsrisiken zu reduzieren.

Externe Einflüsse (1B) - Leitfrage

- Welche externen Einflüsse und/oder Veränderungen in unserer Branche könnten Auswirkungen auf unser Geschäftsmodell haben.

Vertiefende Fragen

- Wie können wir sicherstellen, dass unsere Planung flexibel genug ist, um auf eine Vielzahl von möglichen Zukunftsszenarien zu reagieren?

- Was sind die wichtigsten externen Einflüsse, die unsere Branche aktuell prägen? Welche könnten es morgen sein?

- Wie reagiert unser Unternehmen aktuell auf Veränderungen in der Zuliefererkette, in Kundenpräferenzen oder in regulatorischen Bedingungen? Gibt es Beispiele, bei denen wir bereits gut reagiert haben oder Schwierigkeiten hatten?

- Welche gesellschaftlichen oder politischen Veränderungen bieten uns neue Chancen? Welche bedrohen unsere Position?

- Welche Rolle spielt unsere Unternehmenskultur bei der Förderung von Anpassungsfähigkeit und strategischer Wachsamkeit?

Flexibilität des Geschäftsmodells (1C)

Unternehmensführungen sind nicht immun gegen Betriebsblindheit. Wer annimmt, dass das eigene Geschäftsmodell unangreifbar sei, übersieht die Dynamik des Marktes und verliert unweigerlich das Gespür für die Schwachstellen im eigenen System.

Um dem entgegenzuwirken, hilft eine kritische Prüfung: Ist das Geschäftsmodell skalierbar? Ist es modular genug, um Elemente hinzuzufügen oder entfernen zu können, ohne das gesamte System zu destabilisieren? Können Sie auf Veränderungen in der Zulieferkette, in Kundenpräferenzen oder regulatorischen Bedingungen agil reagieren?

Der Ausbau der Flexibilität des Geschäftsmodells denkt neue Brücken, wo alte eingestürzt sind oder einzustürzen drohen.

Toys »R« Us

Der Spielwarenhändler Toys »R« Us konnte sich nicht an die sich wandelnde Einzelhandelslandschaft und den zunehmenden Online-Handel anpassen. Das Unternehmen investierte nicht ausreichend in seine Online-Präsenz und E-Commerce-Strategie, wodurch es im Wettbewerb mit Online-Giganten wie Amazon ins Hintertreffen geriet. Diese mangelnde Anpassungsfähigkeit trug im Jahr 2017 zur Insolvenz des Unternehmens bei.

Nokia

Nokia war in den 2000er Jahren einer der führenden Mobiltelefonhersteller. Das Unternehmen konnte jedoch nicht effektiv auf die Einführung des Smartphone-Konzepts reagieren. Insbesondere der Erfolg des iPhones und der Android-Plattform bereitete Nokia Schwierigkeiten. Das Unternehmen hielt an seiner eigenen Software und Hardware fest und war nicht in der Lage, mit der rasanten Entwicklung der Smartphone-Technologie und den sich wandelnden Verbraucherbedürfnissen Schritt zu halten. Diese Unfähigkeit zur Anpassung führte zu einem erheblichen Rückgang des Marktanteils und mündete schließlich im Verkauf seiner Mobiltelefonsparte an Microsoft.

Kodak

Kodak, ein Pionier in der Fotobranche, litt stark unter dem Übergang von der analogen zur digitalen Fotografie. Obwohl ein Kodak-Ingenieur die erste digitale Kamera erfand, zögerte das Unternehmen, diese Technologie weiterzuverfolgen. Die Befürchtungen, dass das für Kodak lukrative analoge Filmgeschäft untergraben werden könnte, waren zu groß.

Als sich der Markt schnell in Richtung digitaler Fotografie bewegte, konnte Kodak nicht rechtzeitig nachziehen. Dies führte zu einem enormen Rückgang der Marktanteile und schließlich zur Insolvenz im Jahr 2012.

Flexibilität des Geschäftsmodells (1C) - Leitfrage

- Inwiefern besitzt unser aktuelles Geschäftsmodell die notwendige Flexibilität, um mit dem zunehmenden Tempo von Marktveränderungen und -anforderungen Schritt zu halten?

Vertiefende Fragen

- Wo identifizieren wir die größten Schwachstellen in unserem Geschäftsmodell? Welche Bereiche sind besonders anfällig für Marktveränderungen?

- Welche Faktoren erweisen sich als unflexibel und könnten dadurch ein Problem darstellen? Welche Bedeutung hat Flexibilität in unserer Strategie grundsätzlich, und wie lässt sich diese verbessern?

- Wie skalierbar ist unser Geschäftsmodell? Können wir problemlos neue Elemente hinzufügen oder bestehende entfernen, ohne die Grundstruktur zu destabilisieren?

- Neigen wir dazu, proaktiv oder reaktiv auf Marktveränderungen zu reagieren? Wie können wir eine vorausschauende Haltung fördern und systematisch integrieren?

Fokusfeld 2 – Prozessexzellenz

Effizienzbewertung (2A)

Effizienz ist für Unternehmen überlebenswichtig. Es gilt, ineffiziente Prozesse und Zeitverschwendung zu identifizieren und zu überwinden. Die bloße Analyse von Arbeitsstunden und Ressourcenverbrauch ist dabei jedoch nicht ausreichend. Vielmehr ist der Einsatz moderner Technologien notwendig, um Betriebsabläufe zu automatisieren und zu optimieren. Im Kern geht es darum, die Organisation von unnötigen Belastungen und Produktivitätshemmnissen zu befreien. Der Einsatz von Automatisierungstechnologien kann die Effizienz steigern und Kosten senken. Dies schafft Freiraum, sich auf strategische und kreative Prozesse zu konzentrieren – auf wertschöpfende Tätigkeiten, die den Unternehmenswert erhöhen. Indem Unternehmen ihre Kernprozesse identifizieren und alles Überflüssige reduzieren oder eliminieren, können sie im Wettbewerb besser bestehen.

Automatisierung von Routineaufgaben

Die Einsatzmöglichkeiten von ›Robotic Process Automation‹ (RPA) zur Automatisierung von Geschäftsprozessen führen sehr schnell zu Effizienzsteigerungen. In Bereichen wie der Antragserfassung, dem Angebotsvergleich, der Kundenkommunikation und dem Rechnungswesen können sie zeitaufwändige und fehleranfällige Routinearbeiten übernehmen. Als digitale Assistenten erleichtern sie die Datensammlung und -verarbeitung, die Beantwortung von Standardanfragen, den Abgleich von Rechnungen und die Ausführung von Zahlungen.

Optimierung von Kommunikationsprozessen

Durch den Einsatz digitaler Kollaborationstools mit automatisierten Rückmeldefunktionen können Unternehmen ihre Kommunikationsprozesse optimieren, wodurch der Zeitaufwand in Meetings und im E-Mail-Verkehr reduziert wird. Diese Tools

verbessern die Zusammenarbeit zwischen Teams, indem sie den Informationsaustausch vereinfachen, für mehr Transparenz sorgen und eine Echtzeitverfolgung der Projektfortschritte ermöglichen.

Einsatz von KI für Analyseaufgaben

Der Einsatz von Künstlicher Intelligenz für die Analyse großer Datenmengen unterstützt Unternehmen dabei, strategische Entscheidungen zu treffen. Durch die Reduktion zeitintensiver manueller Analysen lässt sich der Ressourceneinsatz optimieren und die Entscheidungsfindung beschleunigen. Zudem erlaubt die KI-gestützte Datenanalyse das Erkennen von Trends, Mustern und Anomalien.

Effizienzbewertung (2A) - Leitfrage

- Wo erkennen wir im Unternehmen die größten Ineffizienzen und Zeitverschwendungen im Arbeitsalltag?

Vertiefende Fragen

- Welche Prozesse führen zu Ressourcenverschwendung?

- In welchen Bereichen könnte Automatisierung und Prozessoptimierung den größten Nutzen bringen, und aus welchem Grund?

- Wie konsequent nutzen wir bereits heute vorhandene Daten für unsere Entscheidungsfindung? An welchen Stellen könnten wir von Künstlicher Intelligenz profitieren?

- Wie lässt sich ein Feedbacksystem einführen, das es uns ermöglicht, stetig Verbesserungspotenziale zu entdecken?

- Welche Bereiche oder Abteilungen müssten sich mehr auf die Wertschöpfung konzentrieren dürfen und entlastet werden?

Arbeitsmittel und Technologien (2B)

Das Festhalten an überholten Arbeitsmitteln bedeutet zugleich das Festhalten an überholten Denkmustern. Jedes Werkzeug und jede Software reflektiert eine bestimmte Philosophie darüber, wie Arbeit organisiert, Zusammenarbeit gestaltet und Denken gefördert wird. Das Festhalten an bewährter, aber veralteter Technologie und den damit einhergehenden eingespielten Prozessen mag den Eindruck von Kosteneffizienz vermitteln. Gleichzeitig deutet es auf mangelnde Anpassungsfähigkeit hin.

Hinzu kommen die Opportunitätskosten, also die nicht unmittelbar erkennbaren Kosten verpasster Chancen. Sie sind der am meisten unterschätzte Posten in der Bilanz unternehmerischer Entscheidungen. Sie entziehen sich einer direkten Buchführung und sind deshalb leicht zu übersehen. Doch gerade in der Unsichtbarkeit liegt ihre Gefährlichkeit. Das Nichthandeln, die Unterlassung der Investition in neue Technologien, ist nicht einfach ein ›Nichts‹, sondern ein Minus, das stetig wächst.

Taxi-Unternehmen und Mobile App-Technologie

Viele Taxiunternehmen waren bei der Anpassung an mobile, app-basierte Fahrdienstvermittler wie Uber oder Lyft sehr langsam. Durch das Festhalten an traditionellen Dispositions- und Buchungssystemen verloren sie Marktanteile an diese agileren und technologisch fortschrittlicheren Konkurrenten.

Traditionelle Banken und veraltete IT-Systeme

Viele traditionelle Banken arbeiteten lange Zeit mit veralteten IT-Systemen, anstatt in moderne, integrierte und flexible Banking-Plattformen zu investieren. Diese älteren Systeme waren oft langsam und konnten nicht dieselbe Funktionalität wie neuere Technologien bieten. Indem sie an diesen überholten Strukturen festhielten, ließen die Banken Chancen zur Steigerung der Effizienz, zur Risikominderung und zur Verbesserung des Kundenerlebnisses ungenutzt.

i: Opportunitätskosten

Das Konzept der Opportunitätskosten bezieht sich auf den entgangenen Nutzen, den man erleidet, indem man sich für eine Möglichkeit entscheidet und gleichzeitig auf die potenziellen Vorteile einer anderen Möglichkeit verzichtet. Es adressiert den Wert der ungenutzten Gelegenheiten. Wer sich für Möglichkeit A entscheidet, verzichtet gleichzeitig auf die potenziellen Vorteile von Möglichkeit B.

Opportunitätskosten sind besonders bei Technologieinvestitionen in Unternehmen zu berücksichtigen. Häufig zögern Unternehmer, in moderne Technologien zu investieren, wenn ihre bestehenden Systeme und Methoden zufriedenstellend funktionieren. Doch die Auswirkungen solcher Entscheidungen können beträchtlich sein. Das Festhalten an veralteten Technologien kann dazu führen, dass ein Unternehmen wichtige Chancen verpasst: Effizienzsteigerungen, Innovationen oder Wettbewerbsvorteile, die mit neueren Technologien einhergehen. Opportunitätskosten sind somit ein wichtiges Kriterium bei der Berechnung von Investitionen jeglicher Art.

Engpassdiagnostik (2C)

Während die Effizienzbewertung (2A) auf die Optimierung, Automatisierung und Modernisierung von Prozessen abzielt, konzentriert sich die Engpassdiagnostik auf eine tiefere Ebene: die systematische Beseitigung von Fehlern, die den Geschäftsbetrieb behindern. Organisationen neigen oft dazu, auf offensichtliche Probleme in Arbeitsabläufen schnell reagieren zu wollen, ohne die tatsächlichen Ursachen gründlich zu analysieren.

Die hier empfohlene Vorgehensweise betrachtet einen Engpass nicht als temporäre oder isolierte Erscheinung, sondern erkennt ihn als Anzeichen einer tieferliegenden strukturellen Schwäche. Dieser Ansatz erfordert zwar mehr Zeit, bietet jedoch die Möglichkeit, das System oder spezifische Teilbereiche grundlegend und nachhaltig zu verbessern. Engpässe sind demnach keine Schwachstellen, sondern vielmehr Aufforderungen zur Überprüfung und zur präzisen Umgestaltung des Systems oder eines seiner Teilbereiche.

Lagerbestandsmanagement

Ein norddeutsches Einzelhandelsunternehmen hatte Schwierigkeiten, seinen Lagerbestand effizient zu verwalten, was häufig zu Out-of-Stock-Situationen führte. Eine Untersuchung ergab jedoch, dass der Ursprung des Problems nicht ausschließlich in der Lagerverwaltung zu finden war. Auch ungenaue Verkaufsprognosen und die lückenhafte Kommunikation zwischen den Abteilungen trugen dazu bei. Als Reaktion darauf wurden die Prognosemodelle verbessert und ein abteilungsübergreifendes Kommunikationssystem eingeführt. Verkauf, Einkauf, Lager und Logistik sind nun in einem automatisierten, ständigen Austausch.

Bankensektor und Kreditanträge

Eine renommierte deutsche Traditionsbank sah sich mit langen Bearbeitungszeiten für Kreditanträge konfrontiert. Zunächst schien das Problem auf das wachsende Kundenaufkommen und den Personalmangel zurückzuführen zu sein. Die Analyse enthüllte aber, dass die Verzögerungen in Wirklichkeit auf komplizierte interne Genehmigungsprozesse und mangelhafte Risikobewertungsmodelle zurückzuführen waren. Die Bank reagierte daraufhin, indem sie diese Strukturen grundlegend überarbeitete, was zu einer beschleunigten Bearbeitung führte.

Wartezeiten in der Notaufnahme

Das Verbundprojekt APONA des Universitätsklinikums Schleswig-Holstein arbeitet daran, Abläufe in Notaufnahmen mithilfe von Künstlicher Intelligenz zu optimieren. Die Erkenntnis, dass lange Wartezeiten nicht ausschließlich durch Personalmangel bedingt sind, sondern auch durch ineffiziente Prozesse in der Patientenvorauswahl und -verteilung, bildet die Grundlage für dieses Projekt. APONA analysiert retrospektiv Daten aus multiplen Notaufnahmen, um Algorithmen zu entwickeln, die Notfallszenarien weitestgehend vorhersagen können. Diese Vorhersagen sollen in Echtzeit in der Notaufnahme eingesetzt werden, um die Entscheidungsfindung und Ressourcenplanung zu unterstützen.

Engpassdiagnostik (2C) - Leitfrage

- Welche Engpässe treten in unserer Organisation immer wieder auf und behindern den Betrieb oder das Wachstum?

Vertiefende Fragen

- Welche wiederkehrenden Probleme oder Herausforderungen gibt es, die nicht durch einfache Korrekturen gelöst werden können?

- Welche tiefer liegenden Ursachen vermuten wir hinter diesen Engpässen? Sind sie auf organisatorische, prozessuale oder technologische Faktoren zurückzuführen?

- Wie können wir einen Prozess der kontinuierlichen Verbesserung etablieren, um zukünftige Engpässe proaktiv zu identifizieren und zu beheben?

Prozesstransparenz (2D)

Die Vorteile einer transparenten Darstellung von Prozessen durch Diagramme, Ablaufbeschreibungen oder Use Cases liegen nicht nur in der Optimierung von Abläufen und der Vermeidung von Fehlern. Sie bilden auch die Grundlage für eine Kultur des gegenseitigen Respekts und der Innovation.

Neue Mitarbeiter, die in eine Arbeitsumgebung kommen, in der Prozesse und Strukturen transparent dargelegt sind, erleben dies als Ermächtigung. Sie können sofort einen wertvollen Beitrag zur Leistung der Organisation erbringen. Die Klarheit und Zugänglichkeit von Informationen machen es einfacher, die Arbeitsabläufe, Verantwortlichkeiten und Ziele der Organisation zu verstehen. Jeder Prozessbeteiligte sollte schnell erkennen können, wie er einen konkreten Beitrag zum Unternehmenswachstum leisten kann.

Deshalb ist eine transparente Darstellung aller Prozesse so wichtig: Sie fördert die grundsätzliche Problemlösungskompetenz und eine Kultur der Selbstverantwortung.

Toyota

Toyota ist bekannt für sein Produktionssystem, das auf den Prinzipien von ›Just in Time‹ und ›Jidoka‹ (Automatisierung mit einem menschlichen Touch) basiert. Einer der Schlüssel zu seinem Erfolg ist die Transparenz der Prozesse. Jeder Arbeiter in der Produktionslinie hat die Befugnis, die Produktion anzuhalten, wenn ein Problem auftritt. Dies führt zu einer Kultur des Respekts und der kontinuierlichen Verbesserung.

Whole Foods Market

Der US-amerikanische Lebensmittelhändler Whole Foods Market verpflichtet sich zu vollständiger Produkt-Transparenz gegenüber seinen Kunden. Dies beinhaltet detaillierte Informationen über die Herkunft, die Produktionsmethoden und die Inhaltsstoffe. Das Unternehmen setzt auch intern auf maximale Offenheit. Es verspricht den Teammitgliedern umfassenden

Zugang zu betriebsinternen Informationen und bindet sie aktiv in Entscheidungsprozesse ein. Diese Praxis stärkt das Vertrauen und die Integrität, sowohl innerhalb des Unternehmens als auch in der Beziehung zu den Kunden.

Buffer

Buffer, ein US-amerikanischer Spezialist für Social Media Management, ist für seine Kultur der Transparenz bekannt. Das Unternehmen teilt offen eine Vielzahl von Informationen, einschließlich genauer Details zu Gehältern und Einblicke in Geschäftsstrategien. Es veröffentlicht seine Gehaltsformel und die komplette Liste der Gehälter seiner Mitarbeiter. Diese Transparenz erstreckt sich auch auf interne Prozesse und Systeme, wie zum Beispiel die Produktentwicklung, und ist ein zentraler Pfeiler der Firmenphilosophie.

Prozesstransparenz (2D) - Leitfrage

- Wie transparent, verständlich und zugänglich sind unsere Prozesse und Strukturen über alle Abteilungen hinweg?

Vertiefende Fragen

- Welche Auswirkungen hat das gegenwärtige Maß an Transparenz auf die Mitarbeiterbeteiligung und das Engagement?

- Wie wirkt sich das auf die Entscheidungsfindung und Problemlösungskompetenz in unserer Organisation aus?

- Welche Vorteile, Herausforderungen oder Gefahren sehen wir in einer erhöhten Prozesstransparenz?

- Wie können wir Prozesse und Strukturen transparenter darstellen?

- Wie unterstützt unsere Unternehmenskultur das gegenseitige Interesse an den Prozessen anderer Abteilungen?

Fokusfeld 3 - Kundenbeziehung

Kundenzentrierung (3A)

Dass der Vertrieb eines Unternehmens die Kundenbedürfnisse ins Zentrum seiner Bemühungen stellen muss, gilt als Mantra erfolgreichen Wirtschaftens. Doch betrachtet man das Unternehmen in seiner Gesamtheit, offenbart sich oft ein anderes Bild: In vielen Abteilungen scheint das Kundeninteresse an den Rand gedrängt, verliert an Schärfe und wird zur Randnotiz. Hier liegt ein fundamentales Missverständnis vor. Die konsequente Ausrichtung auf den Kunden ist keine Angelegenheit einzelner Abteilungen, sondern eine Haltung, die das gesamte Unternehmen durchdringen muss. Jede Entscheidung und Handlung muss die Kundenperspektive berücksichtigen. Daraus folgt, dass das Erkennen und Reagieren auf plötzliche Veränderungen im Kauf- oder Investitionsverhalten eine unternehmensweite Verantwortung darstellt. Alle Bereiche müssen ihre Abläufe überprüfen, um ein konsistentes Kundenerlebnis zu garantieren.

Tesla

Tesla integriert Kundenfeedback systematisch in seine Produktentwicklungsprozesse. Das Unternehmen führt auf Basis direkter Rückmeldungen von Kunden kontinuierlich Verbesserungen und Updates an seinen Fahrzeugen durch. Dadurch wird sichergestellt, dass die Produkte den aktuellen Bedürfnissen und Wünschen der Kunden entsprechen.

Amazon

Amazon ist bekannt für seine starke Fokussierung auf die Kundenzufriedenheit, was sich glaubhaft im Leitsatz „Der Kunde steht im Mittelpunkt" widerspiegelt. Mitarbeiter werden dazu angehalten, stets vom Kunden aus zu denken und zu handeln, um deren Vertrauen zu gewinnen und zu bewahren. Diese Philosophie manifestiert sich in Amazons schnellen Lieferzeiten, benutzerfreundlichen Schnittstellen und einem umfangreichen Kundenservice.

Hilti

Der B2B-Anbieter von Werkzeugen und Baustoffen führt systematisch intensive Schulungen für seine Verkäufer durch. Diese sollen die Arbeitsprozesse der Kunden verstehen lernen, um daraufhin maßgeschneiderte Lösungen anbieten zu können. Die Schulungen decken sowohl theoretische als auch praktische Aspekte in der Anwendung, Auswahl und Installation der Produkte aus der Perspektive der Kunden ab. Ziel der Trainings ist es, Fehler auf Baustellen zu minimieren und die damit verbundenen Kosten zu senken.

Kundenzentrierung (3A) - Leitfrage

- Wie stark sind unsere Prozesse auf die Bedürfnisse und Erwartungen der Kunden ausgerichtet? Finden diese Aspekte in allen Bereichen des Unternehmens Berücksichtigung?

Vertiefende Fragen

- Wie erfassen und verarbeiten wir vielfältige Kundenrückmeldungen, um unsere Produkte und Dienstleistungen stetig zu optimieren und weiterzuentwickeln?

- Wie beobachten, analysieren und reagieren wir auf Veränderungen im Verhalten unserer Kunden?

- Wie können wir **alle** Bereiche des Unternehmens besser vernetzen, um kundenzentrierte Synergieeffekte zu erzielen?

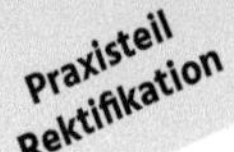

Langfristige, partnerschaftliche Orientierung (3B)

Wer sich bei der Interpretation der Kundenbedürfnisse auf gelegentliche Erfassungsmomente beschränkt, gleicht einem Schützen, der ein bewegliches Ziel nur einmal anvisiert und dann die Augen schließt.

Ein tiefes Verständnis für die Wünsche und Anforderungen des Kunden entscheidet darüber, ob ein Unternehmen lediglich als Lieferant oder auch als vertrauenswürdiger Partner wahrgenommen wird. Für letzteres braucht es die Wahrnehmung, dass der potenzielle Partner sich auch für die langfristigen Lebensumstände, Ziele und übergeordneten Kontexte des Kunden interessiert.

In diesem persönlichen Interesse und der individuellen Interaktion offenbaren sich auch die Grenzen der Künstlichen Intelligenz. Zwar kann sie Muster erkennen und wichtige Hinweise liefern, doch erst das menschliche Einfühlungsvermögen ermöglicht es, die latenten Bedürfnisse des Gegenübers vollständig zu erfassen. Dieses Talent ist entscheidend, um zu verstehen, warum ein Kunde heute ein bestimmtes Produkt wählt und morgen plötzlich ein anderes bevorzugt.

John Deere

John Deere, ein führender Hersteller von Landmaschinen, geht über den bloßen Verkauf von Ausrüstung hinaus, indem das Unternehmen seine Kunden bei der Optimierung ihrer landwirtschaftlichen Praktiken unterstützt. Durch den Einsatz digitaler Agrartechnologie und Datenanalyse hilft John Deere den Landwirten, ihre Ernteerträge zu steigern und Ressourcen effizienter zu nutzen. Auch wenn dies nicht uneigennützig geschieht, positioniert sich das Unternehmen erfolgreich als Partner, das die Bedürfnisse der Landwirte versteht und proaktiv handelt.

Cisco

Als die Stadt Barcelona den Entschluss fasste, sich in eine Smart City zu verwandeln, fiel ihre Wahl auf Cisco als Technologiepartner.

Ausschlaggebend war Ciscos Bereitschaft, nicht nur als Technologielieferant aufzutreten, sondern auch als kreativer Partner, der die Vision der Stadt teilt und fördert.

Mittlerweile kooperieren weitere Städte weltweit mit Cisco, um ähnliche Smart-City-Lösungen zu realisieren. Im Zentrum dieser Zusammenarbeit steht die konzeptionelle Abstimmung mit Stadtplanern und Bürgern, um die spezifischen Anforderungen jeder Stadt individuell zu erfassen.

EcoEnclose

Als Innovator im Bereich der nachhaltigen Verpackungsmaterialien bietet EcoEnclose eine breite Palette umweltfreundlicher Produkte an. Dazu gehören 100 % recycelbare Versandtaschen, Drucktinte auf Algenbasis und Papierprodukte, die aus landwirtschaftlichen Abfällen hergestellt werden. Alles soll letztlich wiederverwendet und recycelt werden können. Das Unternehmen arbeitet eng partnerschaftlich mit seinen Kunden zusammen, indem es für gemeinsam definierte Nachhaltigkeitsziele arbeitet, um die Umweltauswirkungen der E-Commerce-Branche zu verringern.

Langfristige, partnerschaftliche Orientierung (3B) - Leitfrage

- Wie können wir Kundenbedürfnisse kontinuierlich und strukturiert erfassen, um daraus Maßnahmen zum langfristigen Beziehungsaufbau zu gestalten?

Vertiefende Fragen

- Auf welche Weise lässt sich unser Verständnis für die dynamischen Bedürfnisse, Lebens- und Arbeitssituationen der Kunden verbessern?

- Welche Möglichkeiten haben wir, die Kundeninteraktion auf eine langfristig orientierte, partnerschaftliche Zusammenarbeit auszurichten?

- Wie können wir von einer reaktiven zu einer antizipierenden, proaktiven Kundeninteraktion übergehen?

Beziehungsmarketing (3C)

Jede Form der Kommunikation sollte darauf abzielen, dem Kunden einen Mehrwert zu bieten, sei es durch die Bereitstellung von Informationen oder durch Unterstützung. Jeder Kundenkontakt bietet die Möglichkeit, das Vertrauen zu stärken und die Beziehung zu vertiefen. Die Nutzung moderner Kommunikationskanäle wie Chats, soziale Medien und Messenger-Dienste erleichtert die direkte Interaktion.

Der Faktor ›Empathie‹ stellt in der Kundenberatung einen fundamentalen Baustein dar. Ganz gleich, ob der Kontakt durch digitale Avatare oder reale Menschen erfolgt – nicht der Verkauf, sondern die optimale Lösung für den Kunden muss im Vordergrund stehen. Nur wer sich wirklich in den Kunden hineinversetzen kann, wird dessen Bedürfnisse erkennen und treffsicher bedienen können. Hier geht es um Verständnis, nicht um Umsatzmaximierung. Das Ziel muss es sein, durch einen kompetenten und partnerschaftlichen Ansatz die Kundenzufriedenheit und somit die Weiterempfehlungsbereitschaft zu erhöhen.

BabyOne

Als Spezialist für Babybedarf nutzt BabyOne den Service am Kunden als Instrument des Beziehungsmarketings, um eine starke Bindung zur Zielgruppe aufzubauen. In den Filialen bieten ausgebildete Babyberater werdenden und jungen Eltern umfassende Produktberatungen an. Ergänzend dazu bietet das Unternehmen einen ›BabyClub‹, der Informationen, Angebote und Vernetzungsmöglichkeiten rund um die Schwangerschaft bereithält. Der WhatsApp-Service für Schwangere unterstreicht die Ausrichtung auf kundenfreundliche, moderne Kommunikationskanäle. Mit personalisierten Erinnerungen, hilfreichen Tipps und der Möglichkeit zur Direktberatung werden die besonderen Bedürfnisse der Eltern erfüllt. So etabliert sich eine enge Kundenbindung.

Amazon

Amazon hat sich auch durch exzellentes Beziehungsmarketing als führender Online-Händler etabliert. Mit dem Prime-Programm bietet Amazon seinen Kunden einen besonderen Mehrwert durch kostenlosen Premium-Versand, Streaming-Inhalte und weitere Vorteile. Dadurch entsteht eine enge Bindung mit Gewöhnungscharakter. Amazon antizipiert Kundenbedürfnisse durch personalisierte Produktvorschläge und optimiert ständig die Benutzerfreundlichkeit. Der konzeptionelle Fokus liegt auf optimalem Service und hoher Kundenzufriedenheit. Durch dieses umfassende Beziehungsmarketing hat sich Amazon die Loyalität seiner Kunden gesichert.

Beziehungsmarketing (3C) - Leitfrage

- Wie können wir unsere Stärken und Kompetenzen als Instrument des Beziehungsmarketings nutzen, um langfristige Kundenbeziehungen aufzubauen und zu festigen?

Vertiefende Fragen

- Welchen Mehrwert bieten wir unseren Kunden über die reinen Geschäftstransaktionen hinaus?

- Wie zeitgemäß und kundenorientiert sind unsere Kommunikationskanäle ausgerichtet?

- Inwieweit steht bei uns die bestmögliche Lösung für den Kunden im Vordergrund und nicht der Verkauf?

- Wie messen wir die Kundenzufriedenheit, die Kundenbindung und die Bereitschaft, uns weiterzuempfehlen?

i: Kommunikative Exzellenz

Kommunikative Exzellenz bezeichnet die Fähigkeit eines Unternehmens, seine Botschaften klar, kohärent und überzeugend zu kommunizieren. Die Informationen sollen inhaltlich und formal stark mit der Zielgruppe resonieren und über die reine Produktinformation hinaus funktionieren. Die Art der Kommunikation schafft Verständnis, Engagement und fördert positive Beziehungen. Der Verkauf einer Ware oder Dienstleistung muss sich aus dieser vertrauensbasierten Nutzen-Wert-Transaktion ergeben. Einige Schlüsselelemente kommunikativer Exzellenz sind:

- **Klarheit:** Die Botschaften sollten eindeutig und leicht verständlich sein. Dies ist besonders wichtig in persönlichen Gesprächen, wo direktes Feedback und sofortige Klärung möglich sind.

- **Kohärenz:** Die Kommunikation sollte konsistent und logisch sein. Das gilt für alle Botschaften über alle Kommunikationskanäle hinweg: Meetings, E-Mails, Marketingmaterialien oder soziale Medien. Widersprüche oder inkonsistente Inhalte können Verwirrung stiften und das Vertrauen in die Marke oder das Unternehmen untergraben.

- **Relevanz:** Die Botschaft sollte für die Zielgruppe relevant und bedeutungsvoll sein. Dies erfordert ein Verständnis der Bedürfnisse, Interessen und Perspektiven der Zielgruppe. Eine relevante Botschaft spricht die Zielgruppe direkt an. Sie berxxücksichtigt ihre aktuellen Herausforderungen und bietet Lösungen oder Informationen, die für sie von echtem Nutzen sind.

- **Engagement:** Gute Kommunikation sollte ein Dialog sein, nicht nur eine Einwegübermittlung von Informationen. Dies bedeutet, Möglichkeiten für Interaktion und Feedback zu schaffen – sowohl positives als auch negatives. Sie zeigen, dass Sie die Meinungen und Bedenken Ihrer Zielgruppe ernst nehmen.

Die Bedeutung der persönlichen Interaktion kann nicht hoch genug eingeschätzt werden. Sie ermöglicht es, eine tiefere Ebene des Verständnisses und der Verbindung aufzubauen – ein Zustand, der in der digitalen Kommunikation manchmal schwer zu erreichen ist. Besonders in der zunehmend von digitalen Interaktionen geprägten Businesswelt kann die Kommunikation vor Ort ein Unterscheidungsmerkmal darstellen.

Fokusfeld 4 - Wettbewerbsstrategie

Positionierung + Differenzierung = Signifikanz (4A)

In der Unternehmenswelt ist das Prinzip der Differenzierung entscheidend: Überleben bedeutet, sich vom Wettbewerb zu unterscheiden. Produkte oder Dienstleistungen brauchen eine gewisse Einzigartigkeit oder einen Mehrwert, der über den Nutzen anderer Angebote hinausgeht. Diese Unterscheidungsmerkmale müssen nicht nur unternehmensintern klar definiert sein, sondern auch in der Kommunikation nach außen deutlich gemacht werden.

Im Zeitalter digitaler Transparenz genügt es nicht mehr, einen Markt durch Preis, Qualität oder Service dominieren zu wollen. Diese Faktoren sind variabel und werden vom Wettbewerb rasch adaptiert oder gar übertroffen. Die wirkliche Herausforderung besteht darin, sich durch immaterielle Vermögenswerte abzuheben: die Unternehmenskultur, Anpassungsgeschwindigkeit an Marktbedürfnisse, Innovation und/oder die Kundenbindung. Wer nur auf der Ebene des Offensichtlichen konkurriert, wird dabei schnell demaskiert.

Die kontinuierliche Arbeit an der Differenzierung im Wettbewerb prägt die Identität des Unternehmens, sorgt für Sichtbarkeit auf dem Markt und dadurch für Signifikanz. Es ist nicht nur das konstante Arbeiten am »Was tun wir?«, sondern auch »Warum und wie tun wir es?«. Selbst wenn es sich nur um feine Nuancen handeln mag, kann diese Differenzierung in einem Markt, der zur Homogenität neigt, das Zünglein an der Waage sein.

Ben & Jerry's

Das Unternehmen hat sich nicht nur durch seine kreativen und hochwertigen Eiscreme-Produkte einen Namen gemacht, sondern auch durch sein Engagement für soziale und ökologische Verantwortung. Die Marketingkampagnen heben soziale und umweltbezogene Themen hervor, was Ben & Jerry's eine starke, wertorientierte Markenidentität verleiht. Die Konzentration auf Authentizität und gesellschaftliches Engagement macht die Marke zu einem starken Beispiel für kommunikative Exzellenz.

Vorwerk

Bekannt für seine hochwertigen Haushaltsgeräte, setzt das Unternehmen auf direkten Kundenkontakt durch individuelle Produktvorführungen zu Hause. Diese Demonstrationen im privaten Raum ermöglichen es, individuell auf Kundenbedürfnisse einzugehen und eine starke Beziehung aufzubauen. Zusätzlich fließt dieses sehr persönliche Feedback ohne große Umwege systematisch in die Produktentwicklung ein.

Einhorn Kondome

Das deutsche Unternehmen Einhorn stellt nachhaltige Kondome her und setzt dabei auf eine sehr kreative, humorvolle Kommunikation mit seinen Kunden. Durch eine offene und authentische Präsentationsweise in den sozialen Medien schafft das Unternehmen eine entspannte und positive Atmosphäre. Dies spricht die Zielgruppe an und trägt zum Aufbau einer loyalen Community bei.

Positionierung + Differenzierung = Signifikanz (4A) - Leitfrage

- Welche spezifischen Vorteile bieten unsere Produkte oder Dienstleistungen im Vergleich zu denen anderer Unternehmen?

Vertiefende Fragen

- Wie heben wir uns aus Kundensicht als einzigartiges und unverkennbares Unternehmen hervor?

- Auf welche Weise können wir unsere immateriellen Werte, wie Unternehmenskultur und Innovationsfähigkeit, deutlicher betonen?

- Welche Maßnahmen können wir ergreifen, um unsere Präsenz am Markt zu verstärken und Signifikanz aufzubauen?

- Wie stellen wir sicher, dass unsere Differenzierung dauerhaft ist und schwer kopiert werden kann?

Innovationsstrategie und -kultur (4B)

Die Innovationsstrategie ist ein wichtiger Faktor für das Wachstum und fördert die Resilienz eines Unternehmens. Diese Strategie sollte sowohl die Forschung und Entwicklung (F&E) neuer Produkte und Dienstleistungen als auch deren erfolgreiche Markteinführung umfassen. Eine Unternehmenskultur, die Kollaboration sowie den Austausch von Ideen und Erfahrungen unterstützt, stimuliert die dafür notwendige Kreativität und begünstigt somit die Innovationsfähigkeit.

Auf welchen Feldern möchte das Unternehmen innovativ sein? Birgt nicht auch die Zusammenarbeit mit externen Partnern ein großes Potenzial? Mit wem lässt sich kooperieren, um neue Ideen zu generieren? Nutzen wir das gesamte Mitarbeiterpotenzial, um Innovationen voranzutreiben?

Zu alldem gehört vor allem eine konstruktive Fehlerkultur, die Experimente und das Lernen aus Misserfolgen zulässt. Ohne Angst vor Fehlern entsteht auch innovatives Denken.

Innovationsstrategie und -kultur (4B) - Leitfrage

- Wie sehr lebt unser Geschäftsmodell von der Fähigkeit zu innovieren? Auf welchen Feldern müssen wir Innovationen vorantreiben?

Vertiefende Fragen

- Wie können wir eine offene und kollaborative Unternehmenskultur schaffen, die den Austausch von Ideen und Erfahrungen fördert?

- In welchem Maße können wir eine konstruktive Fehlerkultur etablieren, die das Experimentieren und Lernen aus Fehlschlägen unterstützt?

- Wie können wir alle Mitarbeiter effektiver in den Innovationsprozess einbinden und ihre Kreativität und ihr Wissen nutzen?

- Wie können wir die Geschwindigkeit von der Ideenfindung bis zur Markteinführung neuer Produkte oder Dienstleistungen erhöhen?

- Welche Arten von Partnerschaften oder Kooperationen könnten unsere Innovationsfähigkeit verbessern?

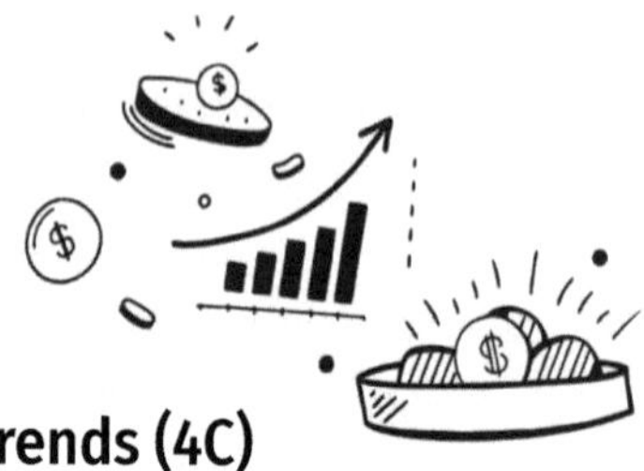

Marktpotenziale: Nischen und Trends (4C)

Wenn etablierte Märkte eine gewisse Reife erreichen, ergeben sich in ihrer Entwicklung oft Marktpotenziale, die sich als Nischen oder Trends manifestieren. Sie zeigen sich als unerforschte Gebiete, deren Wert in ihrer bisher nicht vollständig erschlossenen und oft übersehenen Existenz liegt. Häufig befinden sie sich an der Schnittstelle bereits existierender Märkte. Dort erzeugen sie eine Nachfrage, die bisher vom Wettbewerb nicht bedient wurde.

Unternehmen, die den Mut und die Weitsicht besitzen, Nischen zu besetzen, positionieren sich als Vorreiter in einem noch undefinierten Marktsegment. Hier bieten sich sogar langfristige Wettbewerbsvorteile: Sie basieren nicht auf dem Ausnutzen einer vorübergehenden Marktsituation, sondern auf der Fähigkeit, ein bisher unerkanntes Bedürfnis zu befriedigen.

Auch das Gespür für kommende Trends bietet enorme Wachstumspotenziale. Während Nischen häufig unbekannt und unsichtbar sind, präsentieren sich Trends als kollektive Strömungen, als Bewegungen des Zeitgeistes. Häufig werden sie durch neue Technologien, gesellschaftliche Veränderungen oder sich wandelnde Wertvorstellungen ausgelöst. Sie haben das Potenzial, neue Märkte zu kreieren oder bestehende Märkte zu disruptieren.

Das Identifizieren oder Erzeugen von Trends erfordert integratives Denken, auch ›Bisoziation‹ genannt, bei dem scheinbar unverbundene Elemente zu einem kohärenten, neuen Muster verbunden werden können.

Um sich für Nischen und Trends zu öffnen, müssen etablierte Denkmuster überwunden werden. Um sie zu nutzen, braucht es Organisation, Kapital und vor allem unternehmerischen Willen.

Trends: Airbnb

Die Gründung von Airbnb ist ein klassisches Beispiel für Bisoziation. Die Gründer kombinierten das Konzept der klassischen Vermietung (traditionell angewendet auf langfristige Wohnsituationen) mit dem Bedarf an kurzfristigen Unterkünften für Reisende. Diese Verknüpfung von zwei scheinbar unverbundenen Bereichen führte zur Erschaffung einer völlig neuen Kategorie in der Reise- und Gastgewerbebranche.

Trends: Uber

Uber ist ein weiteres Beispiel, bei dem moderne Technologie (mobile Apps) mit dem traditionellen Taxi- und Fahrdienstleistungsgeschäft verbunden wurde. Die Idee, eine App zu nutzen, um Fahrten auf Abruf zu vermitteln, revolutionierte den Personentransport. Die Gründer erschufen durch ihre Idee eine neue, effizientere und nutzerfreundlichere Form des Transports.

Trends: Spotify

Spotify hat die Art und Weise, wie Menschen Musik konsumieren, revolutioniert, indem es das Konzept des Streamings – ursprünglich mit Videoinhalten verbunden – auf die Musikindustrie übertrug. Anstatt Musikstücke einzeln zu kaufen und herunterzuladen, ermöglicht Spotify den Nutzern den Zugriff auf eine riesige Bibliothek von Musiktiteln. Die Finanzierung erfolgt entweder durch eine monatliche Gebühr oder durch das Anhören von Werbung. Diese Innovation veränderte nicht nur die Verbrauchergewohnheiten, sondern auch das tradierte Geschäftsmodell der Musikindustrie.

Nischen: GreenPan

GreenPan ist ein gutes Beispiel für die innovative Kombination von Umweltbewusstsein und Kochgeschirr. Das Unternehmen produziert hochwertiges PFAS-freies Kochgeschirr aus keramikbeschichtetem Aluminium, das sich an umweltbewusste Kunden richtet. Durch die Verwendung von umweltfreundlichen

Materialien und Beschichtungen ohne schädliche Chemikalien grenzt sich das Unternehmen von traditionellen Kochgeschirrherstellern ab. Diese Strategie spiegelt die wachsende Nachfrage der Verbraucher nach nachhaltigen und gesundheitsbewussten Kochlösungen wider.

Nischen: Interstuhl / Bimos

Das Unternehmen Interstuhl Büromöbel ist bekannt für seine hochwertigen Bürodrehstühle. Mit der eigenständigen Marke »Bimos« konzentriert es sich auf Arbeitsplätze in der Produktion, in ESD-Bereichen, Laboren und Reinräumen. Hier bietet es anwendungsgerechte und hochspezialisierte Sitzlösungen wie Arbeitsstühle und Stehhilfen an. Durch die Konzentration auf diesen speziellen Teilbereich konnte Bimos Innovationsführer in diesem Segment werden.

Marktpotenziale: Nischen und Trends (4C) - Leitfrage

- Wie können wir Marktentwicklungen systematisch erfassen und analysieren, um vorhandene Nischen oder entstehende Trends frühzeitig zu identifizieren?

Vertiefende Fragen

- Wie flexibel sind unsere Strukturen und Prozesse, um auf Nischen und Trends reagieren zu können?

- Können wir die spezifischen Kundenbedürfnisse in Nischen erfassen und diese bedienen?

- Haben wir die notwendige Struktur, um schnell und idealerweise innovativ auf Trends reagieren zu können?

- Wie können wir Trends und/oder Nischen frühzeitig besetzen und unsere Position hier kontinuierlich stärken?

i: Bisoziation vs. Assoziation

Bisoziation ist ein Konzept, das ursprünglich vom Schriftsteller Arthur Koestler in seinem Werk »The Act of Creation« eingeführt wurde. Es bezieht sich auf den kreativen Prozess, in dem zwei oder mehr scheinbar unverbundene oder unvereinbare Bezugsrahmen (Ideen, Bilder oder Konzepte) miteinander verbunden werden. So entstehen neue, originelle Konzepte oder Lösungen.

Im Gegensatz dazu bezeichnet die Assoziation das Verknüpfen von Elementen, die aufgrund von Ähnlichkeiten oder durch Erfahrungen bereits miteinander in Verbindung stehen. Assoziationen sind häufig linear und folgen einem logischen oder erlernten Muster. Sie basieren auf dem, was bereits bekannt ist. Zum Beispiel könnte das Hören eines bestimmten Liedes Gedanken an eine vergangene Erfahrung oder ein Gefühl hervorrufen. Assoziatives Denken ist oft analytisch und baut auf bestehenden Wissensstrukturen auf.

Bisoziation hingegen ist ein Sprung in neue, unerforschte geistige Territorien. Es geht über die Grenzen des linearen Denkens hinaus und stellt Verbindungen zwischen unabhängigen oder unvereinbaren Konzepten her.

Im Business führt Bisoziation oft zu innovativen Geschäftsmodellen, indem sie unkonventionelle Verbindungen zwischen verschiedenen Bereichen herstellt.

Beispiele

- Die Verbindung von Musik und Mobiltelefon führte zur Entwicklung des ersten iPods und revolutionierte die Art des Musikhörens.

- Die Kombination von Online-Handel und Auktionen erschuf eBay und einen völlig neuen Ansatz des Online-Shoppings.

- Die Verschmelzung von Smartphones und Fahrdiensten ermöglichte die Entstehung von Unternehmen wie Uber.

Fokusfeld 5 - Team und Talente

Teamkompetenzen (5A)

Die Überprüfung der Teamkompetenzen zielt auf die Fähigkeit zur Anpassung und Problemlösung ab. Ein Team, das in einer vergangenen Realität ausgebildet wurde, muss den eigenen Werkzeugkasten hinterfragen und gegebenenfalls ergänzen. Das Gleiche gilt für die Kompetenzvielfalt und Diversität: Wenn alle Leistungsträger gut ausgebildet in die gleiche Richtung denken, kann man auch von einer selbstgefälligen Monokultur sprechen. Wenn Warner und Andersdenkende fehlen, ist das zwar bequem, aber tendenziell gefährlich.

Teams, die sich aus Gleichgesinnten zusammensetzen, mögen effizient sein. Es besteht jedoch das Risiko, dass sie die Vielfalt an Perspektiven außer Acht lassen, welche für die Bewältigung komplexer Probleme unerlässlich ist. Das ausgewogene Verhältnis von Spezialisten und Generalisten, von routinierten Praktikern und flexiblen Denkern, ist oft zielführender.

Teamkompetenzen (5A) - Leitfrage

- Welche Kompetenzen fehlen unserem Team? Wie können wir diese aus eigenen Reihen entwickeln oder durch Neuzugänge ergänzen?

Vertiefende Fragen

- Wie beeinflusst die Zusammensetzung des Teams unsere Fähigkeit, kreative und effektive Lösungen zu entwickeln? Trägt Homogenität oder Diversität zur Verbesserung unserer Teamleistung bei?

- Kennen wir alle Qualifikationen, Talente und nützlichen Leidenschaften der menschn im Unternehmen? Wie entdecken wir noch ungenutzte Fähigkeiten und Interessen?

- Wie fördern wir das Streben nach kontinuierlicher Verbesserung in unserem Team oder im gesamten Unternehmen?

- Haben wir bereits heute die zukünftig wichtigen Kompetenzen im Blick? Wissen wir, was morgen benötigt wird?

Talentmanagement (5B)

Ein gutes Talentmanagement ist das Spiegelbild der Organisationsintelligenz. Wie ein erfahrener Schachspieler, der seine Züge mehrere Schritte im Voraus plant, müssen Führungskräfte hier strategisch denken. Effektives Talentmanagement beginnt nicht erst mit der Einstellung neuer Mitarbeiter, sondern mit der Unternehmenskultur selbst. Natürlich soll sie Talente anziehen, die den aktuellen Bedürfnissen und Zielen der Organisation entsprechen. Jedoch muss sie auch flexibel genug sein, um unterschiedliche Fähigkeiten und Ansätze zu integrieren, deren direkter Nutzen sich möglicherweise erst in der Zukunft zeigt. Flexibilität im Denken ist hier von Vorteil, denn eine zu starre Kultur wirkt abschreckend auf kreative und innovative Köpfe, die meistens auch die Treiber des Fortschritts sind.

Unabhängig von der internen Definition des Talentmanagements scheint es angebracht, die Förderung der Mitarbeiter in den Bereichen zu priorisieren, die ihr eigenes Interesse wecken. Indem man ihnen ermöglicht, ihrer persönlichen Motivation zur Weiterentwicklung zu folgen, erhöht sich die Wahrscheinlichkeit, dass sie einen signifikanten Beitrag zum Erfolg der Organisation leisten. Dieses Prinzip bleibt auch dann gültig, wenn es ihren bisher erworbenen Qualifikationen entgegensteht. Daraus ergibt sich die Notwendigkeit einer kontinuierlichen Bewertung von internen und externen Kandidaten für Schlüsselpositionen auf allen Ebenen der Organisation.

Das konstante, vorausschauende Finden von Talenten ist ein fortwährender Prozess der Selbsterneuerung, der sicherstellt, dass die Organisation ihre Reaktionsfähigkeit beibehält – oder vielleicht sogar erst dadurch neu entwickelt.

Talentmanagement (5B) - Leitfrage

- Wie können wir ein Talentmanagement implementieren, das auf die frühzeitige Erkennung und Förderung von Talenten ausgerichtet ist?

Vertiefende Fragen

- Wie können wir sicherstellen, dass die Entwicklung von Talenten strategisch und vorausschauend erfolgt?

- Wie gewährleisten wir, dass dieses System auch eine thematisch vielfältige Unternehmenskultur fördert?

- Wodurch muss sich unsere Unternehmenskultur auszeichnen, um Talente von außerhalb anzuziehen, die zu unserem Unternehmensauftrag und unseren Zielen passen?

- Wie fördern wir eine Kultur der Offenheit und Flexibilität, die unterschiedliche Denkweisen und Kompetenzen nicht nur toleriert, sondern aktiv integriert?

Verwendung der Ergebnisse

Schritt 1: Priorisierung und Fokussierung

Fassen Sie die Aussagen, Ideen und Ergebnisse zusammen. Die wichtigsten Erkenntnisse und konkrete Maßnahmen sollten schließlich in Notizform oder auf Karten verschriftlicht sein. Sortieren Sie die Notizen / Karten und priorisieren Sie die Handlungsoptionen in die Kategorien ›First things first‹, ›Deep Dive‹ und ›Smart, not hard‹ ein.

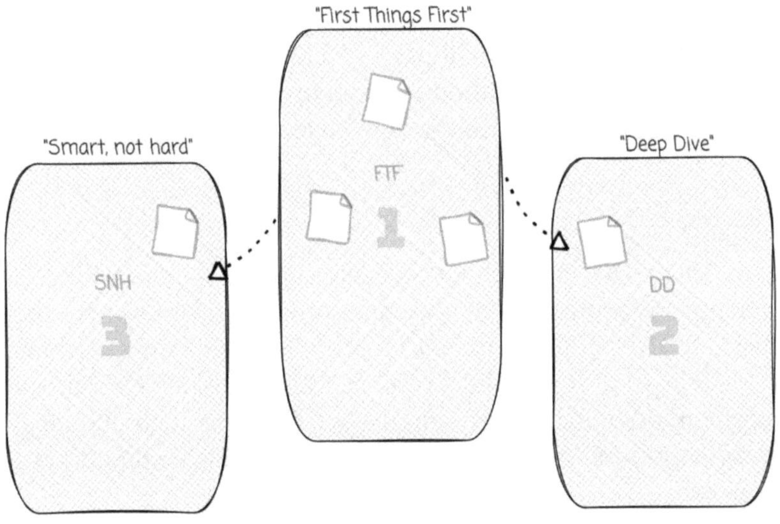

Kategorie 1 - First things First

First things first (FTF) ist die Ausgangskategorie. Hier erfolgt die Priorisierung der Aufgaben nach Wichtigkeit oder Dringlichkeit. Sie werden zunächst sortiert und **nachfolgend** bei Bedarf verschoben. Alle Aufgaben, die am Ende im FTF verbleiben, werden ihrer Reihenfolge entsprechend eine gewisse Priorität ausweisen.

Beispiele für First things First:

- Probleme bei einem ausländischen Distributionspartner gefährden die Lieferfähigkeit. Hier muss schnell, aber umfassend gehandelt werden, um Engpässe zu verhindern und die Lieferkette zu sichern.

- Ein potenziell umsatzstarkes Produkt muss frühzeitig auf den Markt gebracht werden. Die Marketingabteilung und der Vertrieb werden deshalb Ressourcen für die beschleunigte Einführung bereitstellen müssen.

Sobald **alle Aufgaben vorläufig** in FTF priorisiert sind, werden sie auf weitere Eigenschaften untersucht und falls angebracht in eine der nachfolgenden Kategorien eingeordnet.

Kategorie 2 - Deep Dive

Deep Dive (DD) bezeichnet Aufgaben, die einen detaillierten Planungs-, Ausführungs- und Analyseprozess erfordern. Hierbei muss ein Thema, ein Problem oder ein Sachverhalt sehr genau untersucht und verstanden werden. Meist handelt es sich um Aufgaben, die neben einer langfristigen Planung auch eine enge Koordination mit anderen entscheidungsrelevanten Stellen voraussetzen.

Beispiele für Deep Dive:

- Eine umfangreiche Potenzialanalyse ausgesuchter Unternehmensbereiche, um das Optimierungspotenzial zu identifizieren.

- Eine Entscheidung über die Fortsetzung spezifischer Forschungsprojekte kann erst nach den Erkenntnissen aus einer neuen Kundenbefragung getroffen werden. Diese muss konzipiert, durchgeführt und ausgewertet werden.

Kategorie 3 - Smart, not hard

Smart, not hard (SNH) bezeichnet Aufgaben, die mit relativ wenig Aufwand viel bewirken. Sie sind nicht zwangsläufig ›leicht‹ umzusetzen, wenn sie auf emotionalen Widerstand stoßen oder ein gewisses Maß an Disziplin erfordern. In der Regel jedoch haben sie eine große Hebelwirkung, die den Aufwand relativiert. Oft erfordern sie nur die Überwindung einer unangenehmen Hürde. SNH-Aufgaben sollten zeitnah in Angriff genommen werden (können), ohne übermäßigen Planungs- oder Personalaufwand oder Abhängigkeiten von externen Prozessen.

Beispiele für Smart, not hard:

- Die Erstellung von regelbasierten Abteilungsberichten oder die Dokumentation von Meetings werden durch KI-Spracherkennung vorbereitet.

- Schulungen der Mitarbeiter in neuen Systemen oder Prozessen.

- Bereits vorhandenes Kundenfeedback muss unter veränderter Vorgabe erneut ausgewertet werden.

Aus dieser Zuordnung lassen sich Maßnahmenpläne entwickeln, die klare Ziele und messbare Erfolgsmarken definieren. Richten Sie Ihre Anstrengungen und Mittel darauf aus, diese drei Kategorien mit verschiedenen Teams umzusetzen.

Schritt 2: Kommunikation und Transparenz

Veränderungen erfordern Akzeptanz und Unterstützung. Daher ist die Kommunikation einer der kritischsten Erfolgsfaktoren. Informieren Sie frühzeitig und umfassend über geplante Maßnahmen, Ziele, Fortschritte und Ergebnisse. Nutzen Sie alle intern relevanten Kommunikationskanäle und seien Sie offen für Fragen sowie Feedback. Idealerweise verleihen Sie dem Veränderungsprozess ein ›Gesicht‹, indem Sie die beteiligten

Personen und Teams vorstellen. Machen Sie deutlich, dass Verbesserungen eine gemeinschaftliche Aufgabe sind, zu der jeder beitragen kann.

Schritt 3: Kontinuierliche Verbesserung

Betrachten Sie den ursprünglichen Workshop nicht als einmalige Veranstaltung, sondern als Ausgangspunkt eines kontinuierlichen Verbesserungsprozesses. Etablieren Sie regelmäßige Formate wie Quartalsworkshops, zeitlich befristete Projektgruppen oder Feedbackrunden. Diskutieren Sie dabei auch Erfahrungen aus der Umsetzung erster Maßnahmen: Was hat funktioniert und wo gab es Probleme? Binden Sie die Mitarbeiter ein, um Veränderungen gemeinsam und iterativ voranzutreiben.

Zusatznutzen

Der Workshop ist nicht als Quelle für schnelle Antworten gedacht. Er ist als Denklabor angelegt, das auf gründliche Reflexion und emotionale Vernetzung ausgerichtet ist. Seine Stärke liegt im Austausch der Teilnehmer und geht weit über die schriftliche Fixierung von Ideen hinaus. Denn im lebendigen Dialog entstehen nachhaltige Denkprozesse, die das Rationale mit dem Emotionalen verbinden. Die sinnlichen Eindrücke des Workshops fördern auch ein ›selbstreferenzielles Priming‹ und regen unbewusst gesteuerte Denkprozesse an.

Um diese Potenziale zu heben, widmen wir uns einer Ressource, die nur selten konzeptionell genutzt wird: der Intuition.

i: Selbstreferenzielles Priming

Priming ist ein psychologischer Prozess, bei dem von außen einfließende Informationen auf unser Denken und Verhalten einwirken. Das geschieht, ohne dass wir uns dessen bewusst sind. Man kann sich das wie unsichtbare Wegweiser in unserem Gehirn vorstellen: eine Instanz, die unsere Gedanken und Entscheidungen leise in eine bestimmte Richtung lenkt, ohne dass wir es bemerken. Zufällige oder absichtlich platzierte Informationen der Außenwelt aktivieren mentale Schablonen und erweitern so unseren Gedankenhorizont auf subtile Weise. In der Werbeindustrie wird Priming eingesetzt, um Konsumentenverhalten zu beeinflussen und Marken oder Produkte im Unterbewusstsein der Zielgruppe zu verankern.

Selbstreferenzielles Priming bedeutet, dass wir uns durch die unbewusste Auseinandersetzung mit einem Thema selbst beeinflussen und dadurch unbemerkt in eine gedankliche Richtung bewegen. Der komplexe innere Dialog dockt an bereits vorhandenes Wissen und die persönliche Erfahrungswelt an. Es ist selbstbezüglich, da es auf der persönlichen Auseinandersetzung mit selbst ausgewählten Themen basiert und nicht auf externen Informationen, die unkontrolliert auf uns einwirken.

Ähnlich wie ein KI-System durch Selbstkonfrontationen neue und ganz eigene Erkenntnisse mit unbekanntem Potenzial generiert, erweitern auch wir unseren Wissensschatz selbstbezüglich. Durch das Einweben neuer Informationen in unser neuronales Netz verstärken wir mentale Schablonen oder nehmen ihnen die Kraft.

Intuition

GO

Seit Jahrtausenden begeistert das Spiel Go Menschen auf der ganzen Welt durch seine einzigartige Mischung aus strategischer Tiefe und ästhetischer Einfachheit. Ursprünglich in China entstanden, hat es sich zu einem globalen Phänomen entwickelt, das durch seine prinzipielle Einfachheit und tatsächliche Komplexität fasziniert. Eigentlich sind es nur schwarze und weiße Spielsteine auf einem quadratischen Brett, aber die Anzahl der möglichen Spielpositionen übersteigt die Anzahl der Atome im Universum. Ein Szenario, das den menschlichen Verstand überfordern kann, wenn er versucht, alle möglichen Spielverläufe und Strategien zu erfassen. In diesem Spiel offenbart sich eine Welt, in der Logik auf Intuition trifft.

Es stellt sich die Frage, wie Computer mit ihrer beeindruckenden Rechenleistung dieses Spiel meistern können. Erstaunlicherweise wurden alle konventionellen Computerprogramme, die gegen Go-Großmeister antraten, für unzureichend befunden und erlitten durchweg spielerische Niederlagen. Doch 2016 kam es zu einer bemerkenswerten Wende.

Google DeepMind stellte AlphaGo vor, eine Künstliche Intelligenz, dafür programmiert, gegen die besten Go-Spieler der Welt anzutreten. AlphaGo unterschied sich grundlegend von früheren Go-Programmen. Es basierte auf digitalen neuronalen Netzen und maschinellem Lernen. Technologien, die es AlphaGo ermöglichten, durch die Analyse bereits vorhandener Züge zu lernen und auch eigene, innovative Strategien zu entwickeln. Diese Fähigkeiten machten AlphaGo für einen Go-Meister wie Lee Sedol, einen der weltweit führenden und am meisten respektierten professionellen Go-Spieler, zu einem würdigen Gegner. So entstand die Grundlage für ein nervenaufreibendes Duell, das einen Wendepunkt in der Geschichte der Künstlichen Intelligenz bedeutete.

AlphaGo trat im Frühjahr 2016 in einem Fünf-Spiele-Match, das sich über fünf Tage verteilte, gegen Lee Sedol an. Überraschenderweise gewann AlphaGo vier der fünf Spiele – ein Ergebnis, das die Welt aller leidenschaftlichen Go-Spieler erschütterte. AlphaGo war in seinem Verständnis des Spiels so fortgeschritten, dass es den Gegner mit seinen Zügen überraschte. Sie waren kreativ, vollkommen unerwartet und zeugten von einem tiefen Verständnis des Spiels.

Move 37

›Move 37‹ ist ein prägnantes Beispiel für die Fortschritte in der Künstlichen Intelligenz. Dieser außergewöhnliche Zug von AlphaGo gegen Lee Sedol im zweiten Spiel erlangte nicht nur in der Go-Gemeinschaft große Berühmtheit.

AlphaGo setzte seinen 37. Stein auf eine zunächst von Go-Experten als unkonventionell und fehlerhaft betrachtete Position. Der Zug lag weit außerhalb der üblichen Spielzonen und schien den etablierten Go-Prinzipien und Go-Strategien zu widersprechen. Die Brillanz dieses Manövers wurde erst im weiteren Verlauf des Spiels deutlich. Hier zeigte sich, wie fortgeschritten das System war und dass es scheinbar intuitiv agieren konnte. Es ignorierte einfach traditionelle Spielstrategien und schlug eigenwillige, ja sogar kreative Wege ein. Das war neu und brachte den vielleicht größten Go-Spieler seiner Zeit an den Rand der Verzweiflung.

Die Grundlage für dieses spielerische Potenzial wurde bereits in der Trainingsphase des KI-Systems gelegt. Ab einem gewissen Punkt ging es über die Reproduktion menschlichen Wissens hinaus und trat in einen Prozess der Selbstschulung ein. Dazu führte das System mit extrem hoher Geschwindigkeit millionenfache Selbstkonfrontationen durch und lernte selbstreferenziell. Erst dadurch erwarb es die Fähigkeit, bei Bedarf innovative Methoden zur Zielerreichung zu entwickeln. Genau diese Fähigkeit war schließlich entscheidend für den Sieg von AlphaGo. Der Schritt weg von der Imitation menschlicher Denk- und Handlungsweisen hin zu einer eigenständigen Kreation markiert einen Wendepunkt in der Evolution der Künstlichen Intelligenz.

David Silver von DeepMind beschrieb AlphaGos Fähigkeit so: »Große Go-Spieler sagen manchmal, sie hätten einen Zug gemacht, weil er sich richtig anfühlte. Wir mussten einen Algorithmus entwickeln, der diese menschliche Intuition nachahmt.«

AlphaGo stützte sich nicht auf vorprogrammierte Züge oder Strategien. Es entschied ›intuitiv‹, ein Ansatz, der üblicherweise menschlichen Spielern vorbehalten ist. Die Fähigkeit, menschliche Intuition in Form von Algorithmen nachzubilden, war der Schlüssel. Dadurch konnte das System auf einem Niveau spielen, das mit den besten menschlichen Go-Spielern vergleichbar ist.

Das Unentscheidbare

Intuition ist ein faszinierendes, schwer fassbares Phänomen, dessen Wurzeln tief in der Komplexität des menschlichen Geistes liegen. Ein Bereich, der trotz wissenschaftlichen Fortschritts noch immer viele Fragen aufwirft. Deshalb steht die intuitive Entscheidungsfindung in der Welt der Unternehmensführung sogar vor einem Legitimationsproblem. Da intuitive Urteile auf implizitem Wissen beruhen, unterlaufen sie die Ideale der Rationalität und Transparenz – genau jene Eigenschaften, die in Managementkreisen einen hohen Stellenwert genießen. Intuition gilt noch immer als Ausdruck diffuser Bauchentscheidungen, die dem Zufall, der

Subjektivität oder gar der Irrationalität entspringen. Sie kontrastiert stark mit dem weit verbreiteten Idealbild rationaler und nachvollziehbarer Entscheidungsfindung.

In der digital geprägten Geschäftswelt scheint für Intuition wenig Raum zu sein. Doch das könnte ein gravierender Fehler sein. Intuition ist kein mystisches Phänomen, sondern ein essenzieller Bestandteil menschlicher Intelligenz und Kreativität. Sie entspringt individuellen Erfahrungen und kann schneller und effektiver zu Lösungen führen als datengetriebene Logik. Und dass die digitale Welt eine kräftige Dosis menschlicher Intuition vertragen kann, sieht man am Beispiel von AlphaGo sehr gut.

Entscheidungssituationen, die nur auf Daten und Faktenwissen setzen, beschränken die Fähigkeit, über den Tellerrand zu blicken. Und Arbeitsumgebungen, die Intuition negieren oder unterdrücken, hemmen die Kreativität und das Innovationspotenzial. Die taktische Integration des intuitiven Potenzials in Entscheidungsprozesse ist also nicht nur eine nette Ergänzung. Sie ist notwendig, um in einer von Algorithmen dominierten Welt den menschlichen Faktor zu bewahren.

Heute verfügen wir über zahlreiche Methoden, um die Entstehung und Funktionsweise von Intuition besser zu verstehen als je zuvor. Moderne bildgebende Verfahren legen die neuronale Basis intuitiver Prozesse offen und zeigen auf, wie emotionale und rationale Bereiche im Gehirn dabei miteinander interagieren. Auch die kognitive Psychologie und Verhaltensforschung geben Einblick in die Mechanismen der Informationsverarbeitung, die der Intuition zugrunde liegen.

Hier zeigt sich, dass ihre Wirkung besonders in Momenten der Unentscheidbarkeit willkommen ist, wenn rationale Widersprüche nur durch ein inneres Gespür aufgelöst werden können. Es ist die innere Stimme, die jenseits von Sprache und Logik existiert und versucht, eine richtungsweisende Botschaft zu vermitteln.

Das gilt auch für den Businessalltag, wie ein Kundenbeispiel demonstriert.

Die innere Stimme

Stellen Sie sich vor, Sie sind der Kopf eines Führungsteams in einem aufstrebenden Technologieunternehmen. Sie stecken in einer kritischen Entscheidungsfindung fest. Zwei der führenden Ingenieure, brillant, aber polarisierend, präsentieren völlig konträre Ansätze für das nächste Schlüsselprodukt. Die jeweiligen Investitions- und ›Return on Investment‹-Daten sind nahezu gleichwertig und die Logik beider Seiten ist unbestreitbar.

Obwohl die Atmosphäre im Raum angespannt ist, verhalten sich alle Teammitglieder im Meeting ›professionell‹ – ihre Gedanken und Gefühle bleiben unausgesprochen, ihre Mimik neutral. Doch die Konsequenzen einer Fehlentscheidung sind jedem bewusst. Es droht, wertvolle Zeit und Energie in einer ergebnislosen Diskussion zu vergeuden.

Jeder weitere Tag der Unentschlossenheit würde die unsichtbaren Risse in der Gruppendynamik vertiefen. Verschiedene Lager würden sich herausbilden, Loyalitäten könnten getestet werden und die Einheit des Teams könnte ins Wanken geraten. Deshalb wissen Sie: Eine Entscheidung muss her, und zwar eine, die über die bloße Logik hinausgeht.

Dies ist der Moment, in dem Ihre innere Stimme, Ihr Erfahrungsgespür, Ihr implizites Wissen sich meldet. In diesem Moment schließen Sie die Augen für eine Sekunde und lassen diesen inneren Kompass die Arbeit übernehmen. Sie spüren eine sanfte, aber unmissverständliche Neigung zu einer der Optionen, obwohl beide scheinbar gleichwertig sind.

Mit einer Mischung aus Überzeugung und Demut treffen Sie eine Entscheidung, die das kollektive Stillschweigen brechen soll. Sie öffnen die Augen und geben eine Richtung vor.

Ein Jahr später stellt sich heraus, dass Ihre unbewusste Wahl ein positiver Meilenstein für das Unternehmen war. Das Produkt ist ein Riesenerfolg, und zwar aus Gründen, die zum Zeitpunkt der Entscheidung nicht vollständig erkannt, geschweige denn verstanden wurden.

In luftiger Höhe

Auch im Cockpit eines Flugzeuges wird schnell deutlich, dass die Methode des analytischen Denkens ihre Grenzen hat. Besonders in kritischen Situationen existiert eine gelebte Praxis, die über rein rationale Berechnungen hinausreicht. Oft zählen Sekundenbruchteile und die verfügbaren Informationen sind spärlich oder unvollständig. In solchen Augenblicken zeigt sich die Bedeutung der Intuition als Überlebensstrategie – als zu trainierender Umgang mit Unsicherheit.

Ein erfahrener Pilot, der über Jahre hinweg geflogen ist, erwirbt eine Vielfalt an Erfahrungen. Diese ermöglichen es ihm, in Situationen, die dynamisch, unklar und hektisch sind, Entscheidungen zu treffen, die über reine Analytik hinausgehen. Dieses umfassende Wissen verankert sich eher im unbewussten als im bewussten Gedächtnis. Es manifestiert sich bei Bedarf als intuitive Empfindung. Der Pilot ist in der Lage, Muster in Situationen zu erkennen, die für andere Menschen chaotisch erscheinen. Eine Fähigkeit, die sich aus Erfahrung geformt hat – die Essenz aus ähnlichen Szenarien der Vergangenheit.

In der Luftfahrt ist Zeit in kritischen Situationen ein kostbares Gut. Die Intuition befähigt den Piloten dazu, schneller Entscheidungen zu treffen als über den Prozess des bewussten Denkens. Sie agiert wie ein Direktzugriff auf ein Reservoir gespeicherter Kenntnisse und Erfahrungen. In solchen Momenten wäre analytisches Denken unzweckmäßig. Es kann aufgrund der dadurch bedingten Verzögerungen in der Entscheidungsfindung sogar gefährlich sein. Interessanterweise zeigt die empirische Forschung, dass erfahrene Piloten ihre intuitiven Entscheidungen im Nachhinein rational erklären können. Ein Zeichen dafür, dass die Intuition nicht im Widerspruch zur Rationalität steht, sondern vielmehr eine Erweiterung des rationalen Entscheidungsrahmens darstellt.

Auch ein Intuitionstraining, eine Präzisierung der gewollten spontanen Eingebungen, ist möglich. Es ist im Rahmen der Pilotenausbildung sogar notwendig. Regelmäßiges Üben im

Flugsimulator stellt sicher, dass der Pilot auch in neuen oder unerwarteten Situationen adäquat reagieren kann. Es schärft die Intuition, macht das Unsichtbare sichtbar und das Undefinierbare begreifbar. Durch das wiederholte Erleben ähnlicher Szenarien im Simulator nimmt der Pilot ein immer größeres Spektrum an Mustern in sein intuitives Gedächtnis auf. Das verleiht ihm die Fähigkeit, auch in echten Notfällen die komplexen Variablen schnell zu erfassen und eine Entscheidung zu treffen. So wird eine ›Not-Wendigkeit‹ trainiert: Die Fähigkeit, in einer lebensbedrohlichen Situation die Not zu wenden.

Die Intuition hilft dabei, sich in einer Welt der Unsicherheiten zurechtzufinden und das Unvorhersehbare zu antizipieren. Ohne sie wäre die Kunst des Fliegens nicht nur eine technische Herausforderung, sondern auch ein Spiel mit dem Zufall. Ein Risiko, bei dem die Überlebenschancen für den Piloten des Öfteren schlecht stünden.

Im Sport

Der menschliche Hang zur Messung und Quantifizierung der Welt resultiert aus dem Bestreben nach Rationalität und Objektivität. Unsere Vorliebe für logische Erklärungen und plausibel erscheinende Zusammenhänge ist ein zentraler Aspekt unserer Kultur – sie gelten als Schlüssel der Wahrheitsfindung. Es ist ein Versuch, die Welt berechenbar, vorhersagbar und beherrschbar zu gestalten. Diese Herangehensweise bietet besonders in wissenschaftlichen und technischen Feldern, wo Daten und Fakten eine entscheidende Rolle spielen, unbestreitbare Vorteile.

Die Annahme, dass die Berechenbarkeit eines Sachverhalts vermeintlich auch die Vorhersagbarkeit von Erfolg oder Misserfolg ermöglicht, ist sehr verlockend. Dabei übersehen wir jedoch, dass nicht alles, was zählt, gezählt werden kann. Nicht alles bedarf einer logischen Erklärung oder muss in Zahlen ausgedrückt werden. Wichtige Lebensaspekte wie zwischenmenschliche Beziehungen, Emotionen und Kreativität lassen sich nicht quantitativ erfassen.

»Nicht alles, was zählt, kann gezählt werden!«

Nicht alles, was im Leben zählt, lässt sich in messbaren Größen fassen. Es gibt Aspekte des menschlichen Daseins, die sich einer quantitativen Bewertung entziehen. Doch gerade diese sind oft von unschätzbarem Wert. Wir vernachlässigen zu oft, dass nicht alles, was von Bedeutung ist, in Zahlen ausgedrückt werden kann.

- Die Tiefe einer zwischenmenschlichen Beziehung lässt sich nicht allein anhand der Anzahl der geteilten Erlebnisse messen.

- Das Glück, das wir empfinden, kann nicht in Zahlen ausgedrückt werden. Es hängt von unseren inneren Empfindungen und Erfahrungen ab.

- Die Qualität einer kreativen Arbeit kann nicht einfach anhand der Anzahl der Arbeitsstunden beurteilt werden. Sie basiert auf der Originalität und dem Ausdruck des Künstlers.

- Bei der Erziehung eines Kindes kommt es nicht nur darauf an, wie viele Stunden Eltern und Kind miteinander verbringen. Es geht um die Qualität dieser gemeinsamen Zeit.

- Die Bedeutung eines Buches kann nicht allein an der Länge oder der Anzahl der Wörter gemessen werden. Sie hängt von der Tiefe der Botschaft und der Wirkung auf den Leser ab.

Die wahren Werte des Lebens liegen jenseits der Zahlen. Sie finden sich in den unzählbaren Facetten menschlicher Erfahrungen, in den Tiefen unserer Emotionen und in der Einzigartigkeit unseres persönlichen Ausdrucks.

Der Wunsch, stets plausible Erklärungen für unser Verhalten parat zu haben, birgt die Gefahr, dass wir dem intuitiven Prozess nicht genügend Raum geben. Das gilt insbesondere bei spontanen Eingebungen oder Handlungen. In vielen Bereichen des Alltags ist es hilfreich, das rationale, analytische Denken zeitweise zu deaktivieren. Eine Überrationalisierung kann Leistung sogar verhindern.

Dieses ›Abschalten‹ wird in vielen Bereichen des Sports gezielt trainiert. Der Sportler soll sich ganz auf den trainierten Autopiloten des Körpers verlassen und ihn einfach machen lassen. Bei Hochleistungssportlern kann das den Unterschied zwischen Sieg und Niederlage ausmachen. In vielen Sportarten sind die Reaktionszeiten so kurz, dass bewusstes, logisches Denken viel zu langsam ist, um effektiv zu reagieren. Stattdessen müssen Sportler lernen, auf ihre Intuition zu vertrauen, um in Bruchteilen von Sekunden die richtigen Entscheidungen zu treffen.

Ein Torhüter muss beim Elfmeterschießen intuitiv entscheiden, in welche Ecke er sich wirft, um den Ball aufzuhalten. Er hat gar nicht genug Zeit, die Körpersprache des Schützen logisch zu analysieren. Stattdessen verlassen sich Torhüter auf ihr Gefühl, ihre Erfahrung und die Fähigkeit, Muster in den Bewegungen des Schützen schnell zu erkennen und eine Richtung vorauszuahnen.

Auch im Tennis haben die Spieler bei einem schnellen Ballwechsel keine Zeit, jeden Schlag logisch zu durchdenken. Stattdessen basieren Schlagauswahl und Positionierung auf einem tiefen, unbewussten Verständnis des Spiels und des Gegners.

Rennfahrer müssen bei hohen Geschwindigkeiten blitzschnell Entscheidungen treffen, nur basierend auf ihrem Bauchgefühl. Sie sind in der Lage, die Dynamik des Fahrzeugs und die Bedingungen der Rennstrecke intuitiv zu erfassen, um in Bruchteilen von Sekunden zu reagieren.

In all diesen Beispielen ist das Abschalten der Logik eine wichtige Fähigkeit. Menschen können also lernen, auf ihre innere Stimme zu hören und ihr Vertrauen in diese unbewusste, intuitive Entscheidungsfindung zu stärken.

Im Miteinander

Auch in unserer Rolle als Teilnehmer im gewöhnlichen Straßenverkehr gibt es Situationen, in denen für umfassende Analyse wenig Raum ist. Die Flut an Informationen ist schier unüberschaubar. Manchmal kann das Zögern von nur einer Sekunde fatale Folgen haben. Deshalb reagieren Autofahrer in der Regel intuitiv, gestützt auf ihre vorangegangenen Erfahrungen und eine unbewusste Situationsbewertung.

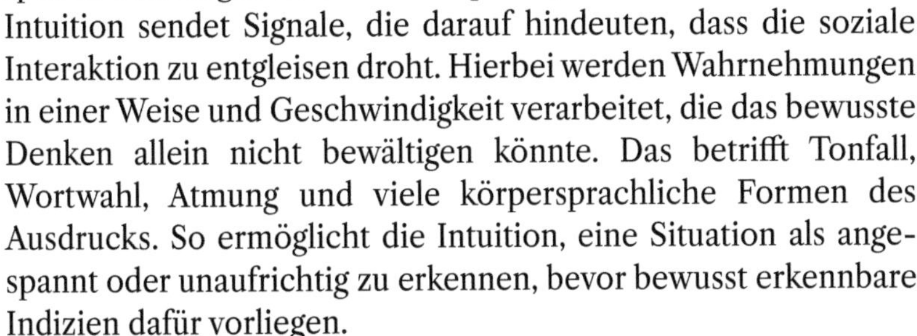

Im sozialen Kontext kann Intuition als eine Art inneres Frühwarnsystem agieren. Menschen spüren Unbehagen in einem Gespräch, und ihre Intuition sendet Signale, die darauf hindeuten, dass die soziale Interaktion zu entgleisen droht. Hierbei werden Wahrnehmungen in einer Weise und Geschwindigkeit verarbeitet, die das bewusste Denken allein nicht bewältigen könnte. Das betrifft Tonfall, Wortwahl, Atmung und viele körpersprachliche Formen des Ausdrucks. So ermöglicht die Intuition, eine Situation als angespannt oder unaufrichtig zu erkennen, bevor bewusst erkennbare Indizien dafür vorliegen.

Auch in der Geschäftswelt ist das Abschalten und Wirkenlassen ein wichtiges, zu erlernendes Werkzeug, vor allem bei Verhandlungsprozessen. Erfahrene Verhandler verlassen sich systematisch auf ihr Bauchgefühl, um die Absichten und Interessen der anderen Partei zu erfassen. Die Fähigkeit, aus kleinen nonverbalen Signalen Motive und Positionen abzuleiten, kann entscheidend zum Verhandlungserfolg beitragen. Dabei geht es weniger um ein genaues Hinschauen, sondern das Zulassen peripherer Wahrnehmung, dem gezielten Nachspüren von Emotionen im eigenen Körper.

Intuition ermöglicht es geübten Verhandlern, das unausgesprochene Kräftefeld in einer Verhandlungssituation zu erspüren. Sie können mehr aus dem Nichtgesagten, den impliziten Zwischentönen, herauslesen als aus dem Gesagten.

Für ambitionierte Entrepreneure spielt die Intuition ebenfalls eine große Rolle. Die Fähigkeit, Marktveränderungen vorauszuahnen und subtile Nuancen einer sich entwickelnden Marktkultur wahrzunehmen, geht weit über die Erkenntnisse einer SWOT-Analyse hinaus. Bei der Entwicklung innovativer Geschäftsideen und dem Erkennen von Marktlücken ist kreatives, assoziatives und bisoziatives Denken gefragt.

Das Geschick, aus diffusen Anzeichen auf zukünftige Trends zu schließen, kann für Gründer einen Wettbewerbsvorteil bedeuten. In diesen Fällen wird die Intuition nicht als Ersatz für das rationale Denken eingesetzt, sondern als Ergänzung dazu. Sie kompensiert die Grenzen der Logik, indem sie auf einen tieferen, weniger artikulierbaren Bereich des Verständnisses zugreift. Dieser Zugang zu einer anderen Form der Erkenntnis bereichert unser Handlungsrepertoire und macht sie ebenso wertvoll wie die logische Analyse. Auch im Risikomanagement können intuitive Urteile dazu beitragen, potenzielle Gefahren und Fallstricke frühzeitig zu erkennen. Oft handelt es sich um Risiken, die aus schwer bestimmbaren Faktoren wie zwischenmenschlichen Spannungen, Interessenskonflikten oder kulturellen Differenzen entstehen. Viele davon können durch analytische Methoden nicht erfasst werden.

Es ist das »Hier stimmt doch was nicht«-Gefühl, das sich unterschwellig breit macht, auch wenn den Zahlen nach alles stimmig erscheint. Dieses Frühwarnsystem der Intuition ergänzt die klassischen quantitativen Ansätze der Risikoanalyse.

Das volle Spektrum

Intuition ist keine magische Fähigkeit. Sie erwächst aus einem komplexen Prozess der Informationsverarbeitung, der sich in den unbewussten Tiefen unseres Gehirns vollzieht und erst sekundär ins Bewusstsein tritt. Diese Verarbeitung ist so schnell und so fein abgestimmt, dass sie außerhalb der bewussten Wahrnehmung stattfindet. Intuition agiert wie ein schnelles Analysewerkzeug, das die Erfahrungen und Einsichten eines gesamten Arbeitslebens in Millisekunden abruft. Das schmälert keineswegs die Bedeutung von Daten und harten Fakten; aber diese sind nur dann wirklich ›wasserdicht‹, wenn sie auch das intuitive Wissen einbeziehen. Und Intuition kann genau das leisten: Sie füllt die Leerstellen, die trockene Zahlen und Fakten manchmal offenlassen. Sie bietet eine ganzheitliche Perspektive, die sich nicht in einem Diagramm oder einer Tabelle ausdrücken lässt.

i: Periphere Wahrnehmung

Die periphere Wahrnehmung ist eine besondere Form der visuellen Reizverarbeitung. Sie bezeichnet die Fähigkeit, auch Informationen außerhalb des zentralen Blickfelds zu erfassen und zu bewerten.

Mit der zentralen Wahrnehmung können wir Objekte fokussieren, die sich direkt vor unseren Augen befinden. Gleichzeitig nimmt unser Gehirn auch Informationen aus dem peripheren Sichtfeld auf. Dies geschieht, ohne dass wir unsere Aufmerksamkeit darauf richten.

Die periphere Wahrnehmung ist weniger scharf und detailliert. Dennoch können wir Bewegungen oder Veränderungen im Augenwinkel registrieren. Diese Fähigkeit ist überlebenswichtig, denn sie warnt uns vor möglichen Gefahren, die sich außerhalb unseres Fokus befinden.

Die Reize werden im visuellen Cortex verarbeitet, bleiben jedoch dem bewussten Verstand verborgen. Erst wenn sie relevant oder auffällig genug sind, richten wir unsere Aufmerksamkeit darauf.

Die periphere Wahrnehmung spielt besonders beim Autofahren, in Gefahrensituationen oder bei sportlichen Aktivitäten eine wichtige Rolle. Sie ermöglicht uns, blitzschnell auf Ereignisse außerhalb des zentralen Blickfelds zu reagieren und so Unfälle zu vermeiden. Unser Gehirn nutzt also zwei Arten der Verarbeitung visueller Informationen, um uns optimal zu informieren.

Dies macht Intuition nicht zu einem Ersatz für Daten, sondern zu einem komplementären Instrument, das sowohl das quantitative als auch das qualitative Element einer Entscheidung berücksichtigt. Sie ist die Brücke zwischen der reinen Datenpräsentation und dem, was in einer kreativen Wirklichkeit möglich ist. Wer sich ausschließlich auf die Daten verlässt, ignoriert einen wesentlichen Aspekt der Entscheidungsfindung. Wer dagegen die Intuition in seine Entscheidungsprozesse integriert, nutzt das volle Spektrum der zur Verfügung stehenden Ressourcen. Die Belohnung für jene, die sich mit ihrem Bauchgefühl auseinandersetzen, liegt in einer erhöhten Entscheidungsqualität und der Fähigkeit, besser in komplexen und volatilen Situationen zu navigieren. Wer Intuition als wesentliches Instrument anerkennt, legt den Grundstein für exzellente Entscheidungen. Und die können weitreichende positive Auswirkungen haben – auf das Individuum, das Team und die gesamte Organisation.

Gutes Design

Wenn wir von einer intuitiven Handhabung sprechen, meinen wir damit eine nahezu mühelose Interaktion mit einem Gegenstand oder Prozess. Eine solche vereinfachte Handhabung setzt eine angemessene gestalterische Vorarbeit voraus. Diese resultiert entweder aus natürlichen Prozessen oder aus sorgfältiger menschlicher Planung, also Design. Der Zweck besteht darin, den Verbrauch kognitiver Ressourcen auf ein Minimum zu reduzieren. Die Möglichkeit zur intuitiven Bedienung führt so zu einer selbstverständlichen, fast instinktiven Nutzung und erscheint als natürlicher Teil des Verhaltensrepertoires. Nicht umsonst spricht man von einer ›zweiten Natur‹.

Bei der intuitiven Handhabung wird das Bewusste zum Beobachter, während das Unterbewusste die Steuerung übernimmt. In diesem Modus ist die Reaktionszeit optimiert – es gibt weniger Raum für Zweifel oder Überlegung.

Nehmen wir als Beispiel ein gut gestaltetes, leicht bedienbares Smartphone. Die Benutzeroberfläche ist intuitiv bedienbar, sodass ein Nutzer die meisten Funktionen ausführen kann, ohne jemals ein Handbuch gelesen zu haben. Dies liegt nicht nur an der Qualität des Designs. Es resultiert aus der Vorarbeit der Designer, die das Repertoire an menschlichen Fähigkeiten und Erwartungen berücksichtigt haben. Symbole, Menüführungen und Gesten sind so konzipiert, dass sie mit bereits vorhandenen Kenntnissen korrespondieren.

Intuition in der Handhabung tritt also dann ein, wenn die physische Barriere zwischen dem Benutzer und dem Objekt oder Prozess scheinbar verschwimmt. Der Grad an Selbstverständlichkeit, der dabei erreicht wird, stellt eine hoch entwickelte Form der Kompetenz dar. Es ist, als hätte man eine Sprache so gut gelernt, dass die Grammatik in den Hintergrund tritt und die Bedeutung in den Vordergrund.

Diese Selbstverständlichkeit kommt jedoch nicht von ungefähr. Sie ist das Resultat einer gelungenen Übersetzungsleistung von Fachkenntnissen in kinderleichte Anwendbarkeit. Ein intuitiv zu bedienendes System spiegelt eine tiefgehende Kenntnis der menschlichen Psychologie, Ergonomie und kognitiven Fähigkeiten wider. Diese vermeintliche Leichtigkeit ist in Wahrheit eine Hommage an die hinter ihr stehende Komplexität.

Bewusstsein und Gedächtnis

Aus der Perspektive der Psychologie betrachtet, ist Intuition eine fundamentale Komponente unseres Bewusstseins. Sie steht gleichberechtigt neben anderen kognitiven Funktionen wie dem Empfinden, Fühlen und Denken.
Gemeinsam bilden sie die Grundfunktionen des Bewusstseins:

- **Empfinden** ist die Wahrnehmung über die Sinne wie Sehen, Hören, Riechen, Schmecken und Fühlen. Es umfasst die Verarbeitung physischer Reize aus der Umwelt.

- **Fühlen** ist die emotionale Bewertung von Informationen und Situationen. Es beinhaltet das Erleben von Gefühlen wie Freude, Trauer, Wut, Angst etc.

- **Denken** ist die kognitive, vernunftbasierte Verarbeitung und Bewertung von Informationen. Es umfasst logisches Schlussfolgern, Problemlösen und Generieren neuer Ideen.

- **Intuieren** ist die Wahrnehmung und das Verstehen von Mustern und Zusammenhängen, die nicht direkt über die Sinne erfassbar sind. Es ist eine Art implizites Wissen und Verstehen.

Die Grundfunktionen des Bewusstseins wirken sowohl zeitgleich (parallel) als auch aufeinanderfolgend (sequenziell) in einem kontinuierlichen und sich dynamisch entwickelnden kognitiven Prozess. Sie bestimmen zudem, wie und wo Informationen in den verschiedenen Arten des menschlichen Gedächtnisses gespeichert werden.

- Das **episodische Gedächtnis**, häufig auch autobiografisches Gedächtnis genannt, dient der Speicherung persönlicher Lebensereignisse und Erfahrungen. Es beinhaltet Erinnerungen an spezifische Ereignisse aus der eigenen Biografie, wie Geburtstage, Reisen, Feiertage oder wichtige Gespräche.

- Im **semantischen Gedächtnis**, oft als Sachwissensspeicher bezeichnet, ist deklaratives Faktenwissen abgelegt. Hierzu zählen allgemeine Informationen, Daten und Konzepte wie Namen, Zahlen, Sprachen oder abstrakte Regeln. Typische Beispiele sind die Hauptstadt Deutschlands, mathematische Formeln oder Schachregeln.

- Das **prozedurale Gedächtnis**, auch implizites Gedächtnis genannt, ist für motorische und kognitive Fertigkeiten zuständig. Es umfasst automatisierte Bewegungsabläufe und Handlungen wie Radfahren, Schwimmen oder Sprachbeherrschung. Weitere Beispiele sind routinemäßige Tätigkeiten wie Türen öffnen, Knoten binden oder Lieder singen.

- Im **emotionalen Gedächtnis**, auch als affektives Gedächtnis bezeichnet, werden Erfahrungen mit einer starken Gefühlskomponente gespeichert – sei es Freude, Trauer, Angst oder Wut. Hierzu zählen Erinnerungen an erfreuliche Urlaube ebenso wie der Verlust nahestehender Menschen oder Momente großer Furcht.

Jede dieser Gedächtnisarten spielt eine tragende Rolle. Sie entscheiden, wie wir Informationen aufnehmen, verarbeiten und abrufen. Sie tragen zu unserem umfassenden Verständnis der Welt und unserer eigenen Identität bei.

Im Laufe der menschlichen Entwicklung prägt sich durch das Zusammenspiel der psychologischen Grundfunktionen und des Gedächtnisses die individuelle Persönlichkeit aus. Dieses gespeicherte Wissen über die Welt und unsere individuelle, selektiv wahrgenommene Realität bildet die Grundlage für die Entstehung der Intuition. Sie manifestiert sich in Momenten, in denen unser Körper das Bedürfnis verspürt, sich mitzuteilen. Dieses Mitteilen kann auf zwei Arten passieren:

1. Die direkte Form äußert sich als plötzlich im Bewusstsein auftauchende Idee, Einsicht oder Lösung. Dieser Prozess ist unvermittelt und unwillkürlich. Es ist, als würde eine Erkenntnis aus dem Nichts ins Bewusstsein springen. Meistens in Momenten, in denen wir nicht aktiv über ein Problem nachdenken.

2. Die indirekte Form der Intuition äußert sich hingegen über Traumbilder, Fantasien oder Ahnungen. Hier ist die Intuition verschlüsselter und deutet auf unbewusste Zusammenhänge hin, die einer Interpretation bedürfen. Diese Form der Intuition ist weniger greifbar und präsentiert sich in einer diffusen, oft metaphorischen Form.

In beiden Fällen ist Intuition nicht willentlich steuerbar. Sie tritt von selbst auf, wenn unbewusste Verarbeitungsprozesse abgeschlossen sind. Diese Prozesse integrieren verschiedene Aspekte unserer Erfahrungen, unseres Wissens und unserer emotionalen Zustände. Sie erfolgen im Verborgenen und sind uns nicht direkt zugänglich. Intuition ist daher ein Phänomen, das sowohl die Tiefe unseres unbewussten Denkens als auch die Komplexität unserer kognitiven und emotionalen Verarbeitung widerspiegelt.

Schablonen im Kopf

Intuitive Einsichten sind eng mit dem persönlichen Erfahrungsschatz einer Person verbunden. Ihre Zuverlässigkeit zeigt sich jedoch erst, wenn sie auf fundiertem Wissen beruhen. Ein ›gutes Gefühl‹ in finanziellen Angelegenheiten ist nur bedingt hilfreich, wenn die betreffende Person ihre Expertise in Feldern wie Mechatronik oder Hörgerätetechnik erworben hat. Dies liegt in der Eigenart der Intuition begründet: Sie basiert vor allem auf implizitem, unbewusstem Wissen, das durch wiederholte Erfahrungen in einem spezifischen Bereich entsteht. Diese Erfahrungen formen mentale Modelle oder geistige Repräsentationen, die tief im Gedächtnis verankert sind. Sie funktionieren wie mentale Schnittmuster oder Schablonen, die nahezu instinktive Handlungen ermöglichen, ohne dass umfassende logische Überlegungen erforderlich sind.

Man kann diese Schablonen als mentale Abkürzungen begreifen, die sich auf eine im Laufe der Jahre unbewusst aufgebaute interne Datenbank beziehen. Es ist ein Wissensreservoir, das

i: Ideomotorik

›Ideomotorik‹ verknüpft ›idios‹ (griechisch für ›eigen, persönlich‹) und ›motus‹ (lateinisch für ›Bewegung‹). Es beschreibt unwillkürliche Bewegungen, die durch die Beobachtung oder Vorstellung von Bewegungen entstehen. Ein alltäglicher Ausdruck der Ideomotorik ist das reflexartige Bremsen des Beifahrers im Auto, obwohl er nicht selbst fährt. Ebenso verursacht das Ansehen eines spannenden Films Zittern oder Schwitzen, als wäre der Zuschauer Teil der Szene. Diese Reaktionen spiegeln die enge Verbindung von Körper und Geist wider und zeigen, wie Gedanken physische Reaktionen unbewusst beeinflussen.

Im therapeutischen Kontext fördert die Ideomotorik die Bewegungsrehabilitation durch mentales Training. Die Vorstellungskraft stärkt neuronale Pfade und unterstützt die körperliche Genesung oder das Wiedererlangen motorischer Fähigkeiten.

Die Ideomotorik hat weitreichende Implikationen für unser Verständnis von menschlichem Verhalten und Kognition. Sie zeigt auf, wie eng Körper und Geist miteinander verbunden sind und wie unser Denken unsere körperlichen Reaktionen beeinflussen kann. Und das auf eine Weise, die unserem bewussten Verstand entgeht.

sich aus zahlreichen Wiederholungen, Begegnungen, Beobachtungen, Interpretationen und emotional geprägten Erfahrungen zusammensetzt. Diese ›Schablonen‹ ermöglichen es dem Gehirn, komplexe Informationen und Situationen effizient zu verarbeiten, schnell zu bewerten und zu handeln.

Als Beispiel können wir die ideomotorischen Fähigkeiten eines versierten Pianisten heranziehen. Die durch zahlreiche Übungsstunden erworbene Fingerfertigkeit ermöglicht es ihm, Musikstücke flüssig und ohne bewusstes Nachdenken zu spielen.

Ähnlich verhält es sich mit einem erfahrenen Arzt, der mit nur einem Blick eine präzise Diagnose stellt. Ebenso kann ein qualifizierter Investor intuitiv das Potenzial eines anstehenden Geschäfts einschätzen.

Diese Fähigkeiten sind das Ergebnis einer tiefen Vertrautheit mit dem jeweiligen Fachgebiet. Die Genauigkeit und Zuverlässigkeit einer intuitiven Einschätzung hängen daher wesentlich von der Breite und Tiefe des Erfahrungswissens in dem betreffenden Bereich ab. Dies führt zu dem Schluss, dass intuitive Eingebungen dann nützlich sind, wenn sie auf relevanten Erfahrungen und Kenntnissen in einem spezifischen Bereich basieren. Ohne diese Grundlage führen gute Bauchgefühle oft in die Irre.

Intuition im Management

Besonders im Management mit seinen erfahrenen Führungskräften sollte die Intuition also eine hohe Wertschätzung erfahren. Und tatsächlich ist Intuition als Entscheidungsinstrument in der Unternehmensführung fest verankert. Allerdings variiert ihre Nutzung und Interpretation. Auf der Ebene des Topmanagements, einschließlich CEOs und Geschäftsführern, spielt Intuition eine zentrale Rolle. Zahlreiche Untersuchungen seit den 1990er Jahren und meine persönlichen Erfahrungen als Trainer und Coach legen nahe, dass in komplexen und strategisch entscheidenden Situationen ungefähr zwei Drittel der Topmanager ihre Entscheidungen auf Grundlage ihrer Intuition treffen.[10][11] Auf dieser Führungsebene ist das Vertrauen in die eigene Intuition stark ausgeprägt und wird durch umfassende Erfahrung gestützt. Im mittleren Management, zu dem Abteilungs- und Bereichsleiter zählen, wird Intuition seltener als primäre Entscheidungsgrundlage herangezogen als im Topmanagement. Hier tendieren Führungskräfte dazu, sich stärker auf analytische und rationale Methoden zu stützen: Daten, Fakten, systematische Analysen und logische Überlegungen geben hier den Ton an.
Ein Grund dafür ist, dass Führungskräfte auf mittlerer Ebene ihre Entscheidungen häufig ausführlich begründen müssen. Dies resultiert aus der engeren Verbindung zu operativen Prozessen und der Notwendigkeit zur Koordination mit anderen Abteilungen. Dennoch basieren etwa ein Drittel der Entscheidungen im

mittleren Management auf intuitiven Eingebungen. Im Topmanagement hingegen wird Intuition als Teil der Führungskompetenz gesehen und muss selten gerechtfertigt werden.

Der Unterschied in der Anwendung von Intuition korreliert also mit der Verantwortungsebene und der Komplexität der Umstände:

- In höheren Managementebenen, wo strategische Entscheidungen mit weitreichenden Folgen auf der Basis von unvollständigen Informationen getroffen werden müssen, ist Intuition ein unverzichtbarer Bestandteil der Urteilsbildung.

- Im mittleren Management müssen intuitiv geprägte Einschätzungen stärker begründet werden, da hier analytische Prozesse dominieren und Entscheidungen meist auf der Basis klarer Fakten und etablierter Prozesse getroffen werden.

Mit steigender Hierarchie und zunehmender Erfahrung wird Intuition also zu einem immer wichtigeren Element von Entscheidungsprozessen. Eine ausgeprägte Präsenz von Intuition spiegelt das Vertrauen in die eigene Urteilsfähigkeit wider und bildet eine wesentliche Grundlage für effektive Führung.

Intuition + KI = ?

Diese Erkenntnisse bieten eine gute Grundlage, um realistische Szenarien zu entwerfen, in denen Künstliche Intelligenz und menschliche Intuition auf unterschiedliche Weise wertschöpfend miteinander arbeiten.

1. Die Domäne der menschlichen Intuition

In Situationen hoher Volatilität, Komplexität und Unsicherheit erweist sich die menschliche Intuition als unersetzlich. Wenn der Kontext weit gedehnt ist, die Abhängigkeiten groß und die Daten von schlechter Qualität sind, kann sie sich beweisen.

Hier ermöglicht sie es uns, Zusammenhänge zu erfassen, kreative Lösungen zu finden und innovative Ansätze zu verfolgen. Die menschliche Fähigkeit zur Empathie, moralischen und ethischen Bewertung ist entscheidend für das Navigieren im Unbekannten. Bei Wachstumsentscheidungen und in unklaren Situationen vertraut man daher vorerst weiterhin auf den Menschen.

2. KI unterstützt durch menschliche Reflexion

In stabileren Umgebungen, in denen dennoch Unsicherheiten bezüglich Prognosen und Kontexten bestehen, ist die Assistenz von KI angebracht. Wenn umfangreiche Daten vorliegen, die jedoch von schwankenden Marktbedingungen beeinflusst werden, ist eine Teamleistung von Mensch und Maschine sinnvoll.

Allerdings geschieht dies unter der Prämisse menschlicher Überwachung und Reflexion. In dynamischen Geschäftsumfeldern bleibt die menschliche Expertise die bewertende und entscheidende Instanz. Menschen nutzen ihre Fähigkeit zur kritischen Bewertung, um KI-basierte Lösungsvorschläge zu überprüfen, anzupassen und freizugeben.

3. Die Domäne der Künstlichen Intelligenz

In Bereichen mit großen Datenmengen und stabilen Umgebungs-
bedingungen wird die KI eine dominante Rolle spielen. Ihre
Stärke liegt in der Verarbeitung großer Mengen an Informationen.
Sie erkennt Muster, ordnet Daten zu, führt Vergleiche effizient
durch und liefert zuverlässige Ergebnisse. Anwendungsgebiete
umfassen beispielsweise die Katalogisierung von Bibliotheksbe-
ständen, die Auswertung und Steuerung von Finanztransaktionen,
Textgenerierung, zielgruppenrelevante Medienausspielungen,
automatisierte Überwachung und Sicherheitsaufgaben.

Die Kombination von Künstlicher Intelligenz und menschlicher
Intuition kann also ein leistungsstarkes Team bilden. Die KI
bringt Präzision und Effizienz in gut definierte Aufgabenbereiche, und die menschliche Intuition kann mit unvorhersehbaren,
neuartigen und komplexen Herausforderungen umgehen. Eine
Herausforderung besteht darin, ein ausgewogenes Verhältnis zu
schaffen, in dem beide Elemente ihre Stärken ausspielen und
einander verstärken.
Künstliche Intelligenz kann allerdings auch eine inspirierende
Rolle bei der Entwicklung innovativer Ideen und kreativer
Lösungen spielen. Wenn unkonventionelle Lösungsansätze
gefunden oder gewohnte Denkweisen infrage gestellt werden
sollen, kann KI sehr nützlich sein. In Kombination mit dem
erweiterten menschlichen Kontextverständnis kann sie schnell
ungewöhnliche Szenarien als kreative Ausgangsbasis entwickeln.
Es obliegt dem menschlichen Einschätzungsvermögen und der
Entscheidungsfähigkeit, die bisweilen unerwarteten Vorschläge
des digitalen Systems kritisch zu reflektieren und voranzutreiben, um sein volles Potenzial auszuschöpfen. So entsteht ein
synergetisches Zusammenspiel, in dem Künstliche Intelligenz
und Intuition gemeinsam zu besseren Lösungen und Innovationen beitragen können.

*siehe auch ›i: Bisoziation vs. Assoziation‹ - Seite 107

Das intuitive Gehirn?!

Die Funktionsweise der Intuition auf neurologischer Ebene ist ein faszinierendes Feld der Hirnforschung. Moderne bildgebende Verfahren zeigen, dass Intuition nicht auf einem einzelnen Gehirnareal basiert, sondern vielmehr das Ergebnis von Teamarbeit ist. Emotions- und gedächtnisbezogene Areale des Gehirns interagieren zum Beispiel kontinuierlich mit Bereichen, die für die bewusste Kontrolle zuständig sind. Intuition entsteht somit durch das Zusammenspiel verschiedener Areale des Gehirns, die gemeinsam dessen umfangreiche Verarbeitungskapazitäten nutzen. Dies macht die Intuition zu einem emergenten Phänomen, das nur bedingt berechenbar ist.

Einige spannende Erkenntnisse dazu:

Intuition mag es emotional

Eine wichtige Rolle bei intuitiven Prozessen spielt das limbische System, auch als Emotionshirn bezeichnet. Es ist maßgeblich an der Verarbeitung von Gefühlen, Stimmungen und Erfahrungswissen beteiligt. Intuition ist kein kühl-rationaler Prozess, sondern involviert ganz zentral unsere Emotionen. Ohne sie gäbe es keine Intuition im eigentlichen Sinne. Gerade bei unsicheren Entscheidungen greifen wir auf emotional gefärbte, implizite Gedächtnisinhalte zurück. Wir spüren diffus, welche Option sich ›richtig‹ anfühlt, lange bevor wir das bewusst begründen können. Unsere Emotionen agieren hier als Navigationshilfe.

Intuition kann auch logisch

Jedoch wäre es falsch, Intuition nur als Gefühlssache abzutun. Auch Bereiche des präfrontalen Kortex sind an intuitiven Prozessen beteiligt. Dieser Teil des Großhirns ist eher für logisches Denken und bewusste Kontrollprozesse zuständig. Intuition integriert also durchaus rationale Fähigkeiten, anstatt im Widerspruch zur

Vernunft zu stehen. Gerade in Kombination mit dem Erfahrungs-
wissen aus dem limbischen System ermöglicht dies umfassendere
Urteile, bei denen sowohl Kopf als auch Bauch eingebunden sind.
Intuition nutzt unsere gesamte neurologische Kapazität.

Intuition mag die Experten

Wenn Menschen zu intuitiven Entscheidungen aufgefordert werden, zeigen Experten in einem Fachgebiet deutlich mehr Aktivität
in den Assoziationszentren des Gehirns als weniger Erfahrene.
Die in bildgebenden Verfahren sichtbar erhöhte Gehirnaktivität
belegt, dass sich erfahrungsbasierte Fähigkeiten auch in verbesserten intuitiven Prozessen niederschlagen. Intuition ist also
kein angeborenes Talent. Sie ist eine Kompetenz, die sich durch
kontinuierliche Praxis und Training entwickelt und im Gehirn
verankert. So wird Intuition zur Kunst der Experten.

Intuition ist blitzschnell

So konnte auch gezeigt werden, dass intuitive Urteile unbewusst
schon nach nur 100 Millisekunden gefällt werden. Sie dringen aus
dem Unbewussten schlagartig ins Bewusstsein. Logische Abwä-
gungen und bewusste Kontrollprozesse setzen dagegen erst nach
300 bis 500 Millisekunden ein. Intuition ist also tatsächlich ein
Geistesblitz. Diese enorme Geschwindigkeit macht sie besonders
nützlich in Situationen, die rasches Handeln erfordern.

Intuition geht durch den Magen

Auch die moderne Hirn- und Neurogastroenterologie belegt:
Unser Bauch steht in engem Kontakt mit unserem Denken. Man
kann sogar von einem Bauchhirn sprechen – dem enterischen
Nervensystem (ENS). Es sendet Signale aus dem Darm zum
limbischen System, wo Emotionen verarbeitet werden. So ist
die Intuition gewissermaßen ein Produkt der Kommunikation
zwischen Kopf- und Bauchhirn. Dies erklärt, warum intuitive
Eingebungen die Bezeichnung ›Bauchgefühl‹ verdient haben.

i: ENS

Die Verbindung von Darm und Gehirn: das enterische Nervensystem (ENS). Lange ging man davon aus, dass das ENS ein weitgehend autonom arbeitendes Bauchhirn ist. Durch neuere Forschungen weiß man jedoch: Das ENS steht über den Vagusnerv in enger Verbindung mit dem zentralen Nervensystem. Es handelt sich also keineswegs nur um ein einfaches Verdauungssystem. Vielmehr beeinflusst das ENS auch Emotionen, Denken und insbesondere intuitive Prozesse.

Das ENS besteht aus einem dichten Netzwerk von Neuronen entlang des gesamten Verdauungstrakts. Schätzungen gehen von 200 bis 600 Millionen Nervenzellen aus, die über 30 verschiedene Botenstoffe produzieren, darunter auch Serotonin, das unsere Stimmungslage beeinflusst.

Über die Nervenbahnen des Vagusnervs erhält das Gehirn Signale aus dem Darm. Diese können das intuitive Erleben und Denken modulieren, sodass man durchaus von einem Einfluss des Bauchgefühls auf Entscheidungen sprechen kann. Allerdings funktioniert die Beeinflussung auch in umgekehrter Richtung: Stress und Emotionen aus dem Gehirn wirken sich auf die Funktionen des Darms aus.

Zudem scheinen auch die Bakterien des Darm-Mikrobioms in die Interaktion zwischen Darm und Gehirn involviert zu sein. Hier deutet sich an, dass die Darmflora womöglich intuitives Denken und Emotionen beeinflussen kann.

Das ENS ist also keine isolierte Einheit, sondern über komplexe Rückkopplungsmechanismen mit dem zentralen Nervensystem verbunden. Intuitive Prozesse sind daher kein alleiniges Produkt des Gehirns. Das Zusammenspiel von Darm und Gehirn erweist sich als ein wichtiger Schlüssel zum Verständnis der Entstehung von Intuitionen.

Das potenzielle Wissen

Das intuitive Wissen eines Menschen ist vergleichbar mit dem Konzept der potenziellen Energie in der Physik. Es handelt sich um die ›gespeicherte Energie‹, die bereitsteht, um in aktive Intelligenz umgewandelt zu werden, wenn die Bedingungen stimmen. So wie ein runder Stein auf einem Hügel potenzielle Energie besitzt, die in Bewegungsenergie umschlägt, sobald er zu rollen beginnt. Die interessante Frage ist, wie man diese Energie erkennt und freisetzt.

In der modernen Arbeitswelt wird oft versucht, das menschliche Potenzial zu quantifizieren, zu messen und in Zahlen zu pressen. Die Physik lehrt uns jedoch, dass die Messung von potenzieller Energie von den Bedingungen abhängig ist: der Gravitation, der Masse des Objekts und seiner Position im Raum. Ebenso ist es bei menschlichem Wissen: Kontext und individuelle Gegebenheiten spielen eine erhebliche Rolle.

Die Freisetzung dieser Ressource ist ebenfalls kein lineares Phänomen. Der zuvor beschriebene Stein rollt wahrscheinlich auch nicht in einer geraden Linie den Hügel hinunter. Seine Bahn wird durch eine Vielzahl von Kräften beeinflusst. Und so ist auch der Weg zur Umwandlung von intuitivem Wissen in aktive Intelligenz komplex und von vielen Faktoren abhängig.

Manchmal ist ein Anstoß von außen nötig, etwa durch ein bewegendes Erlebnis oder eine unerwartete Lebenssituation. In anderen Fällen geschieht die Aktivierung von innen heraus, durch Eigeninitiative und selbstgesteuertes Lernen.

Und schließlich darf man nicht vergessen, dass potenzielle Energie sich erst entfaltet, wenn man bereit ist, sie freizusetzen. Ein Stein, der nicht vom Hügel rollt, mag seine Energie behalten, aber er bleibt an seinem Platz. Potenzielles Wissen, das nicht aktiviert wird, mag im Menschen gespeichert sein, aber es führt nicht zu Wachstum oder Entwicklung.

Bringen wir also den Stein ins Rollen.

Techniken

Wie gelingt es also, Verbindung zu dieser subtilen inneren Kraft aufzunehmen? Intuition lässt sich nicht erzwingen oder allein durch Willenskraft aktivieren. Sie wirkt im Verborgenen, abseits des hellen Scheinwerferlichts bewusster Aufmerksamkeit. Um Zugang zu dieser inneren Quelle zu finden, ist eine spezielle Geisteshaltung erforderlich, eine Art mentale Vorbereitung. Methoden wie Achtsamkeitsübungen, Reflexion, das Durchspielen von imaginativen Szenarien und das bewusste Hinauszögern der Urteilsfindung können als Brücken zwischen rationalem und intuitivem Denken dienen.

1. Achtsamkeitsübungen

Achtsamkeit umfasst eine Vielzahl von Übungen, die darauf ausgerichtet sind, den Geist im Hier und Jetzt zu verankern. Diese Praktiken unterbrechen den ununterbrochenen Fluss unserer Gedanken. Sie schaffen dadurch Raum für intuitives Erkennen und lenken die Aufmerksamkeit weg von der äußeren Welt hin zum inneren Erleben.

Das Ziel der Achtsamkeitspraxis ist es, den momentanen Zustand ohne jegliche Bewertung wahrzunehmen. Dadurch wird der Geist von automatischen Reaktionsmustern und voreiligen Urteilen befreit. Indem man sich auf den Atem konzentriert oder körperliche Empfindungen bewusst wahrnimmt, wird die Fähigkeit trainiert, den gegenwärtigen Moment in seiner Ganzheit zu erfassen. Diese Methode schärft die Sinne für die feinen Impulse und Signale, die oft die Wegbereiter intuitiver Einsichten sind. Folgende Achtsamkeitsübungen können im Alltag helfen, Ihre Intuition zu stärken:

- **Tägliche Atemmeditation:** Nehmen Sie sich jeden Tag 5 bis 10 Minuten Zeit für eine Atemmeditation im Sitzen. Richten Sie Ihre Aufmerksamkeit behutsam auf Ihren Atem und beobachten Sie dessen natürlichen Rhythmus. Erlauben Sie Ihren Gedanken, wie Wolken am Himmel vorbeizuziehen, ohne ihnen nachzuhängen.

- **Achtsame Alltagsroutinen:** Führen Sie tägliche Routinetätigkeiten wie Zähneputzen oder Spaziergänge mit voller Absicht und bewusster Aufmerksamkeit durch. Erleben Sie jede Bewegung bewusst und achtsam.

- **Reflektierte Reaktionen:** Gestatten Sie sich nach wichtigen Gesprächen oder Meetings eine Pause von ein bis zwei Minuten, bevor Sie reagieren. Atmen Sie dabei tief, gleichmäßig und achten Sie auf Ihre körperlichen Empfindungen. Was signalisieren diese Ihnen?

- **Aufmerksamkeit für nonverbale Kommunikation:** Seien Sie in Gesprächen besonders aufmerksam auf Ihre eigene Mimik und Körpersprache sowie die Ihrer Gesprächspartner. Dies erhöht die Sensibilität für feine nonverbale Signale.

- **Freundliche Neugier auf Herausforderungen:** Versuchen Sie, unangenehme oder schmerzhafte Erfahrungen mit einer Haltung freundlicher Neugier zu betrachten, anstatt sie sofort zu bewerten. Auch wenn es anfangs herausfordernd sein kann, wird es Ihnen helfen, wichtige intuitive Einsichten zu gewinnen.

2. Reflexion per Journaling

Reflexion ist der Prozess des gedanklichen Innehaltens. Sie dient dazu, das eigene Verhalten, die eigenen Entscheidungen und die zugrunde liegenden Motivationen besser zu verstehen. Ein Tagebuch oder ein Journal können dabei ein hilfreiches Instrument sein. Notieren Sie Ihre Gedanken, Sorgen, Fragen und Erkenntnisse. Sie werden bemerken, dass sich Muster herauskristallisieren, die Ihnen wichtige Hinweise auf Ihre intuitive Sprache geben können. Die schriftliche Fixierung zwingt auch zur Klarheit und verhindert, dass halb geformte Ideen im Nebel des Unbewussten verschwinden.

Hier sind einige spezifische Tipps zur Anwendung der Reflexionstechnik, um die intuitive Entscheidungsfindung zu unterstützen:

- **Tägliches Reflexions-Journal:** Nehmen Sie sich täglich Zeit, um Ihre Gedanken, Gefühle und Tageseindrücke festzuhalten. Berücksichtigen Sie dabei auch Träume, Assoziationen und spontane Einfälle.

- **Reflexion nach Meetings oder Entscheidungen:** Schreiben Sie nach wichtigen Besprechungen oder Entscheidungen Ihre Kerngedanken und Eindrücke nieder. Achten Sie dabei besonders auf intuitive Impulse.

- **Wöchentliche Entscheidungsanalyse:** Reflektieren Sie einmal pro Woche über vergangene Entscheidungen. Versuchen Sie zu erkennen, welche Faktoren eine Rolle gespielt haben. Markieren Sie Momente, in denen Ihre Intuition zum Tragen kam.

- **Beobachtung wiederkehrender Elemente:** Achten Sie auf wiederkehrende Themen, Bilder oder Träume in Ihren Aufzeichnungen. Diese könnten wichtige Hinweise auf die Sprache Ihrer Intuition liefern.

3. Szenario-Technik

Szenario-Techniken sind ein systematischer Ansatz, um verschiedene mögliche Zukünfte oder Ausgänge einer Situation geistig durchzuspielen. Dieses mentale Experimentieren bringt oft Aspekte oder Muster zum Vorschein, die bei einer rein analytischen Herangehensweise verborgen bleiben könnten. Die Technik ermöglicht es, aus herkömmlichen Denkmustern auszubrechen und alternative Realitäten zu erkunden.

Durch das gedankliche Durchspielen von Szenarien simulieren Sie reale Entscheidungsprozesse. Versetzen Sie sich in verschiedene Handlungswege und deren mögliche Auswirkungen. Überlegen Sie, wie Sie sich in diesen alternativen Realitäten fühlen würden und welche Konsequenzen sich daraus ergeben könnten. Diese Übung stärkt Ihr Vorstellungsvermögen und Ihre Fähigkeit zur Mustererkennung. Dadurch lernt das Gehirn, schneller und präziser zu analysieren und dabei auch unbewusste Faktoren einzubeziehen. Das Ziel dieser Technik ist weniger die genaue Vorhersage der Zukunft, sondern das Erkennen von Zusammenhängen und potenziellen Risiken und Chancen. Wenn Sie vor einer wichtigen Entscheidung stehen, praktizieren Sie folgende Schritte:

- **Alternative Zukunftsszenarien:** Stellen Sie sich zwei bis drei alternative Zukunftsszenarien vor und versetzen Sie sich in die jeweiligen Situationen hinein. Achten Sie dabei auf Ihre Emotionen, Körperreaktionen und spontanen Einfälle.

- **Sensorische Simulation:** Nutzen Sie alle Sinne in jedem Szenario. Stellen Sie sich Töne, Gerüche, Farben und Formen so konkret wie möglich vor, um die Simulation lebendig zu gestalten.

- **Variation der Faktoren:** Variieren Sie bewusst Faktoren wie Zeit, Ort und beteiligte Personen. Durch neue Kontexte werden sich neue Perspektiven ergeben.

- **Unwahrscheinliche Entwicklungen:** Überlegen Sie sich auch extrem unwahrscheinliche Szenarien. Diese Art der Imagination hilft, Denkgrenzen zu sprengen.

- **Aufzeichnung intuitiver Eindrücke:** Notieren Sie Ihre intuitiven Eindrücke zu jeder Simulation sofort. Erlauben Sie sich, auch sehr fantasievolle Ideen zu entwickeln.

Je öfter Sie in solche Zukunftsszenarien eintauchen, desto mehr wächst Ihre intuitive Kompetenz im Umgang mit Unsicherheiten und Optionen.

i: Visualisierung

Im Mentaltraining hat sich die Szenario-Technik als äußerst wirksam erwiesen. Dabei werden unterschiedliche Situationen und Ereignisse in der eigenen Vorstellung detailreich visualisiert und mit allen Sinnen erlebt. Man stellt sich beispielsweise den Ablauf eines wichtigen Wettkampfs oder einer herausfordernden beruflichen Aufgabe bildhaft vor. In einer sich wiederholenden, selbstbestimmten Gedankenschleife werden diese Szenarien dann immer wieder durchgespielt. Diese Art der gedanklichen Simulation dient dazu, den Geist auf kommende Ereignisse vorzubereiten. So wird die Fähigkeit gestärkt, intuitiv und flexibel darauf zu reagieren. Indem man sich die Abläufe konkret vor Augen führt, werden mögliche Schwierigkeiten und Lösungsansätze antizipiert. Es ist ein inneres Proben, das eine mentale Landkarte ausbildet, die in der tatsächlich eintretenden Situation abgerufen werden kann.
Die lebhafte Vorstellungskraft ermöglicht also ein virtuelles Training für anstehende Ereignisse. Sie reduziert Unsicherheiten und steigert die Fähigkeit, im entscheidenden Moment konzentriert, selbstsicher und zielgerichtet zu handeln. Es ist der Wechsel vom reaktiven zum proaktiven Denken. Man gestaltet eine Situation aktiv mit, anstatt ihr ausgeliefert zu sein. Durch die visuelle Simulation der Gedanken wird die Entscheidungsfähigkeit in kritischen Momenten trainiert.

4. Verzögerung der Urteilsbildung

Das vorschnelle Ziehen von Schlüssen oder das Fällen rascher Urteile ist ein natürlicher Impuls. Dieser steht jedoch oft im Widerspruch zur Intuition. Die bewusste Entscheidung, ein Urteil aufzuschieben, ohne eine Wahrnehmung sofort in vorgefertigte Kategorien einzuordnen, schafft Raum. Hier haben der Körper und das Unterbewusstsein eine Aktionsfläche, um die Informationen zu verarbeiten. Dieses Zögern schafft eine Pause, in der die Intuition Zeit findet, sich auszudrücken. Praktizieren Sie folgende Schritte:

- **Bewusste Atempausen:** Nehmen Sie sich bei wichtigen Entscheidungen Zeit für tiefe Atemzüge, um sich eine bewusste Auszeit zu geben.

- **Zählen als Denkpause:** Zählen Sie bis 10 oder 20, bevor Sie auf neue Informationen reagieren, um Raum für Ihre Intuition zu schaffen.

- **Visuelle Stopp-Signale:** Visualisieren Sie das Bild einer roten Ampel oder eines Stoppschildes, um vorschnelle Urteile zu bremsen.

- **Offene Fragen stellen:** Anstatt sofort eine Meinung zu bilden, stellen Sie sich selbst offene Fragen, wie: »Was könnte hier noch wichtig sein?«

- **Urteile intern formulieren:** Halten Sie Ihre Urteile zunächst für sich. Nehmen Sie sich Zeit, bevor Sie sie äußern, insbesondere bei wichtigen Entscheidungen.

- **Selbstreflexion:** Überprüfen Sie Ihre spontanen Einschätzungen im Nachhinein, um zu sehen, ob sie noch Bestand haben oder angepasst werden müssen.

5. Körperliche Wahrnehmung

Intuition umfasst nicht nur mentale, sondern auch körperliche Aspekte. Der Körper sendet Signale, die für intuitive Entscheidungen ausschlaggebend sein können. So können ein Unwohlsein im Magen oder eine Verspannung im Nacken auf Probleme hindeuten. Ein Gefühl der Leichtigkeit und Energie kann ein positiver Indikator sein. Techniken wie Körperwahrnehmungsmeditation oder Atemübungen helfen, diese Signale besser wahrzunehmen und zu deuten. Diese Techniken haben gemeinsam, dass sie eine Form der inneren Ordnung und Klarheit schaffen. Sie machen den Geist durchlässig für die feinen Signale, die sonst im Rauschen des Alltags untergehen würden. Hier einige Tipps, wie Sie die Körperwahrnehmung zur Stärkung Ihrer Intuition einsetzen können:

- **Bewusstes Körper-Scanning:** Spüren Sie vor einer Entscheidung für eine Minute bewusst in Ihren Körper hinein. Achten Sie auf Bereiche mit Anspannung oder Leichtigkeit.

- **Atemfokussierung:** Atmen Sie vor wichtigen Terminen tief ein und aus. Konzentrieren Sie sich dabei auf den Atem und Ihren Bauchraum. Beobachten Sie, wie sich dieser anfühlt.

- **Entscheidungshilfen:** Stellen Sie sich die Vor- und Nachteile einer Option vor. Achten Sie darauf, ob sich Ihre Körperhaltung oder Atmung dabei verändert.

- **Stresssymptome als Hinweise:** Interpretieren Sie körperliche Stressanzeichen wie Verspannungen oder Magendruck als wertvolle intuitive Signale.

- **Achtsamkeit bei Anspannung und Müdigkeit:** Vermeiden Sie endgültige Entscheidungen in Momenten starker Anspannung oder großer Müdigkeit.

INTUITION MAP

Intuition-Mapping

Intuition-Mapping ist eine Methode, die der Visualisierung und Strukturierung intuitiver Gedanken dient und als Werkzeug zur Problemlösung eingesetzt wird. Es macht intuitive Prozesse sichtbar und leichter mitteilbar. Ziel ist es, das Flüchtige und Individuelle der Intuition in eine strukturierte Darstellung zu überführen, um eine bewusste Analyse und Vertiefung in Problemlösungsfragen zu ermöglichen.

Das Intuition-Mapping beginnt mit speziellen Fragen, welche die sensorische Wahrnehmung und das unterbewusste Wissensreservoir ansprechen. Dabei unterscheidet sich die ›Sprache‹ der Intuition von derjenigen, die wir im Alltag verwenden. Im Frage-Antwort-Prozess drückt sie sich meist durch Schlüsselbegriffe, Symbole, Formen, Bilder und Submodalitäten aus.

Die anschließende visuelle Darstellung hilft dabei, weniger offensichtliche Gedankengänge und unbewusste Wissensbestandteile zu erkennen. Hierfür werden alle Notizen und Aussagen, die während des Frage-Antwort-Prozesses festgehalten wurden, auf ein physisches oder digitales Medium übertragen. Die so vervollständigte Arbeitsfläche (Canvas) bildet eine Landkarte der Intuition ab, die einen Überblick über die intuitiven Einsichten bietet.

Diese Leinwand enthält in der unteren Hälfte einen spezifischen Abschnitt zur Problemlösung: den G.R.O.W.T.H.-Bereich. Alle Informationen, die während des Intuition-Mappings gesammelt werden, fließen hier in einen kreativen Lösungsprozess ein. Dadurch wird die Umwandlung von intuitiven Eingebungen in praktische Handlungspläne ermöglicht.

Durch das Intuition-Mapping und die Arbeit mit der Canvas können Teams oder Einzelpersonen ganze Veränderungsprozesse entwerfen und kontrollieren.

DIN A3 - Vorlage zum Download
auch über www.lautdenker.de

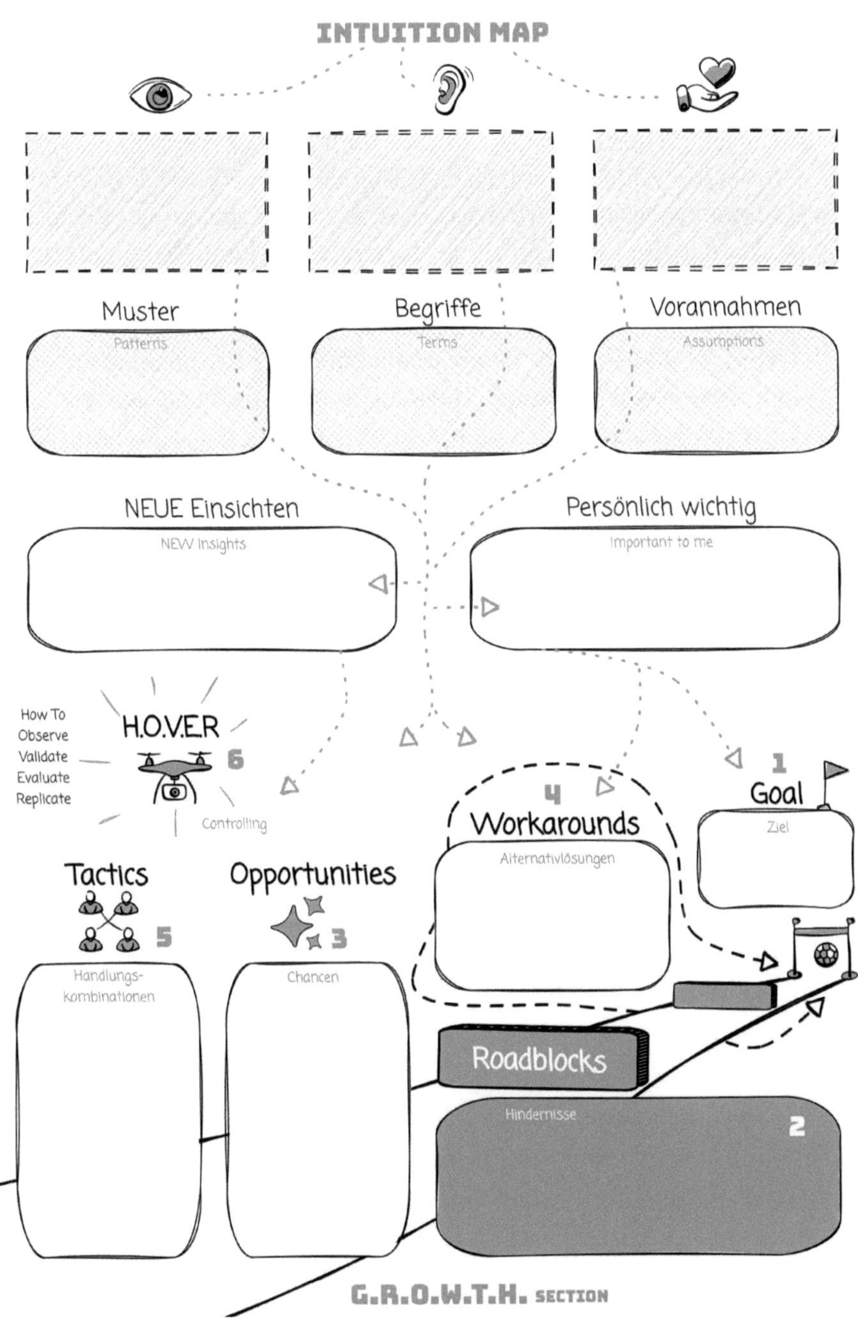

INTUITION MAP
Muster
Patterns
Begriffe
Terms
Vorannahmen
Assumptions
NEUE Einsichten
NEW Insights
Persönlich wichtig
Important to me
How To
Observe
Validate
Evaluate
Replicate
H.O.V.E.R
6
Controlling
Workarounds
Alternativlösungen
4
Goal
Ziel
1
Tactics
5
Handlungs-
kombinationen
Opportunities
3
Chancen
Roadblocks
Hindernisse
2
G.R.O.W.T.H. SECTION

1. PREPARE – Die Ergebnisfrage

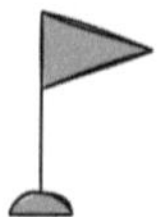

Die PREPARE-Phase des Intuition-Mappings beginnt mit der Formulierung einer Ergebnisfrage. Sie definiert den Bereich, in dem Sie inspirierende Antworten erwarten. Auf diese Weise lenken Sie Ihre unbewussten Ressourcen auf das Thema, das Ihnen wichtig ist. Die Qualität der von Ihnen formulierten Frage bestimmt die Qualität der Antworten. Nehmen Sie sich ausreichend Zeit, Ihre Frage ›offen‹ und ›gut‹ zu formulieren.

›**Offen**‹ bedeutet, die Fragen so allgemein zu verfassen, dass sie dem Unterbewusstsein Raum geben, um kreativ zu antworten.

›**Gute**‹ Fragen zeichnen sich dadurch aus, dass sie konstruktiv und lösungsorientiert formuliert sind. Sie geben der Intuition Richtung und Raum, um möglichst viele ergebnisorientierte Rückmeldungen anzubieten.

Beispiele:

- »Welche Chancen und Potenziale eröffnen sich uns durch die Digitalisierung in unserer Abteilung?«

- »Was sind innovative Vertriebsansätze, um neue Kundenkreise zu erschließen?«

Diese Fragen sind offen formuliert und zielen darauf ab, Ressourcen und Lösungsansätze zu aktivieren. Sie regen die Intuition an, in eine konstruktive Richtung zu denken.

›**Schlechte**‹ Fragen sind hingegen solche, die blockieren, negativ formuliert sind oder die Intuition begrenzen.

- »Warum schaffen wir es nicht, von der Digitalisierung zu profitieren?«

- »Warum klappt die Neukundengewinnung trotz unserer Bemühungen nicht?«

Hier wird die Intuition in eine problematische Richtung gelenkt und eher Negatives aktiviert. Sie werden auf Misserfolg und Blockaden fokussierte Antworten liefern.

Ein weiterer guter Ansatz ist es, Fragen mit **»Wie könnte ich ...«** oder **»Was wäre, wenn ich ...«** zu beginnen und dann das Ergebnis oder den Prozess zu benennen. Vermeiden Sie eine Eingrenzung auf bestimmte Lösungsansätze oder Vorgaben, wie die Intuition zu Antworten gelangen soll.

- »Wie könnten wir unseren Kundenservice so erfolgreich gestalten, dass man über unsere gute Arbeit redet?«

- »Welche völlig neuen Wege bieten sich mir an, um den Vertrieb innovativ zu gestalten?«

Wenn die Ergebnisfrage sauber ausformuliert und verinnerlicht ist, weisen Sie ihr ein Codewort zu. Die Verdichtung der Frage auf einen solchen stellvertretenden Begriff vereinfacht den nachfolgenden Ablauf, weil nicht immer die ganze Ergebnisfrage ausgesprochen oder wiederholt werden muss. Das Codewort ist der Orientierungspunkt für die intuitiven Antworten

i: Immersionsfragen

Immersionsfragen zielen darauf ab, Menschen in ihre eigene Wahrnehmungswelt zu führen. So gelingt der Zugang zu ihrer Intuition und ihrem kreativen Potenzial. Diese Fragen zeichnen sich dadurch aus, dass sie alle Sinne einzeln ansprechen. Sie regen an, sich Szenarien in allen sensorischen Dimensionen lebhaft vorzustellen. Diese Fragen beginnen oft mit Formulierungen wie »Stell dir vor ...«, »Visualisiere ...« oder »Was siehst du, wenn du jetzt die Augen schließt?«.
Durch gezieltes Variieren der sog. ›Submodalitäten‹ werden unterbewusste Ressourcen leichter zugänglich: Es folgen detaillierte Nachfragen zu visuellen, akustischen und haptischen Aspekten wie Farben, Formen, Texturen, Geräuschen, Gerüchen und Körperempfindungen.
Durch Modifikationen wie »Zoom Dich näher heran« oder »Stelle es Dir einmal noch größer vor« intensiviert sich die Wahrnehmung weiter.

2. CONNECT - Die Immersionsfragen

Die CONNECT-Phase dient dazu, eine Verbindung zum Unterbewusstsein herzustellen. Dafür setzen Sie sich zu zweit in einer ruhigen Umgebung zusammen.

- Person 1 übernimmt die Rolle des Fragenden und führt Person 2 durch den Prozess. Dazu liest Person 1 die vorher erarbeitete Ergebnisfrage vor. In sanftem Ton und langsam beginnt sie mit einigen Einleitungsworten, um eine Atmosphäre der Vertrautheit und Entspannung zu erzeugen.

- Person 2 darf die Augen schließen, tief atmen und die Gedanken auf das Ergebnis lenken. So kann sie sich zentrieren und nach innen richten.

- Person 1 stellt nun die Fragen und achtet darauf, diese deutlich, aber in ruhigem Ton vorzutragen. Sie bereitet sich auch darauf vor, Notizen zu machen, um wichtige Punkte festzuhalten.

Es werden die zentralen Begriffe notiert, möglichst wortgetreu und ohne Umformulierung. Diese unverfälschten Aufzeichnungen geben Einblick in die Gedankenwelt der antwortenden Person. So kann diese später ihre Antworten besser analysieren und das eigene Erleben vertiefen. Diese Form der Interaktion ermöglicht es Person 2, sich uneingeschränkt auf den inneren Dialog und die intuitiven Antworten zu konzentrieren.

Wichtig ist die möglichst originalgetreue Aufzeichnung der Antworten. Dies bedeutet, dass einzelne Wörter oder ganze Sätze so festgehalten werden, wie sie geäußert wurden, möglichst ohne Paraphrasierung oder Verwendung von Synonymen.

Wenn Person 2 auf die Frage »Wie fühlt sich das Ziel für dich an?« mit »Es fühlt sich wie eine aufregende Herausforderung an« antwortet, sollte genau dieser Satz oder »aufregende Herausforderung« aufgeschrieben werden. Umformulierungen wie »spannende Aufgabe« oder »Ich finde es herausfordernd und spannend« sind irreführend.

Einleitung

Beginnen Sie das Intuition-Mapping mit dem Einleitungstext und den anschließenden Fragestellungen. Jede Session dauert etwa 20 Minuten, gefolgt vom anschließenden Übertrag der Erkenntnisse auf die Canvas.

» *Ich werde Dich nun durch Deine Gedankenreise begleiten. Wenn Du magst, schließe Deine Augen, atme tief ein und aus und lenke Deine Gedanken auf die Ergebnisfrage.* **[Pause]**

» *Was bewegt Dich, wenn Du an die Aufgabe denkst?* **[Antwort abwarten]**

» *Von nun an verwende ich das* **CODEWORT**. *Kannst Du es mir nochmal nennen?* **[Antwort abwarten]**

» *Sehr gut. Ich werde Dir jetzt einige Fragen stellen, die Deine sensorische Wahrnehmung ansprechen.*

» *Da werden Bilder sein, die Dich leiten.* **[Pause]**

» *Achte auch auf die Geräusche und Töne, die Du wahrnehmen wirst, wenn Du an* **CODEWORT** *denkst.* **[Pause]**

» *Und wie wird es sich anfühlen? Weißt Du bereits, wo Du es fühlen wirst?* **[Pause]**

» *Wie verändert sich diese Qualität, wenn Du jetzt tiefer ein- und wieder ausatmest?* **[Pause]**

» *Ich werde viele Deiner Antworten aufschreiben. Ungefiltert, so wie Du sie äußerst.*

Immersionsfragen - Sehen

» *Welche Bilder tauchen auf, wenn Du an* **CODEWORT** *denkst? Konzentriere Dich auf die Klarheit dieser Bilder. Sind sie fokussiert oder verschwommen?*

» *Liegt der Fokus auf einem bestimmten Aspekt des Bildes oder ist das gesamte Bild gleichmäßig sichtbar?*

» *Atme tief ein und aus.*

» *Achte darauf, wie sich Dein Atemrhythmus auf Deine innere Wahrnehmung auswirkt.*

» *Verändert sich das Bild, wenn Du entspannter bist? Konzentriere Dich auf die Bilder, die in Deinem Kopf auftauchen.*

» *Beachte, ob diese Bilder statisch oder dynamisch sind. Bewegen oder verändern sie sich über die Zeit?*

» *Was geschieht, wenn Du die Bilder in ihrer Intensität verstärkst, sie in Farbe und Detailreichtum erweiterst?*

» *Versuche nicht nur Farben und Details zu verstärken, sondern auch die Tiefe und den Raum im Bild. Vielleicht fügst Du mehr Dimension hinzu. Gibt es einen Vordergrund und einen Hintergrund?*

» *Wie verändern sich die Bilder, wenn sie größer, heller oder schärfer werden?*

» *Experimentiere mit der Distanz des Bildes. Kommt es näher an Dich heran oder entfernt es sich?*

» *Verändert sich dadurch die emotionale Wirkung des Bildes auf Dich?*

Immersionsfragen - Fühlen

» *Wie fühlt sich **CODEWORT** in Deinem Körper an?*

» *Identifiziere die genaue Qualität dieses Gefühls. Ist es leicht oder schwer, warm oder kalt? Bewegt es sich oder ist es statisch?*

» *Atme tief ein und aus. Beobachte, wie sich Dein Körpergefühl mit jedem Atemzug bewegt. Verändert sich die Intensität oder die Position des Gefühls im Körper beim Ein- und Ausatmen?*

» *Konzentriere Dich auf die Stelle in Deinem Körper, an der Du **CODEWORT** spüren kannst.*

» *Versuche, die genaue Größe und Form des Gefühls an dieser Stelle zu bestimmen. Ist es punktuell konzentriert oder verteilt sich das Gefühl über einen größeren Bereich?*

» *Was geschieht, wenn Du das Gefühl von **CODEWORT** im Körper verstärkst und erweiterst?*

» *Experimentiere damit, das Gefühl in benachbarte Körperbereiche auszudehnen. Verändert sich dadurch die Qualität oder Intensität des Gefühls?*

» *Wie ist es, wenn es größer, kleiner oder intensiver wird?*

» *Beobachte, ob sich das Gefühl in seiner Textur oder Temperatur verändert, wenn Du seine Größe oder Intensität anpasst. Wird es bei größerer Intensität heißer oder kühler, rauer oder glatter?*

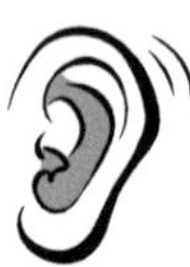

Immersionsfragen - Hören

» *Welche Geräusche oder Töne hörst Du, wenn Du an* **CODEWORT** *denkst?*

» *Atme tief ein und aus und konzentriere Dich auf das, was Du hören kannst in Deiner virtuellen Umgebung.*

» *Unterscheide zwischen verschiedenen Arten von Geräuschen. Sind es Stimmen, Musik, Naturgeräusche oder etwas anderes?*

» *Wie ist die Tonqualität – klar, dumpf, hoch, tief?*

» *Lenke Deine Aufmerksamkeit auf die Geräusche und Töne in Deinem Kopf. Versuche zu erkennen, ob sie eine Richtung oder einen Ursprungsort haben.*

» *Kommen sie von innen oder außen, von vorn, hinten, oben oder unten?*

» *Wie verändern sich die Geräusche und Töne, wenn sie lauter, leiser, deutlicher oder räumlicher werden?*

» *Achte darauf, wie sich Dein Atem auf die Wahrnehmung auswirkt. Verändern sich die Geräusche und Töne mit dem Rhythmus Deines Atems?*

» *Was geschieht, wenn Du die Geräusche verfeinerst und verstärkst, um mehr Klarheit zu bekommen?*

» *Experimentiere damit, bestimmte Elemente der Geräusche hervorzuheben oder abzuschwächen. Verändert sich dadurch der emotionale oder konzeptionelle Kontext des Geräusches?*

i: Meta-Kognitionsfragen

Meta-Kognitionsfragen sind ein Instrument der Selbstreflexion und des tieferen Verständnisses von Denkprozessen. Sie ermöglichen es, über das eigene Lernen nachzudenken, indem sie zur Analyse und Bewertung des eigenen Wissens und Verstehens anregen.

Solche Fragen können sich darauf beziehen, wie man sich einem Problem nähert, welche Strategien man anwendet und wie effektiv diese sind. Sie dienen dazu, das eigene Verständnis des jeweiligen Themas zu überprüfen und zu vertiefen.

In der Praxis bedeutet das, Fragen wie »Wie bin ich / bist Du zu dieser Antwort gekommen?« oder »Welche Schritte habe ich / hast Du unternommen, um diese Aufgabe zu lösen?« zu stellen.

Durch Meta-Kognitionsfragen wird die Fähigkeit gefördert, eigene Lernprozesse zu steuern und zu optimieren. Sie sind daher ein zentrales Element im Wissensaufbau und beim selbstständigen Lernen.

3. REFLECT - Die Meta-Kognitionsfragen

Nach Beendigung der CONNECT-Phase nehmen Sie sich einen Moment Zeit, um Ihre Gedanken und Eindrücke zu reflektieren. Überlegen Sie, welche Aspekte noch unklar sind, und nutzen Sie die Meta-Kognitionsfragen, um tiefergehende Einsichten zu gewinnen.

> » *Wie hast Du den Prozess während des Fragenstellens und die Immersionsfragen erlebt? Wie haben Dich Deine Gedanken beeinflusst?*

Abfrage des inneren Dialogs: Unsere innere Stimme begleitet uns ständig mit ihren Kommentaren und Bewertungen, was unsere Gefühlswelt maßgeblich prägt. Positive Gedanken heben die Stimmung, Selbstzweifel und Ängste dämpfen sie jedoch. So wirkt die innere Konversation auf unser emotionales Wohlbefinden ein. Freude ermöglicht Kreativität und Tatendrang – Sorge hemmt uns. Der innere Monolog steuert auf diese Weise unsere Ziele und Prozesse, indem er unsere Handlungsfähigkeit formt.

> » *Welche Hoffnungen oder Befürchtungen wurden bei Dir durch Deine Gedanken geweckt?*

Unbewusste Annahmen und Zielwahrnehmung: Die Einstellung zu einem Ziel oder einem Prozess wird auch von Erwartungen und Befürchtungen geprägt. Wir haben Vorstellungen darüber, was auf uns zukommen könnte: Dinge, die schiefgehen könnten, wie andere reagieren mögen oder welche fantastischen Möglichkeiten sich durch das Ziel eröffnen würden. Eine rationale Grundlage dafür existiert selten. Dennoch treffen wir auf Basis solcher Annahmen Entscheidungen, die bestimmte Handlungsoptionen von vornherein ausschließen oder bevorzugen. Dadurch verengen wir den Blick auf das scheinbar Machbare, ohne die tatsächlichen Möglichkeiten vollständig auszuloten.

Erkennung mentaler Schablonen: Persönliche Werte und Überzeugungen bilden die Grundlage unserer Weltanschauung. Sie prägen, wie wir Ziele wahrnehmen und Prozesse beurteilen. Bestimmte Handlungsoptionen erscheinen uns attraktiv, weil sie unseren Prinzipien entsprechen; andere lehnen wir ab, weil sie unseren Maßstäben widersprechen. Im Prinzip sind es mentale Schablonen, die bestimmen, wie wir die Welt betrachten. Sie zu erkennen und anzunehmen hilft dabei, sie zu verändern.

Neubetrachtung und Einordnung von Assoziationen: Diese Frage dient dazu, unbewusste Assoziationen zu identifizieren, die mit dem Ziel oder Prozess verbunden sind. Schlüsselwörter oder Phrasen können Aufschluss über eine innere Haltung, verborgene Motivationen oder bisher ignorierte Hinweise geben.

Selbstreflexion und neue Sichtweisen: Häufig sind wir von bestimmten Annahmen und Schlussfolgerungen so überzeugt, dass wir sie als gegeben hinnehmen. Dass es sich dabei um blinde Flecken unserer Wahrnehmung oder um Vorurteile handeln könnte, kommt uns nicht in den Sinn. Insbesondere bei dieser Frage treten neue Einsichten in fragiler Form auf und können noch nicht klar formuliert werden. Diese Fragmente der Intuition brauchen besondere Aufmerksamkeit.

4. CANVAS: Der Übertrag
Die Landkarte der Intuition

Sammeln Sie alle Antworten, Aussagen und Notizen und übertragen Sie diese in den oberen Teil der Canvas. Dabei werden die während der CONNECT-Phase entstandenen visuellen, auditiven und kinästhetischen Eindrücke in die entsprechend symbolisierten Bereiche eingefügt. Schreiben Sie in die jeweiligen Felder also das, was Sie gesehen, gehört und gefühlt haben. Die Antworten der REFLECT-Phase erfassen Sie in den darunter liegenden Feldern.

- **Muster (Patterns):** Hier werden Überzeugungen, wiederkehrende Themen oder aufgetretene Muster verschriftlicht, die im Verlauf des Prozesses identifiziert wurden.

- **Begriffe (Terms):** In dieses Feld tragen Sie spezifische Begriffe oder Phrasen ein, die Ihnen während der Reflexion in den Sinn gekommen sind.

- **Vorannahmen (Assumptions):** Unter diesem Punkt notieren Sie alle Befürchtungen oder positiven Erwartungen, die während der REFLECT-Phase aufgetaucht sind.

- **NEUE Einsichten (NEW Insights):** In diesem Bereich der Intuition-Map dokumentieren Sie neue Erkenntnisse, die Sie während der CONNECT- und REFLECT-Phasen gewonnen haben.

- **Persönlich wichtig (Important to me):** Tragen Sie in diesem Feld alles ein, was Ihnen für das Erreichen der Ziele wichtig erscheint. Was spielt aus Ihrer Sicht eine besonders große Rolle und sollte unbedingt beachtet werden?

Beachten Sie: Erkenntnisse, die Ihnen bereits vertraut sind, die sich aber während des Prozesses immer wieder gezeigt haben, sollten in die Bereiche ›Muster‹ oder ›Begriffe‹ eingeordnet werden. Wenn diese Gedankengänge bereits etabliert sind, haben sie den Charakter mentaler Schablonen. Ganz gleichgültig, ob sie sich als nützlich oder überholt erwiesen haben.

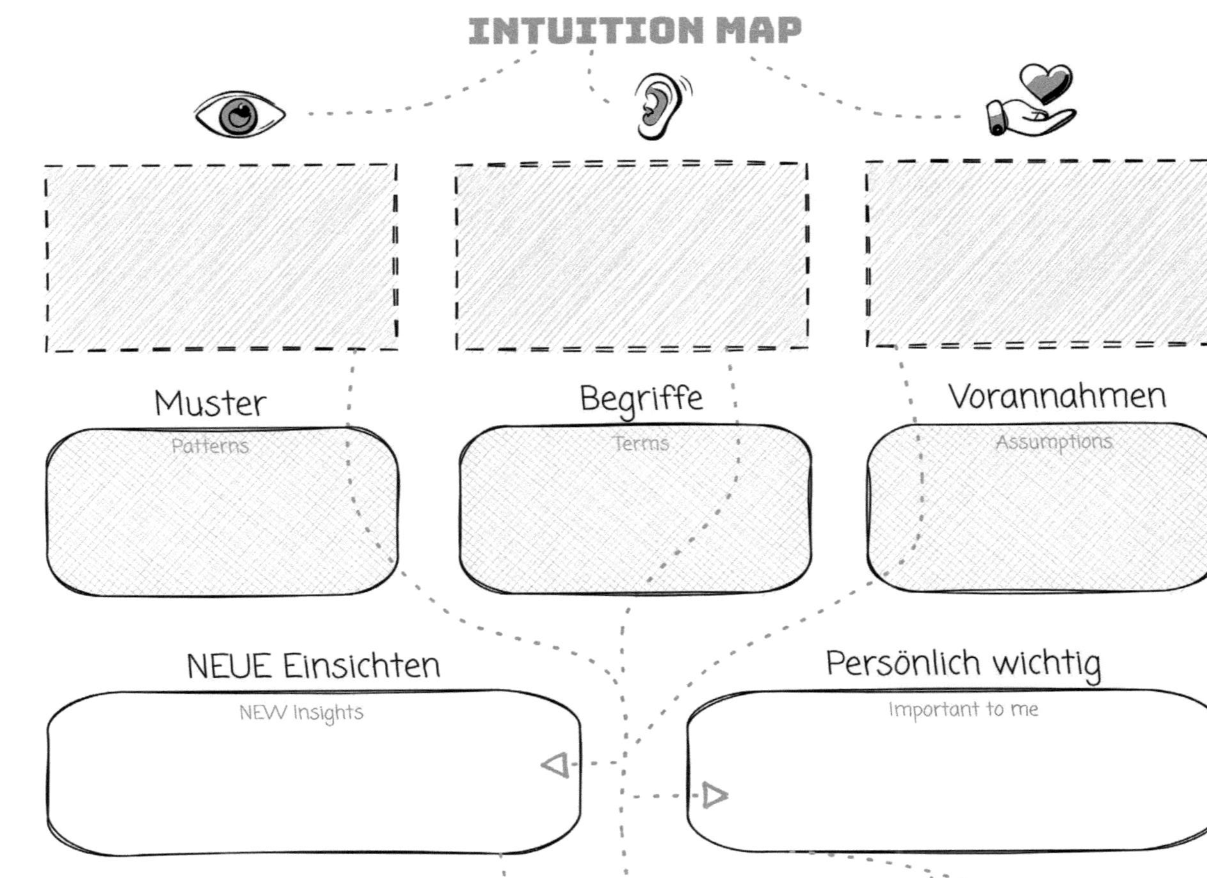

INTUITION MAP
Muster
Patterns
Begriffe
Terms
Vorannahmen
Assumptions
NEUE Einsichten
NEW Insights
Persönlich wichtig
Important to me

G.R.O.W.T.H.

Die in der oberen Hälfte der Canvas eingetragenen Ergebnisse sind die Basis für die Arbeit mit dem G.R.O.W.T.H.-Modell. Es arbeitet nach dem Prinzip des Reverse Engineerings, indem der Prozess ausgehend vom Endergebnis betrachtet wird. Dabei werden die sechs Stationen von G.R.O.W.T.H. systematisch durchlaufen.

Es beginnt mit der Zieldefinition, dann werden Hindernisse, vorhandene Ressourcen und Chancen identifiziert. Im nächsten Schritt werden alternative Lösungswege entwickelt, gefolgt von der Entwicklung unterschiedlichster Handlungskombinationen. Zum Schluss kommen die Überwachung und Steuerung des Prozesses, um den Fortschritt zu verfolgen.

So führt G.R.O.W.T.H. strukturiert vom Ziel zur konkreten Umsetzung und Kontrolle. Das zuvor durchgeführte Intuition-Mapping bewirkt dabei ein selbstreferenzielles Priming: Es aktiviert unterbewusste Ressourcen, was ideale Bedingungen schafft, um mit bisher ungenutzten Potenzialen neue Lösungswege zu finden.

Schauen wir uns die G.R.O.W.T.H.-Stationen einmal genauer an.

Das G.R.O.W.T.H.-Modell dient auch als Instrument, um die Zusammenarbeit zwischen verschiedenen Abteilungen bei der Bewältigung gemeinsamer Aufgaben zu strukturieren. Dabei wird es unabhängig vom Intuition-Mapping eingesetzt, um einen strukturierten Rahmen zu schaffen, der den Übergang von der Problemidentifikation zu potenziellen Lösungen beschleunigt.

Im nächsten Kapitel wird seine Anwendung speziell für die sogenannten ›Cross-Pollination-Point‹-Meetings (CPPs) empfohlen.

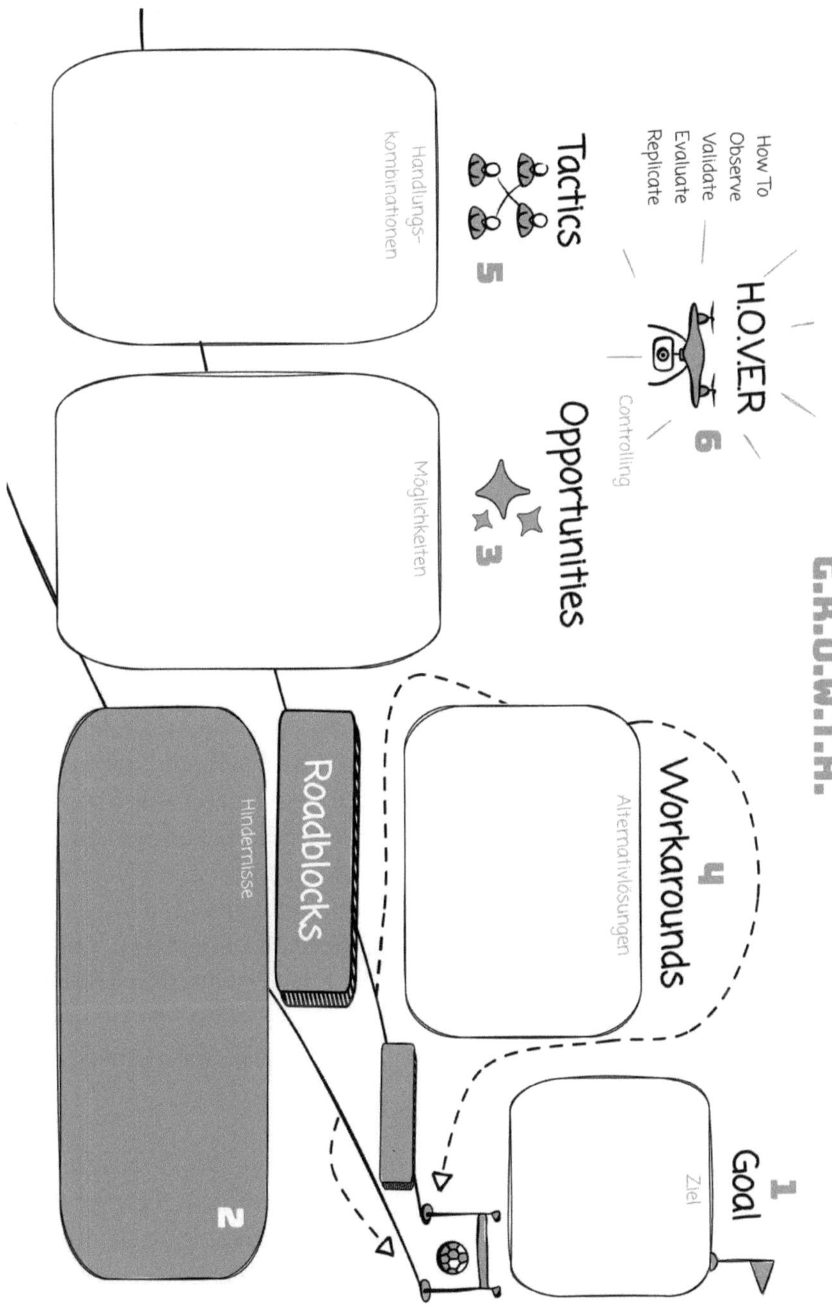

DIN A3 - Vorlage zum Download
auch über www.lautdenker.de

G: Goal (Ziel)

Definieren Sie ein verständliches, präzises Ziel, das idealerweise spezifisch, messbar und auch erreichbar ist. In der Formulierung der Ergebnisfrage aus der PREPARE-Phase steckt schon der Kern des zu formulierenden Ziels. Wenn Sie im Rahmen des G.R.O.W.T.H.-Modells im Team arbeiten, schaffen Sie bitte ein einheitliches Verständnis für die Zielsetzung.

R: Roadblocks (Hindernisse)

Sammeln und benennen Sie die Hindernisse, die der Zielerreichung im Weg stehen. Eine gründliche Analyse der möglichen Schwierigkeiten, ihrer Komplexität und potenziellen Auswirkungen auf den Gesamtprozess ist wichtig. Klarheit und Vollständigkeit minimieren Überraschungen im Prozess und ermöglichen eine realistische Planung.

O: Opportunities (Chancen)

Nehmen Sie sich ausreichend Zeit, um alle verfügbaren internen und externen Ressourcen aufzulisten, die hilfreich sein könnten, um das Ziel zu erreichen. Dazu zählen nicht nur Menschen, Wissen und technische Mittel, sondern auch ganze Netzwerke oder bereits bestehende Prozesse. Identifizieren Sie diese Ressourcen systematisch und vermeiden Sie eine vorschnelle Bewertung der Praxistauglichkeit. Ein Urteil über den tatsächlichen Nutzen in möglichen Einsatzszenarien erfolgt erst später. Die Identifikation dieser Chancen sollte kreativ und umfassend sein, um das volle Handlungspotenzial zu erschließen.

W: Workarounds (Alternativlösungen)

Durch die ausgiebige Beschäftigung mit den vorhandenen Ressourcen und Chancen (Opportunities), entstehen erste Ansätze für Workarounds, alternative Lösungswege oder mögliche Ausweichszenarien. Diese Phase des Prozesses ermutigt, kreativ zu denken und über den Tellerrand hinauszublicken. Begleitet durch die Präsenz intuitiver Ressourcen werden sich

Handlungswege zeigen, die Sie noch nicht in Betracht gezogen haben. Gleichzeitig ist es wichtig, sich auch bewährte Lösungen anzusehen, die in ähnlichen Situationen bereits Erfolg gebracht haben. Analysieren Sie diese früheren Erfolgsbeispiele. Versuchen Sie zu verstehen, warum sie funktioniert haben, und wie sie möglicherweise an Ihre Bedürfnisse angepasst werden können.

T: Tactics (Handlungskombinationen)

 Als vorletzte Stufe bereiten Sie sich auf die Entwicklung eines konkreten Aktionsplans vor: Handlungskombinationen als Abfolge von Einzelschritten in Richtung Ziel. Was sind die spezifischen Schritte, die unternommen werden müssen, um sich konstant vom Projektstart in Richtung Ziel zu bewegen? Für jede geplante Aktion sollten idealerweise zwei oder drei alternative Herangehensweisen oder Ausweichhandlungen in Betracht gezogen werden. Dies ermöglicht eine flexible Anpassung an veränderte Bedingungen oder unvorhergesehene Herausforderungen. Bei der Ausarbeitung dieser Schritte sollten Sie folgende Aspekte berücksichtigen:

- **Klarheit der Aktionen:** Definieren Sie jede Aktion so klar und detailliert wie möglich. Dies beinhaltet, was getan werden muss, wer dafür verantwortlich ist, und wann es ausgeführt werden soll.

- **Realistische Einschätzung:** Beurteilen Sie die Machbarkeit und Wirksamkeit jeder Aktion. Stellen Sie sicher, dass die Ressourcen und Fähigkeiten zur Ausführung vorhanden sind.

- **Alternative Ansätze:** Überlegen Sie sich für jede geplante Aktion alternative Wege. Dies könnte bedeuten, unterschiedliche Methoden oder Werkzeuge zu berücksichtigen, die zum gleichen Ziel führen können (ggf. Neubetrachtung der Workarounds).

- **Planung von Ausweichhandlungen:** Entwickeln Sie für jede Aktion einen Plan B (und gegebenenfalls Plan C). Seien Sie vorbereitet, falls die ursprüngliche Vorgehensweise nicht wie erwartet funktioniert. Dies erhöht die Flexibilität und Resilienz des gesamten Prozesses.

Sollten Sie die Canvas als Team bearbeiten, beinhaltet ›Tactics‹ auch die Zuweisung von Verantwortlichkeiten, die Festlegung von Zeitplänen und die Definition von Meilensteinen. Die jeweiligen taktischen Kombinationen sollten präzise formuliert sein und realistisch erscheinen.

H: H.O.V.E.R.

Das Akronym H.O.V.E.R. steht für ›How to, Observe, Validate, Evaluate, Replicate‹. Es ist der letzte vorbereitende Schritt und bezieht sich auf die Koordination von Methoden und Maßnahmen, die für das Tracking und die Bewertung des Fortschritts wichtig sind. Bevor taktische Planungen zu echten Handlungen werden, müssen wesentliche Aspekte geklärt und ggf. im Team abgestimmt sein:

- **How To:** In welcher Form, an welchem Ort, zu welchem Zeitpunkt und mit welchen Beteiligten soll der Prozess jetzt beginnen? Definieren Sie den Ablauf so detailliert wie möglich, inklusive der wesentlichen Aspekte wie Zeitrahmen, involvierte Personen und Orte.

- **Observe:** Welche Methoden und Werkzeuge werden eingesetzt, um kontinuierlich Informationen über den Prozess zu sammeln und bei Bedarf auszutauschen, um so einen ständigen Überblick zu gewährleisten?

- **Validate:** Wie wird überprüft, ob alles nach Plan verläuft oder ob Anpassungen nötig sind?

- **Evaluate:** Diese Phase tritt nach Abschluss des Prozesses ein, in der zurückgeblickt wird, um zu analysieren, was gut lief und was verbessert werden könnte.

- **Replicate:** In dieser Phase wird entschieden, ob und wie die im Prozess gewonnenen Erfahrungen für zukünftige Projekte genutzt werden können und/oder ob ein neuer G.R.O.W.T.H.-Zyklus gestartet werden soll.

Nachdem alle Schritte und Aspekte des G.R.O.W.T.H.-Modells gründlich durchdacht wurden, beginnt die Umsetzungsphase. Die Opportunities werden adressiert, angesprochen oder aktiviert. Gemeinsam wird an den Roadblocks gearbeitet und/oder es werden Workarounds genutzt. So erhöhen Sie die Wahrscheinlichkeit, Ihr Ziel zu erreichen.

Auch bei größter Sorgfalt und Genauigkeit sollten Sie offen für mögliche Abweichungen vom gefühlt ›idealen Plan‹ bleiben. Der Weg der Zielerreichung wird ein kontinuierlicher Lern- und Entwicklungsprozess sein, der ständig Verbesserungen und Anpassungen einfordert. Resilienz ist auch hier ein guter Begleiter.

Fazit

Es mag eine ungewöhnliche Vorgehensweise sein, sich so intensiv mit den eigenen unterbewussten Ressourcen zu beschäftigen. Doch sie werden Ihnen nützlich sein. Sportler, Sicherheitskräfte, versierte Verhandler – sie alle vertrauen auf ihre intuitive innere Stimme. Schließlich ist sie das Ergebnis jahrelanger eigener Erfahrung und stetigen Wissenszuwachses. Wenn Sie es zulassen, wird sie ihre Unterstützung anbieten. Und das in Situationen, in denen die rationale Analyse an ihre Grenzen stößt.

Wenn die Intuition das Resonanzfeld Ihrer eigenen Erfahrungen darstellt, ist die Aufforderung, ihr mehr zu vertrauen, eigentlich eine Anmaßung. Immerhin ist sie der Kern Ihres Seins, die Essenz Ihrer Lebenswege. Mit diesem verinnerlichten Schatz ist niemand so vertraut wie Sie selbst.

Warum sollten Sie also zögern, ihr Gehör zu schenken?

»Das Neue braucht Freunde.«
Anton Ego

Signifikanz

Die bedeutsame Auswirkung

Im Wettbewerb entscheiden sowohl der vom Kunden wahrgenommene als auch der faktisch erzeugte Unterschied zu anderen Marktteilnehmern über den bleibenden Erfolg eines Unternehmens. Dabei strebt ein Unternehmen nach einer Position, in der es für den Kunden unverzichtbar wird. Ein Zustand, der über den Begriff der ›Signifikanz‹ erfasst wird.[*] Er beschreibt, wie einflussreich es ist und welche bedeutsame Auswirkung es im Leben des Kunden hat.

Signifikanz bedeutet, dass ein Unternehmen nicht nur als Anbieter von Produkten oder Dienstleistungen gesehen wird. Es wird als Marktteilnehmer wahrgenommen, der als wertsetzender Partner kundenzentriert agiert.[**] Seine Bedeutung basiert auf der Fähigkeit, sich durch Qualität, Service, Innovation und emotionale Bindung von anderen Marktteilnehmern abzuheben.

[*]siehe Seite 101 - Fokusfeld 4A [**] siehe Seite 94 - Fokusfeld 3A / 3B

Die Signifikanz eines Unternehmens lässt sich also nicht allein durch finanzielle Kennzahlen wie Gewinn oder Marktanteile bestimmen. Sie hat eine weitreichendere und tiefgründigere Bedeutung. Sie entsteht aus der dynamischen Wechselwirkung zwischen dem Engagement der Mitarbeiter innerhalb des Unternehmens und den Reaktionen der Kunden.

Das Mitarbeiterengagement bezieht sich auf wesentliche Elemente wie den persönlichen Einsatz für Kundenbelange, die Bereitschaft, sich für die Firmenziele starkzumachen, und die Zufriedenheit im Job. Diese Faktoren wirken sich direkt auf die Arbeitsqualität, die Innovationskraft, die Kundenzufriedenheit und somit auf deren Treue aus. Ein hohes Engagement des Personals steigert die Produktivität und verbessert das Kundenerlebnis. Die Rückmeldungen der Kunden wiederum sind ein Spiegelbild der Marktposition des Unternehmens, seiner Produkte oder Dienstleistungen. Dies umfasst Aspekte wie Kundenzufriedenheit und -bindung, die Wahrnehmung der Marke und Kundenfeedback. Positive Kundenreaktionen stärken die Markentreue, führen zu Empfehlungen und das Unternehmensimage steigt. Negative Reaktionen hingegen liefern wichtige Erkenntnisse für mögliche Verbesserungen.

Beide Elemente, das Mitarbeiterengagement und die Kundenreaktionen, sind entscheidend für den Erfolg und die Relevanz eines Unternehmens. Sie sind miteinander verbunden und beeinflussen einander. Ein Unternehmen, das in der Lage ist, intern und extern ein positives Umfeld zu schaffen, wird eine höhere Signifikanz erzielen.

Differenzierungsmerkmale

Vor dem Hintergrund eines hochdynamischen Marktumfeldes funktionieren Mitarbeiter somit nicht mehr nur als Arbeitskräfte in einem Unternehmen: Sie sind die Verkörperung der Unternehmensidentität, die Basis seiner Innovationskraft und die Motoren seiner Produktivität. Sie sind der vitale Kern,

i: Signifikanz in der Wirtschaft

Eine hohe oder niedrige Signifikanz drückt aus, wie einflussreich ein Unternehmen durch seine wirtschaftlichen Aktivitäten und Entscheidungen ist. Ein signifikantes Unternehmen kann Veränderungen herbeiführen, Märkte beeinflussen und neue Trends schaffen. Seine Handlungen haben große Auswirkungen, wie zum Beispiel die Schaffung von Arbeitsplätzen oder die Einflussnahme auf Produktpreise. Auch die Einführung innovativer Technologien, die bestehende Verhaltensweisen verändern, haben signifikanten Charakter.

Allerdings ist die Signifikanz eines Unternehmens flüchtig. Sie verändert sich fortlaufend. Ein heute führendes Unternehmen kann morgen durch Marktänderungen, technologische Neuerungen oder strategische Fehler an Bedeutung verlieren. Andererseits kann ein Unternehmen auch schlagartig signifikant werden, zum Beispiel wenn es durch Innovationen oder positive Beiträge zur Gesellschaft aus der Masse herausragt. Somit ist die Signifikanz eines Unternehmens ein Indikator für seinen aktuellen und potenziellen Einfluss im ökonomischen und sozialen Kontext.

der nicht nur Arbeitsschritte ausführt, sondern die Unternehmenskultur prägt. Ihre Fähigkeiten, ihr Wissen und vor allem ihr Engagement sind die unsichtbaren, aber unersetzlichen Ressourcen, die über die Wettbewerbsfähigkeit eines Unternehmens entscheiden.

Wir leben in einer Zeit, in der Technologie und Kapital leichter verfügbar sind als Fachwissen. Somit stellen das interne kollektive Know-how und die Kreativität der Mitarbeiter wertvolle Differenzierungsfaktoren dar. Erst sie schaffen den Mehrwert, der in Produkt- oder Serviceinnovationen zum Ausdruck kommt. Die Ressource Mensch ist somit entscheidend für die Erschließung neuer Marktchancen.

Parallel dazu spielen die Kunden als externer Faktor die wichtigste Rolle bei der Steigerung der Signifikanz. Durch die Möglichkeiten der Digitalisierung und sozialen Vernetzung haben sie viele Einflusshebel. Sie besitzen die Macht, die Unternehmensrichtung durch ihre Reaktionen und ihre Loyalität entscheidend zu beeinflussen. Sie sind der finale Beurteilungsmaßstab – sei es als Befürworter oder als Kritiker. Diese inneren und äußeren Variablen verschmelzen zu einem komplexen System, das die generelle Bedeutung eines Unternehmens im Wettbewerb definiert.

Wer in diesem komplexen Zusammenspiel von internem Engagement und externem Feedback keinen ›signifikanten Unterschied‹ im Markt darstellen kann, wird letztlich auf das brüchigste Fundament für Wettbewerbsfähigkeit reduziert: den Preis. Und das ist ein riskanter Ort, an dem man sich nicht lange wird halten können. Denn der Preis einer Ware oder Dienstleistung ist ein Differenzierungsmerkmal mit kurzer Halbwertszeit. Er unterliegt einer gnadenlosen Logik der Entwertung. Der stetige Preisverfall gefährdet nicht nur die eigene Profitabilität, er kann auch zu einem ruinösen Wettbewerb führen. Diese Abwärtsspirale kennt eine unerbittliche Obergrenze: Sie endet dort, wo die Kosten nicht mehr gedeckt werden können. Es ist eine Strategie mit einem klar definierten Verfallsdatum.

Genauso beschränkt ist die Wettbewerbsfähigkeit durch Künstliche Intelligenz. Zwar mag sie anfänglich Wettbewerbsvorteile bieten, doch mit der Zeit wird sie zu einer Art Grundausstattung werden, zu einer Ressource, die allen problemlos zur Verfügung steht und genutzt wird. In diesem Moment verliert sie ihre Kraft als Differenzierungsmerkmal. Sie sinkt auf das Niveau eines Werkzeuges, dessen Nutzung eher eine Selbstverständlichkeit als ein Wettbewerbsvorteil ist.

So gesehen fällt auch die KI in die gleiche Kategorie wie der Preis: ein Differenzierungsmerkmal von begrenzter Tragweite. Die wahre Wettbewerbsfähigkeit ergibt sich daher nicht allein aus dem Zugang zu oder der Nutzung von Technologie. Sie entsteht vielmehr durch das stetige, kreative und leidenschaftliche Engagement von Menschen – sowohl innerhalb als auch außerhalb eines Unternehmens oder einer Organisation.

Der menschliche Faktor

Es ist verlockend, in Zeiten, in denen Technologie und Kosteneffizienz als maßgebliche Treiber gelten, den menschlichen Faktor zu vernachlässigen. Das Unterschätzen der zwischenmenschlichen Dimension ist jedoch ein wettbewerbsrelevantes Versäumnis, dessen Korrektur nicht einfach zu bewerkstelligen ist. Menschen mit ihren Potenzialen und Expertisen sind nicht einfach so zu kopieren und der Wert des menschlichen Faktors entfaltet sich auch nicht spontan. Er ist das Ergebnis einer langfristigen Investition.

Es ist nicht damit getan, kurzfristig Ressourcen umzuschichten oder neue Tools einzuführen, um menschliche Qualitäten zu kompensieren. Die nachhaltige Qualität und Tiefe von persönlichem Engagement und einfühlsamer, intelligenter Kundeninteraktion können nicht einfach nachgekauft werden. Diese Faktoren besitzen eine Trägheit, die sie resistent gegen schnelle Veränderungen macht. Menschen, die aus Überzeugung, Identifikation und Leidenschaft arbeiten, stellen einen einzigartigen Wert dar, den Wettbewerber nur schwer imitieren können. Denn dafür müssten Konkurrenten frühzeitig die richtigen Weichen stellen und langfristig in ihre Belegschaft investieren. In diesem potenziellen Vorsprung steckt ein echter Wettbewerbsvorteil. Deshalb erweist sich die Konzentration auf den menschlichen Faktor als eine fast unangreifbare strategische Position: Wer frühzeitig in diesen Bereich investiert, legt das Fundament für eine resiliente und nachhaltige Wettbewerbsfähigkeit.

Um im Wettbewerb durch Differenzierung jenseits des Preises zu bestehen, müssen die individuellen Fähigkeiten und Talente der Mitarbeiter in den Mittelpunkt gestellt werden. Das trägt gleichzeitig dazu bei, eine resiliente Organisation aufzubauen.

Eine menschenzentrierte Unternehmenskultur zu schaffen, die Innovation und Qualität in den Mittelpunkt stellt, ist eine Frage des Wollens, nicht des Könnens. Wer nicht bereit ist, in das potenzielle Qualitätsmerkmal ›Mensch‹ zu investieren, limitiert sich selbst.

Nur zusammen einzigartig

Es ist also nicht mehr ausreichend, den Menschen als eine Variable in einer Gleichung der Produktivität zu betrachten. Hier ist die Bereitschaft gefragt, in eine Beziehung zu investieren, die sich nicht allein in Zahlen fassen lässt. Dennoch stellt sie einen unermesslichen Wert für die Unternehmensentwicklung dar.
Das Streben nach Synergieeffekten als Resultat eines besonderen Miteinanders, eines echten Teamplays oder einer unerschütterlichen Partnerschaft ist der Kern jedes Zusammenschlusses – egal

i: Emergenz

Der Begriff ›Emergenz‹ leitet sich vom lateinischen Wort ›emergere‹ ab, was ›auftauchen‹ oder ›hervorkommen‹ bedeutet. Das Phänomen beschreibt das Entstehen neuer, unerwarteter Eigenschaften, Strukturen oder Verhaltensweisen in komplexen Systemen. Diese sind nicht direkt aus den Merkmalen der Einzelkomponenten abzuleiten.
In der Biologie kann Emergenz beobachtet werden, wenn einfache biologische Systeme komplexe Lebensformen hervorbringen. Ein klassisches Beispiel ist das Verhalten von Ameisenkolonien. Dort lässt sich das kollektive Verhalten der Kolonie nicht einfach aus dem Verhalten einzelner Ameisen ableiten.
In den Sozialwissenschaften und der Organisationslehre beschreibt Emergenz, wie aus der Interaktion von Individuen innerhalb einer Gruppe oder Organisation neue Muster, Ideen und Verhaltensweisen entstehen. Auch hier können sie selten auf das Handeln einzelner Individuen zurückgeführt werden.
Emergenz ist somit ein Schlüsselkonzept für das Verständnis komplexer Systeme und dynamischer Prozesse in verschiedenen Disziplinen. Es hebt die Bedeutung von Beziehungen und Interaktionen hervor und betont, dass Veränderungen und Innovationen oft aus dem Zusammenspiel vielfältiger Faktoren resultieren. Die isolierten Aktionen einzelner Elemente spielen hier eine untergeordnete Rolle.

auf welcher Ebene. Es ist die Überzeugung, dass das Ganze mehr ist als die Summe seiner Teile. Erst der ›qualitative Überschuss‹ einer Beziehung macht die Verbindung sinnstiftend und attraktiv. Die Motivation für eine Kooperation oder Partnerschaft gründet sich also stets auf dem festen Glauben, dass die Beziehung mehr als nur ›1‹ ergibt. In der Regel hat sie das Ziel, Wettbewerbsvorteile zu schaffen, die weder schnell erwerbbar noch leicht kopierbar sind. An diesem Wegpunkt kristallisieren sich verschiedene Qualitätsstufen möglicher Beziehungsmodelle heraus. In der Soziologie wird dafür zwischen dependenten (abhängigen), independenten (unabhängigen) und interdependenten (wechselseitig abhängigen) Beziehungen differenziert.

In **dependenten Verbindungen** (Abhängigkeit) ist das Ungleichgewicht der Macht oder der Ressourcen so groß, dass einer der Partner deutlich mehr Nutzen zieht als der andere. Eine Partei behält die Kontrolle und die Entscheidungsgewalt, während die andere Partei sich unterordnet. Als Gleichung würde die Formel etwa so aussehen: $1 + 1 = 1{,}7$.

Auch wenn diese Gleichung auf den ersten Blick unattraktiv erscheinen mag, bietet sie einige Vorteile: Entscheidungen werden schnell getroffen, Abläufe sind klar definiert und die Kontrolle liegt hauptsächlich auf einer Seite. Für den weniger dominanten Partner kann diese Konstellation eine gewisse Attraktivität bieten, da er weniger Verantwortung tragen muss. Dadurch wird das Leben, ob nun privat oder beruflich, etwas leichter. Allerdings bleibt in einer solchen Konstellation auch das Potenzial dieser Partei in vielen Bereichen ungenutzt, da ihre Möglichkeiten zur Einflussnahme begrenzt sind. Sie wird zum passiven Ausführenden, was langfristig die intrinsische Motivation und das Potenzial zur Initiative untergräbt. Im Extremfall entwickelt sich ein Zustand der Resignation oder sogar der inneren Kündigung.

Im Gegensatz dazu stehen die **independenten Beziehungen** (Unabhängigkeit). Hier sind beide Parteien in der Lage, frei voneinander zu agieren und zu existieren. Als Gleichung ausgedrückt wäre das $1 + 1 = 2$.

So organisiert können Einheiten unabhängig und fast unbeeinflusst voneinander funktionieren. Sie haben jedoch die Tendenz, in Isolation zu geraten und den Blick für die Gesamtstrategie der gemeinsamen Unternehmung zu verlieren. Diese Autonomie oder Unabhängigkeit kann daher auch zu einer Form der Entfremdung führen. Solche Verbindungen sind hilfreich, aber gegebenenfalls nicht belastbar und meistens nicht nachhaltig. In Zeiten der Krise oder bei komplexen Herausforderungen, die ein koordiniertes Vorgehen erfordern, kann diese Freiheit sogar zum Nachteil werden: Es fehlt der unbedingte Zusammenhalt.

Das Streben sollte der **interdependenten Verbindung** gelten (wechselseitige Abhängigkeit). In dieser Form der Partnerschaft bringt jeder Partner bestimmte Qualitäten ein, die der andere nicht besitzt. Durch ihre Kombination wächst die Verbindung wünschenswerterweise über sich hinaus.

1 + 1 = 11

Hier entsteht ein gegenseitiger Mehrwert, der dem Phänomen der Emergenz ähnelt. Dies lässt sich durch die Formel 1 + 1 = 11 veranschaulichen. Es entsteht etwas, das nicht nur größer ist als die Summe seiner Teile, sondern auch qualitativ andersartig.

Ein gutes Beispiel für ein emergentes Phänomen ist Temperatur. Wenn Moleküle sich ›reiben‹, entsteht nicht nur Bewegung, sondern auch kinetische Energie, also Wärme. Diese Wärme kann das Verhalten der Moleküle weiter beeinflussen und schließlich komplexere Phänomene wie Wetter hervorbringen. Auf der Ebene der Moleküle wäre dies nicht vorhersehbar – erst in ihrer Interaktion wird das neue Phänomen sichtbar. Temperatur, Wärme oder Wetter sind in Molekülen an sich nicht enthalten. Erst durch die kombinierte Interaktion entsteht das Große aus dem Kleinen. Das ist Emergenz.

So verhält es sich auch in interdependenten Verbindungen. Die Einheiten oder Partner bringen jeweils eigene Qualitäten, Wissen und Fähigkeiten ein. Doch erst im konstruktiven Zusammenspiel dieser Elemente entsteht ein emergentes Phänomen – sei es in der Form innovativer Lösungen, neuer Arbeitsweisen oder unerwarteter Synergien.

Das Potenzial zur Erschaffung emergenter Verbindungen und Phänomene stellt die wirkliche Wettbewerbsfähigkeit einer Organisation dar. Das gilt besonders in einem dynamischen, unübersichtlichen und komplexen Wirtschaftsumfeld. Es ist die Fähigkeit, auf mehreren Ebenen gleichzeitig zu agieren – die Kunst des Ermöglichens im Chaos. Die zielgerichtete Lebendigkeit einer Organisation entsteht nicht aus der einfachen Summe ihrer Teile, sondern aus dem Zusammenbringen der ›richtigen‹ Teile. Es sollten jene Menschen sein, die miteinander das größte emergente Interaktionspotenzial haben, sich reiben und wirtschaftliche Temperatur erzeugen.

Die Aufgabe besteht darin, jeden Menschen an diese ›richtige‹ Stelle zu finden. Dadurch entsteht ein adaptives, aber letztlich unvorhersehbares System, das nicht jeder will. Denn hier bedeutet die ›Kontrolle zu bewahren‹ nicht strenge Steuerung, sondern höchste Aufmerksamkeit und Vertrauen den Menschen gegenüber. Eine lebendige Organisation, voller kundengerichteter Kraft, ist gewollte Komplexität.

Systemwandler

Momentan erleben wir eine Geschäftswelt, in der Technologien wie Künstliche Intelligenz und Big Data die betriebliche Realität immer mehr bestimmen. Dennoch bleibt der Mensch das komplexeste und am wenigsten verstandene Element im Organisationsgefüge. Diese Erkenntnis stellt traditionelle Führungsansätze, die auf hierarchischen Strukturen und Kontrollmechanismen basieren, vor erhebliche Herausforderungen.

Eine grundlegende Transformation der Führungs- und Kooperationslogik scheint unvermeidlich, wenn es darum geht, eine zukunftsorientierte und resiliente Unternehmensstruktur aufzubauen. Dabei muss ein Modell entwickelt werden, das sowohl der algorithmisch geprägten Infrastruktur als auch der Menschlichkeit gerecht wird.

Die zentrale Aussage ist: Die neuen Regeln einer dramatisch technologisierten Arbeitswelt erfordern eine Anpassung der Organisationsmodelle.

Dieser Gedanke wird bei einigen erfahrenen Führungskräften wahrscheinlich auf Skepsis stoßen. Ihr Gegenargument würde anführen, dass die Forderung nach einer Anpassung von Führungsstilen und Arbeitsmethoden ein regelmäßig wiederkehrendes Thema ist. Und ja, gerade in dieser beständigen Wiederkehr und den damit verbundenen Herausforderungen liegt der Schlüssel zum wirtschaftlichen Erfolg. Es ist die ständige Bereitschaft zur Anpassung, die sich als universelle Erfolgskonstante in der Wirtschaftsgeschichte herauskristallisiert hat.

Denken wir zurück an das frühe Industriezeitalter, als die Tayloristische Führung mit ihrem Fokus auf Arbeitsteilung und Effizienz als innovativ galt. Es gab erheblichen Widerstand und Skepsis gegenüber dem Taylorismus. Während einige die Effizienzgewinne und die wissenschaftliche Herangehensweise schätzten, stellten andere die sozialen und ethischen Auswirkungen dieser Methode infrage. Gewerkschaften sahen die Vorgehensweise als dehumanisierend an, da sie Arbeitnehmer zu austauschbaren Rädchen im Maschinengetriebe machte.

Im Laufe der Jahre erfuhr der Taylorismus viele Modifikationen und Anpassungen, die das Konzept verfeinerten. Dies war von Vorteil, da er die Entwicklung von Management- und Organisationsstrukturen in der industriellen Welt maßgeblich prägte.

Lean

Oder nehmen wir das Lean-Management-System, das seine Wurzeln im Toyota-Produktionssystem hat. In diesem Ansatz wurde der Grundstein für die Prinzipien von Empowerment und kontinuierlicher Verbesserung gelegt. Diese neue Sichtweise stellte einen Paradigmenwechsel dar: Weg von der reinen

Effizienzmaximierung, hin zu einer ganzheitlichen Betrachtung der Wertschöpfungskette. Die Mitarbeiter wurden nicht mehr als austauschbare Ressourcen gesehen, sondern als wesentliche Elemente des Prozesses. Sie waren befähigt, selbstständig Probleme zu identifizieren und Lösungen zu finden.

Das Lean-Management-System wurde nicht nur wegen seiner ökonomischen Vorteile beachtet. Es förderte auch eine Kultur der Eigenverantwortung und des Engagements. Allerdings brachte es auch Herausforderungen mit sich. Der psychische Druck, der durch das ständige Streben nach Verbesserung auf die Mitarbeiter ausgeübt wurde, forderte seinen Tribut. Es bedurfte einer umsichtigen Planung und Ausführung, um sicherzustellen, dass die menschlichen Bedürfnisse nicht vernachlässigt wurden. Auch hier gab es zu Beginn Zweifel an der Praktikabilität und Skepsis hinsichtlich der sozialen Auswirkungen.

Es brauchte jedoch Jahre, wenn nicht Jahrzehnte, bis die Idee des Lean-Managements in der breiteren Wirtschaft Anklang fand. Zunächst wurde es als Nische, als japanisches Phänomen, abgetan. Erst später erkannte man die universelle Anwendbarkeit der hier zugrunde liegenden Prinzipien.

MbO

Ein anderes Beispiel ist die Theorie des »Management by Objectives« (MbO), entwickelt von Peter Drucker. Die Theorie hat den Kerngedanken, dass die Leistungsfähigkeit eines Unternehmens durch die klare Definition und Verfolgung gemeinsam vereinbarter Ziele verbessert wird. In diesem Modell setzen Führungskräfte und Mitarbeiter gemeinsam objektive, messbare Ziele fest, deren Erreichung im Anschluss bewertet wird.

Dieses Konzept brach mit dem traditionellen, hierarchischen Führungsmodell, in dem Ziele und Aufgaben in der Regel von oben nach unten diktiert wurden. Das Modell legte den Grundstein für eine Kultur der Partizipation und der Eigenverantwortung. Es verlagerte die Rolle der Führungskräfte weg von

i: Facilitatoren

Der Begriff der ›Facilitation‹ ist in Deutschland noch relativ neu. Facilitation hilft Teams, Netzwerken und Organisationen dabei, ihr vorhandenes Wissen und ihre Potenziale zu mobilisieren und konkrete Projekte effektiv voranzutreiben. Das Wort leitet sich aus dem Lateinischen ›facilis‹ ab, was so viel bedeutet wie ›leicht, leicht zu tun, mühelos‹.

Somit ist ein Facilitator eine Person, die Gruppenprozesse leitet und unterstützt, um die Erreichung von Gruppenzielen zu fördern. Die Rolle unterscheidet sich in vielen Punkten von der eines Moderators:

- **Aktive Beteiligung an Inhalten:** Während ein Moderator eher neutral bleibt, engagiert sich der Facilitator aktiv an der Entwicklung von Lösungen und im Konsensfindungsprozess.

- **Flexibilität und Gruppendynamik:** Der Facilitator legt besonderes Augenmerk auf die Dynamik innerhalb der Gruppe und passt den Prozess sehr flexibel an. Ein Moderator konzentriert sich auf die korrekte Durchführung formaler Abläufe.

- **Aktive Rolle in der Diskussion:** Während der Moderator in der Regel eine zurückhaltende Rolle einnimmt, ist der Facilitator stärker in die Diskussion involviert und übernimmt eine aktivere Rolle.

- **Fachkenntnisse und Vermittlung:** Ein Facilitator sollte im Gegensatz zum Moderator über Fachkenntnisse verfügen, um die Inhalte besser verstehen und vermitteln zu können.

Facilitatoren werden in verschiedenen Kontexten eingesetzt, beispielsweise in geschäftlichen Meetings, Workshops, Konferenzen oder Teambildungsaktivitäten. Sie sind oft entscheidend für den Erfolg von Gruppenaktivitäten.

Besonders in Situationen, in denen komplexe Themen diskutiert werden oder verschiedene Interessen aufeinandertreffen, helfen sie, Botschaften und Richtungen herauszuarbeiten.

reinen Kontrollinstanzen hin zu Facilitatoren, die Mitarbeiter in der Zielsetzung und -erreichung unterstützen.

Als MbO in den 1950er Jahren eingeführt wurde, widersprach es dem damals immer noch herrschenden autoritären Führungsstil. Es dauerte Jahrzehnte, bis die Idee des ›Management by Objectives‹ weitläufig akzeptiert wurde. Noch heute sind nicht alle Organisationen darauf vorbereitet, Mitarbeiter als Entscheider und Problemlöser zu sehen.

Jedes der genannten Modelle brachte zunächst Skeptiker hervor. »Das wird nicht funktionieren«, »Es ist zu idealistisch«, »Das ist zu kompliziert« – solche und ähnliche Einwände waren omnipräsent. Es dauerte, bevor die jeweiligen Ansätze ihren Weg in die Unternehmenspraxis fanden.

Die Lektion ist klar: Jedes Zeitalter bringt seine eigenen Herausforderungen und Chancen mit sich, und jedes Zeitalter erfordert sein eigenes Führungsparadigma. Dass sich die Businesslandschaft unter dem Einfluss von Künstlicher Intelligenz und Big Data verändert, ist unbestreitbar.

Genauso wahr ist aber auch die Notwendigkeit, neue Konzepte der Führung, Kooperation und Organisation zu entwickeln. Neuen Ideen sollte nicht vorschnell Unpraktikabilität verworfen werden, nur weil sie den etablierten Normen widersprechen. Vielmehr sollten sie an ihrem Beitrag zur Steigerung der Wettbewerbsfähigkeit gemessen und beurteilt werden.

Der Umgang bei Hofe

Tatsächlich kann die Geschichte der Unternehmensführung als fortwährende Abfolge von Anpassungen an die Gegebenheiten der jeweiligen Zeit betrachtet werden. Jeder neue Ansatz brachte seine eigenen Regeln und Verhaltensnormen mit sich. Das Wesentliche blieb jedoch das ›Wie‹ des Miteinanders – die geschriebenen und ungeschriebenen Regeln von ›Richtig und Falsch‹ in der sozialen Interaktion. Dadurch hat sich auch das

Konzept ›Unternehmenskultur‹ kontinuierlich weiterentwickelt. Die Erwartungen, die Menschen an ihr berufliches Umfeld hatten und haben, sind an den Vorstellungen von angemessenen Umgangsformen abzulesen. Es beginnt bei den Grundregeln der Höflichkeit und geht bis zur Forderung nach echter Wertschätzung und authentischer Beziehung. Jede Phase dieser evolutionären Entwicklung, fordert den Beteiligten eine sich intensivierende menschliche Interaktion ab.

Über Jahrhunderte hinweg prägte die Höflichkeit den Umgang miteinander. Das Beherrschen dieser Kommunikationsform wurde als ein wesentliches Zeichen von Professionalität und sozialem Ansehen gewertet. Diese Tradition erstreckte sich von den königlichen Höfen bis hin zu den Geschäftsräumen der aufstrebenden Industriegesellschaften des 19. Jahrhunderts. Höflichkeit, der Umgang bei Hofe, war nicht nur eine Fertigkeit, sondern ein Symbol für einen gehobenen sozialen Stand.

Dann kam die Industrialisierung und mit ihr eine tiefgreifende Veränderung der sozialen und wirtschaftlichen Strukturen. Die Massenproduktion und die räumliche Trennung von Arbeitsplatz und Wohnstätte veränderten die Art und Weise, wie Menschen miteinander umgingen. In den Fabriken und Büros wurden die traditionellen Formen der Höflichkeit durch eine effizientere, aber weniger persönliche Kommunikation ersetzt.

Aus der Asche

Der Faktor Krieg verstärkte diese Veränderungen noch weiter. Die Weltkriege des 20. Jahrhunderts zwangen die Gesellschaften, sich schnell an neue Realitäten anzupassen. Die Notwendigkeit der Massenmobilisierung und die Belastungen des Krieges führten zu einer Betonung von Effizienz und Pragmatismus. Dass dies auf Kosten der traditionellen Höflichkeit ging, ist offensichtlich, denn der Erste Weltkrieg war ein Epizentrum der Zerstörung. Aus dessen Asche entwickelte die westliche Welt einen erneuerten Ansatz zur Professionalität: Weg von der Manufaktur und hin zur

Massenproduktion. In diesem Umbruch verlagerte sich der Fokus von der reinen Höflichkeit hin zu anderen Qualitäten, die in der modernen Welt gefragt waren: Effizienz, Durchsetzungsvermögen und die Fähigkeit, unter Druck zu arbeiten. Dieser Wandel trug aber auch zu einem neuen Verständnis von Teamarbeit bei. Der Mensch war nicht mehr nur eine Ressource, sondern ein Individuum mit eigenen Bedürfnissen und Fähigkeiten. Die Gräuel und Entbehrungen des Krieges hatten auch hier das Bewusstsein für die menschliche Seite der Existenz geschärft. Diese Veränderungen in der Arbeitswelt hatten Einfluss auf die Unternehmenskultur und den professionellen Umgang miteinander.

In den 1920er Jahren setzte die Human-Relations-Bewegung ein, die das Wohl der Mitarbeiter in den Mittelpunkt stellte. Der Fokus verlagerte sich von reinem Effizienzdenken auf die Zufriedenheit der Angestellten. Obwohl diese Ideen zu dieser Zeit noch nicht von allen Arbeitgebern flächendeckend akzeptiert wurden, markierten sie den Beginn einer tiefgreifenden Veränderung: Freundlichkeit wurde als ein Faktor erkannt, der die Effizienz der Arbeit nicht nur beeinflusste, sondern potenzierte.

Man verstand, dass ein respektvoller und unterstützender Umgang mit Menschen nicht nur zu einer erhöhten Mitarbeiterzufriedenheit führte. Er steigerte auch die Produktivität und die Bindung der Mitarbeiter an das Unternehmen. Firmen begannen, die Bedeutung eines positiven Arbeitsumfelds und einer freundlichen Unternehmenskultur zu verstehen.

Die Human-Relations-Bewegung legte den Grundstein für eine neue Ära im professionellen Umgang miteinander. Offenheit und Freundlichkeit hatten plötzlich beinahe magisch wirkende Funktionen und Rollen. Arbeitgeber erkannten, dass das Wohlwollen gegenüber ihren Mitarbeitern nicht nur ethisch richtig war, sondern auch wirtschaftliche Vorteile brachte. Dieser Wandel in der Denkweise setzte sich im Laufe der Jahre fort. Er führte zu einem Paradigmenwechsel, bei dem die freundliche und unterstützende Führung als wesentlich für den Unternehmenserfolg angesehen wurde.

Ich ›schätze‹ Deinen Wert

Nach dem Zweiten Weltkrieg begann die Ära der wissenschaftlichen Managementtheorien. Hier wurde der Wert von sozialen Kompetenzen und zwischenmenschlichen Beziehungen in der Arbeitswelt weiter erforscht und anerkannt.

In den 1960er Jahren rückte schließlich die 'Wertschätzung' in den Fokus. Damalige Studien zeigten, dass emotionale Intelligenz, die Anerkennung der Mitarbeiter und deren Leistung maßgeblich zur Produktivität beitrugen. In den 1980er und 1990er Jahren wurde das Konzept der Wertschätzung weiter verfeinert. Mit dem Aufkommen von Coaching, Mentoring und einer Kultur der kontinuierlichen Verbesserung verankerten sich neue Werte. Empathie, Respekt und Anerkennung waren mit einem professionellen Kontext untrennbar verknüpft. Heute sind sie fixe Bestandteile moderner Unternehmensphilosophien.

Das Konzept der Wert**schätzung** erhob den Anspruch, über die Dimension der reinen Leistung hinauszugehen und den Menschen in seiner Gesamtheit zu adressieren. Ein Werte**system** sollte dabei den Rahmen für die Beurteilung von Beiträgen und Leistungen liefern. In den Bestrebungen der Personalentwicklung zielt es noch heute darauf ab, emotionale Bindungen zu festigen und ein Vertrauensklima im Unternehmen zu erzeugen.

Doch der Glanz dieser Idee verblasst. Wertschätzung kann und wird immer öfter als ein manipulatives Werkzeug wahrgenommen, dessen primäres Ziel die Steigerung der Produktivität ist. Die Schwäche dieser Methode liegt in ihrer Transaktionalität, ihrem Tauschcharakter. Das grundlegende Versprechen ist, dass Belohnungen für steigende Leistungen gewährt werden. Nach dem Motto: »Wenn Du mehr leistest, belohne ich Dich.« Dadurch wird das Individuum in die Rolle eines funktionalen Elements gedrängt, eines Rades im Getriebe organisatorischer Effizienz. Diese Reduktion auf das Wesentliche der Transaktionalität erzeugt einen subtilen Druck, der die Substanz menschlicher Beziehungen zerstört.

Werte mit System

Das Wertesystem, das hier als Beurteilungsgrundlage dient, wird nicht selten von der Unternehmensleitung oder dem Top-Management vorgegeben. Es repräsentiert nur bedingt die Werte der Mitarbeiter – was unter den heutigen Arbeitsmarktbedingungen problematisch sein kann. In der aktuellen Lage auf dem Markt der beruflichen Möglichkeiten, scheinen die Angebote jeden Tag zu wachsen. Dadurch wird automatisch auch die Einbahnstraße der Erwartungen an die Mitarbeiter infrage gestellt.

Die Richtung der Fragestellung dreht sich plötzlich um und die Frage lautet:

i: (Nicht-)Transaktionalität

Transaktional bedeutet eine Beziehung, die sich auf den Austausch von Waren, Dienstleistungen oder Geld beschränkt. Sie ist oft kurzfristig und zielt darauf ab, einen unmittelbaren Bedarf zu decken, ohne eine langfristige strategische Partnerschaft anzustreben. In einer transaktionalen Beziehung gibt es wenig Raum für gemeinsame Entwicklung. Auch das gemeinsame Eingehen von Risiken, die über den Rahmen der einzelnen Transaktion hinausgehen, ist nicht vorgesehen.

Im Gegensatz dazu zielt eine nicht-transaktionale Partnerschaft darauf ab, eine tiefere, strategisch ausgerichtete Beziehung zu schaffen. Das kann durch gemeinsame Investitionen in Forschung und Entwicklung, den Austausch von Personalressourcen oder die Entwicklung gemeinsamer Produkte geschehen. Diese Form der Partnerschaft schafft eine gegenseitige Abhängigkeit, die weit über den einfachen Austausch von Waren und Dienstleistungen hinausgeht. Sie ermöglicht es beiden Parteien, von Synergien zu profitieren, die sie allein nicht erreichen könnten. In einer solchen Beziehung entsteht Belastbarkeit nicht durch die bloße Summe ihrer Teile, sondern durch die Qualität der Verbindung zwischen ihnen.

»Wenn ich keine sofortige Belohnung von Dir erhalte, warum sollte ich dann zusätzliche Anstrengungen unternehmen, oder überhaupt hier bleiben? Mache mir bitte ein wertschätzendes Angebot.«

Sobald ›Wertschätzung‹ den Charakter einer Druckausübung annimmt, offenbart sich ihre transaktionale Verletzlichkeit– sie verkommt zu einem Instrument der Einflussnahme und Kontrolle. Das führt zurück zu einer überwunden geglaubten Entfremdung und schafft einen Nährboden für Skepsis und Zynismus. Hier schwindet die natürliche Motivation, Leistung zu erbringen.

Eine solche Destabilisierung hat schwerwiegende Konsequenzen für das gesamte Unternehmen: Es entsteht ein Wettbewerb um Anerkennung und Belohnungen. Mitarbeiter reden im Nachhinein über Angebote, die sie ›von oben‹ für zu steigernde Leistung erhalten haben. Sie stellen untereinander Vergleiche an und leiten daraus Interpretationen ihres eigenen Wertes ab. Am Ende ist irgendjemand immer der Dumme, der sich als nicht korrekt im Wert geschätzt fühlt. Durch dieses Mindset werden Teams grundsätzlich anfälliger für interne Konflikte und der Zusammenhalt bröckelt. Die Führungsebene, die Wertschätzung als Werkzeug des Managements verstanden hat, findet sich in einer Sackgasse wieder. Ihre Tools werden stumpf, ihre Strategien weniger effektiv. Und die Beispiele sind nicht überzeichnet. Viele Mitarbeiter erkennen die gängigen Management-Tools als das, was sie viel zu oft sind: Instrumente zur Reparatur des angeblich fehlerhaften Menschen. Werkzeuge, die in Managementseminaren gelobt und gelehrt werden, die nicht als aufrichtiges Mittel für den Aufbau von Beziehungen und Vertrauen eingesetzt werden, sondern zur Erreichung eigener Ziele.

Selbstverständlich trägt dies dazu bei, dass für die Mehrheit der Arbeitnehmer der Beruf nicht im Mittelpunkt des Lebens steht. Familie, Freunde und Freizeit nehmen einen höheren Stellenwert ein als das bloße Geldverdienen. Und wenn das Arbeitsverhältnis ausschließlich auf dem Tauschgeschäft ›Leistung gegen Geld‹ basiert, ist diese Prioritätensetzung absolut angemessen.

Systemwandler

Der Fokus auf materielle Anreize, der in der Vergangenheit funktioniert hat, wird zum Hemmschuh einer Organisation. Traditionelle Führungsmodelle versagen in der gegenwärtigen Konstellation nicht zufällig. Sie sind für eine Ära gemacht, die dem Vergangenen angehört, die nicht zwischen reiner Erwerbstätigkeit und erfüllender Arbeit unterschieden hat.

Wenn Arbeitgeber die Bedürfnisse der Menschen im Unternehmen aus den Augen verlieren, wächst das Gefühl der Vernachlässigung. Das drückt sich natürlich in einer erhöhten Wechselbereitschaft oder in höheren finanziellen Forderungen aus; letzteres könnte man auch einfach »Schmerzensgeld« nennen. So entsteht ein Umfeld, in dem Menschen nicht mehr nur mit dem Herzen, sondern auch mit den Füßen abstimmen.

i: Idiosynkratische Bedürfnisse

Idiosynkratische Bedürfnisse stellen individuelle, oft ungewöhnliche Ansprüche dar, die sich deutlich von den gängigen Bedürfnissen der meisten Menschen abheben. Sie sind fest in der individuellen Persönlichkeitsstruktur verankert und tragen zur Einzigartigkeit einer Person bei.

Sie entspringen besonderen Persönlichkeitsmerkmalen oder ungewöhnlichen Lebenserfahrungen, die mit der starken inneren Überzeugung einhergehen, dass diese individuellen Bedürfnisse unverzichtbar sind. Menschen mit einem idiosynkratischen Verlangen empfinden oft einen starken Drang oder sogar Zwang, diesem nachzugehen.

Beispiele sind das zwanghafte Sortieren belangloser Dinge, der Wunsch, seine Zeit dauerhaft mit einer bestimmten Aktivität zu verbringen, oder ein sehr hohes Stimulationsbedürfnis durch Risikoaktivitäten.

Da idiosynkratische Bedürfnisse manchmal dem Lebensstil und den Vorstellungen der Mehrheit widersprechen, fühlen sich Betroffene oftmals missverstanden. Andererseits ist die Befriedigung dieser Bedürfnisse wichtig für ihr psychisches Wohlbefinden.

Laut einer 2023 veröffentlichten Studie des Versicherers HDI hat die Bindung der deutschen Arbeitnehmer an ihren Beruf in den letzten Jahren stark abgenommen.[12] Nur noch 47 % der Befragten gaben an, dass ihnen ihr Job viel bedeutet, im Vergleich zu 58 % im Vorjahr. Auch die Bedeutung des Faktors Gehalt im Vergleich zur potenziellen Erfüllung im jeweiligen Beruf erlebt eine deutliche Verschiebung: Nur noch 37 % der Befragten geben an, dass ihnen ihr Job mehr bedeutet als das Geldverdienen. Das entspricht einem Rückgang von zehn Prozentpunkten im Vergleich zum Vorjahr. Ähnliches zeigt sich in einer Umfrage der Boston Consulting Group.[13] Weniger als die Hälfte der befragten deutschen Arbeitnehmer (43 %) haben unter den gegenwärtigen Bedingungen den Wunsch, eine interessante Tätigkeit mit spannenden Produkten, Technologien oder Dienstleistungen auszuüben. Wichtig ist vielmehr, dass der Job sicher ist und ausreichend Zeit für Familie, Freunde und Hobbys lässt (69 %).

Die kontinuierlich schwindende Bindung der Mitarbeiter an ihre Arbeitgeber ist der Vorbote eines systemischen Wandels. Immer mehr Menschen suchen sich Lebensräume, in denen sie sich entfalten können. Und Tatsache ist, dass der Arbeitsplatz ein unattraktiver Lebensraum zu sein scheint, an dem dies möglich wäre.

Diese sich wandelnden Bedürfnisse zu ignorieren, wäre eine strategische Fehlorientierung. Das Konzept ›Unternehmenskultur‹ steht vor einer neuen Herausforderung: Es muss Angebote entwickeln, die deutlich über monetäre Anreize hinausgehen und sogar idiosynkratische Bedürfnisse ansprechen. In der neuen Arbeitswelt braucht es Möglichkeiten für sinnstiftende Arbeit. Es ist nicht mehr nur die Frage nach dem ›Was‹ (dem Gehalt, den Bonuszahlungen), sondern vielmehr nach dem ›Wie‹ und ›Warum‹. Es geht um die Suche nach Lebensqualität und bedeutungsvoller Arbeit: Eine Tätigkeit, die die rein materiellen Aspekte in den Hintergrund rücken lässt. Wer hier scheitert, sieht sich nicht nur dem Verlust von innerbetrieblichen Talenten gegenüber, sondern auch der Erosion des Zusammenhalts und der Effizienz der gesamten Organisation.

Die Entwicklung digitaler Technologien, wie der Künstlichen Intelligenz, haben Führungskräfte nur bedingt unter ihrer Kontrolle. Sie können jedoch die Nutzung und Weiterentwicklung menschlicher Potenziale und Fähigkeiten im Unternehmen maßgeblich beeinflussen. Der Schlüssel zur Differenzierung im Wettbewerb liegt in der Kombination aus technischem Fortschritt und menschenzentrierter Entwicklung der Unternehmenskultur und -strategie. Dafür ist auch der Mut zu neuen Formen der Zusammenarbeit und des Miteinanders erforderlich: der Übergang von reiner Kooperation zu einer Kultur der Kollaboration, die die Anpassungs- und Widerstandsfähigkeit betont.

Die daraus resultierenden Ergebnisse sind das Rüstzeug für eine historisch beispiellose, technologiedominierte Epoche, die sich immer weiter intensiviert.

i: Kooperation vs. Kollaboration

Im beruflichen Kontext zeichnen sich ›Kooperation‹ und ›Kollaboration‹ durch unterschiedliche Grade der Zusammenarbeit aus.

Kooperation wird meistens angeordnet, umfasst das Teilen von Ressourcen und Kompetenzen zwischen Einzelpersonen oder Teams, um ein gemeinsames Ziel zu erreichen. Ein Beispiel dafür findet sich in Unternehmen, wo Abteilungen wie Marketing und Entwicklung grundsätzlich eigenständig agieren und lediglich Informationen austauschen.

Kollaboration hingegen vertieft die Zusammenarbeit, indem sie eine engere und umfassendere Integration der Teams anstrebt. Hier würden die Marketing- und Entwicklungsabteilung proaktiv und regelmäßig in Workshops miteinander arbeiten, um ein gemeinschaftliches Konzept für die Produkt- und Marketingstrategie zu entwickeln.

Kollaboration entsteht aus Überzeugung, setzt auf gegenseitiges Vertrauen, effektive Kommunikation und die Verschmelzung der verschiedenen Fähigkeiten der Teammitglieder. Sie führt zu einem intensiveren, nahtlosen Ideen- und Gedankenaustausch, wobei die individuellen Beiträge ineinander übergehen und sich ergänzen.

Kollege Roboter

Und diese wird sich schneller entfalten als die meisten Menschen erahnen. Die Integration von KI in viele Geschäftsprozesse wird die Art und Weise, wie wir arbeiten, nachhaltig verändern. Es zeichnet sich bereits heute deutlich ab, dass Künstliche Intelligenz am individuellen Arbeitsplatz oder auch in Team-Meetings eine immer wichtigere Rolle spielen wird. Sei es als unterstützendes Werkzeug bei der Büroarbeit, als Automatisierungsinstrument oder gar als virtuelles Teammitglied in Präsenz- oder Online-Meetings. Die KI wird in vielfältiger Weise den Arbeitsalltag mitgestalten. Hieraus ergeben sich viele neue Themen, die es in vorausdenkender Weise zu klären gilt. Die Frage nach den Grenzen der Datenspeicherung und -verarbeitung durch KI in der individuellen und gemeinsamen Interaktion ist berechtigt:

» *Wie weit dürfen die Fähigkeiten von KI in Bezug auf die Speicherung und Verarbeitung von Daten reichen?*
» *Wird die KI, die potenziell als Teilnehmer und Berater in Teamsitzungen agiert, ihre Erkenntnisse exklusiv für die Anwesenden nutzen? Oder sind diese Informationen für alle Mitarbeiter im Unternehmen zugänglich?*
» *Wie viel Vertrauen kann und will man ihr/ihm/es* entgegenbringen und welche Konsequenzen ergeben sich aus einer aktiven Nutzung der Technologie für den eigenen Aufgabenbereich?*

Diese Fragen berühren also nicht nur technische Aspekte, sondern haben auch ethische, rechtliche und soziale Dimensionen. Es ist verständlich, dass Skepsis aufkommt, wenn es um Datenschutz, Vertraulichkeit und die Integrität menschlicher Interaktionen geht. Es bedarf transparenter Richtlinien darüber, wie die KI Informationen verarbeitet und verwertet. Um diesen Bedenken proaktiv zu begegnen, müssen frühzeitig Grundlagen geschaffen werden, die ein angstfreies und forschungsfreundliches Arbeiten ermöglichen.

Es muss ein Rahmen etabliert werden, der einen freien Zugang zu den Fähigkeiten der KI ermöglicht, ohne Restriktionen oder Befürchtungen vor unberechenbaren Konsequenzen. Anstatt KI lediglich in isolierten Arbeitsplätzen oder Abteilungen einzusetzen, sollte sie integraler Bestandteil eines kontinuierlichen und unternehmensweiten Austauschs sein dürfen. In einem **visionären** Teamkontext, in dem sich die Zusammensetzung der Teammitglieder ständig ändert, würde eine anwesende, aufmerksame KI von größtem Nutzen sein. Durch die Beteiligung am abteilungsübergreifenden Erfahrungsaustausch kann sie in Echtzeit mit menschlichen Experten interagieren. Sie stellt Fragen, absorbiert und interpretiert Wissen, gibt Hinweise, liefert Antworten und erstellt noch während des Meetings mit den Teilnehmern abgestimmte individuelle Aktionspläne. Gemeinsam im Team nutzt man so ein erweitertes Potenzial für die Entwicklung neuer Ideen und Lösungsansätze.

Eine leicht zugängliche, eventuell sogar verkörperte[*] ›digitale Instanz‹, die schnellen Zugriff zum gesamten Organisationswissen hat, wird so zum aktiven Mitgestalter des Innovationsprozesses. In Anbetracht der technischen Entwicklungen ist diese Option mehr als nur eine interessante, weit in der Zukunft liegende Idee. Die Einbindung der KI in ein innovatives Arbeitsumfeld, wo sie Einzelnen, ganzen Abteilungen oder temporären Teams maximalen Nutzen bietet, eröffnet neue Dimensionen der Zusammenarbeit und Innovation. Sie wandelt sich von einem reinen Werkzeug zu einem Teammitglied, das die menschlichen Fähigkeiten sinnvoll ergänzt. Dieses Zusammenspiel von Mensch, Maschine und Teamdynamik offenbart ein fantastisches, wettbewerbsrelevantes Potenzial.

Dafür bedarf es einer dynamischen und abteilungsübergreifenden Problemlösungskultur, die ein konstruktives Aufeinandertreffen unterschiedlicher Sichtweisen, Fähigkeiten und Absichten ermöglicht. Im nachfolgenden Kapitel betrachten wir deswegen ein aus der Natur inspiriertes Kollaborationsmodell: die Symbiogenese.

* siehe ›Embodied AI‹, Seite 32

»Das habe ich noch nie vorher versucht,
also bin ich völlig sicher,
dass ich es schaffe.«

Pipi Langstrumpf

Symbiogenese

Die bedeutsame Verbindung

In der Anfangsphase dieses Buches wurde bereits ein wichtiger Grundgedanke eingeführt: Ein Unternehmen existiert nicht als bloße mechanische Struktur, sondern als lebender, idealerweise vitaler Organismus. Um diese Analogie wieder aufzugreifen und weiterzuführen, wird an dieser Stelle das Konzept der ›Symbiogenese‹ eingeführt: ein Führungs- und Kollaborationsmodell, das seinen Ursprung in der Natur hat.

Die Symbiogenese ist ein Begriff, der sich aus den griechischen Wortteilen ›sym‹ (zusammen), ›bios‹ (Leben) und ›genese‹ (Entstehung, Geburt) zusammensetzt. In der Biologie bezeichnet er ein Phänomen, bei dem zwei unterschiedliche Organismen eine dauerhafte und oft untrennbare Beziehung eingehen. Erst durch diese Art des Zusammenlebens entstehen neue Funktionalitäten, die isoliert voneinander unerreichbar wären. Dadurch ergibt sich ein wechselseitiger Vorteil für beide Seiten.

Symbiogenese in der Organisationsentwicklung repräsentiert eine Kollaborationskultur, die Abteilungen, Teams und externe Partner über ihre traditionellen Grenzen hinweg verbindet. Anstelle isolierter Arbeitsbereiche fördert sie einen direkten und regelmäßigen Austausch, der sowohl gezielt als auch spontan stattfinden kann. Das Ziel ist es, intern einen Mehrwert zu erzeugen, der sich deutlich auf den externen Markt auswirkt und dort erkennbare positive Effekte erzielt. Neue Produkte, hochwertige Dienstleistungen oder ein kundenorientierter Gestaltungswille steigern idealerweise die Signifikanz des Unternehmens.

Die Einführung einer symbiogenetischen Denk- und Arbeitsweise erfordert jedoch strukturelle Anpassungen, die unweigerlich zu kulturellen Veränderungen führen werden.

In einer Kultur, die auf gegenseitige Beratung baut und die Eigenverantwortung der Mitarbeiter betont, tauschen Mitarbeiter ihre Fähigkeiten und Perspektiven in einem systematischen Rhythmus aus. Das begünstigt die Entstehung neuer Ideen und Problemlösungswege über Abteilungsgrenzen hinweg. Der Wissensaustausch fördert auch die Kreativität, Flexibilität und Reaktionsfähigkeit des gesamten Unternehmens. Zudem steigert sich dadurch mittelfristig die Geschwindigkeit und Qualität, mit der auf Kundenbedürfnisse oder Veränderungen im Markt reagiert werden kann.

Um dies zu erreichen, muss Wissen alle Distanzen im Unternehmen horizontal durchdringen und vertikal integriert werden. Konkret bedeutet das, ...

- die Marketingabteilung muss verstehen, wie ihre Entscheidungen die finanzielle Situation des Unternehmens beeinflussen,

- die Produktion muss die Auswirkungen ihrer Aktivitäten auf den Vertrieb und die Serviceabteilung verstehen,

- die Personalabteilung muss den Zusammenhang zwischen Mitarbeitermotivation und Kundenzufriedenheit berücksichtigen.

Das Durchdringen auch fachfremder Bereiche in einem Unternehmen schafft Klarheit durch Nachvollziehbarkeit. Wenn Mitarbeiter die Abläufe und Zusammenhänge auch außerhalb ihres eigenen Aufgabengebiets verstehen, entsteht ein ganzheitliches Verständnis der komplexen Unternehmensdynamiken. Diese Nachvollziehbarkeit erzeugt Vertrautheit mit den verschiedenen Prozessen und Abteilungen, aus der sich ein Vertrauen zwischen den Mitarbeitern und Bereichen entwickeln kann.

Durch dieses abteilungsübergreifende Verständnis laufen Prozesse fließender und störungsfreier ab, da Reibungsverluste an Schnittstellen reduziert werden. So trägt die bereichsübergreifende Klarheit und Nachvollziehbarkeit zu einer besseren Zusammenarbeit und erhöhter Effizienz im gesamten Unternehmen bei. In der Konsequenz ergibt sich eine Stärkung der Unternehmensresilienz.

Konflikte und Talente

Symbiogenese bedeutet, dass eine dauerhafte und tiefe Integration der individuellen Fähigkeiten in die operative Struktur erreicht wird. Hier unterscheidet sich die Symbiogenese auch von der Symbiose, die eher auf eine temporäre und oberflächlichere Form des Zusammenlebens verschiedener Einheiten abzielt.

Ein Team, das auf rein symbiotische Prozesse setzt, wird dazu neigen, sich auf die bequemen und naheliegenden Aspekte der Zusammenarbeit zu konzentrieren. Hier können Konflikte vermieden und Synergien ohne größere Anstrengungen genutzt werden. Menschen tendieren von Natur aus dazu, den Weg des geringsten Widerstands zu wählen. Wir favorisieren Lösungen, die uns einen unmittelbaren Vorteil bieten, ohne dass wir dafür unsere Gewohnheiten ändern müssen. Diese Oberflächlichkeit führt jedoch dazu, dass Potenziale für Innovation und Wachstum ungenutzt bleiben. Symbiogenese hingegen steht für die Absicht, ein Miteinander auf einer grundlegenden Ebene zu erreichen. Es bedeutet, in die Tiefe zu gehen, über eine einfache Kooperationsabsicht hinaus. Sie fordert von den Teilnehmern, sich auch den unbequemen Aspekten der Zusammenarbeit zu stellen. Erst durch das Aufeinandertreffen unterschiedlicher Perspektiven und individueller Wahrheiten werden die Beteiligten dazu getrieben, sich mit anderen Sichtweisen auseinanderzusetzen und die eigenen Standpunkte kritisch zu hinterfragen.

In diesem Konflikt liegt das Potenzial für Innovation, denn der Prozess der Auseinandersetzung dient als Werkzeug zum systematisch provozierten Perspektivwechsel. Er regt dazu an, eingefahrene Denkmuster auf den Prüfstand zu stellen und neue Herangehensweisen zu erkunden. Dabei werden auch verborgene Talente und Fähigkeiten zum Vorschein kommen, die im Arbeitsalltag bisher nicht genutzt wurden. Die Impulse, die durch das Aufeinandertreffen unterschiedlicher Sichtweisen entstehen, können als Katalysator wirken, der tatsächlich unbekannte Potenziale freisetzt.

In einem Umfeld, das den offenen Austausch und die Wertschätzung unterschiedlicher Sichtweisen fördert, fühlen sich Mitarbeiter ermutigt, ihre Talente zu zeigen und Neues auszuprobieren. Sie erleben, dass ihre individuellen Beiträge prozessrelevante Auswirkungen haben können, was sie motiviert, ihr volles Potenzial zu entfalten. Dafür müssen Unternehmen konzeptionelle Räume schaffen, in denen auch unbequeme Meinungen gehört und wertschöpfend verarbeitet werden können.

Wenn die Menschen die Freiheit erhalten, ihre natürlichen Fähigkeiten und Interessen im Arbeitsalltag einzubringen, entsteht eine selbstverständliche Passform zwischen Individuum und Aufgabe. Es kommt zu einer Art professioneller Synchronizität, in der Menschen nicht mehr gegen den Strom ihrer eigenen Begabungen schwimmen. Sie können das einfließen lassen, was sie exzellent beherrschen. Und natürlich fühlen sich Menschen in einem Umfeld, in dem ihre individuellen Fähigkeiten und Kompetenzen als wertvoller Beitrag anerkannt werden, auch deutlich wohler.

Diese Wertschätzung fördert eine positive Dynamik, die das berufliche Engagement verstärkt und das Zugehörigkeitsgefühl zur Organisation intensiviert. Es entsteht eine logische Rückkopplungsschleife auf der Basis echter Anerkennung.

Dass die Aufmerksamkeit gegenüber nicht direkt arbeitsrelevanten Fähigkeiten Einzelner auch ein wertschöpfender Faktor ist, zeigen Beispiele:

- Ein global agierendes Logistikunternehmen integrierte die Leidenschaft einer Mitarbeiterin für interkulturelle Kommunikation in sein Schulungsprogramm. Dies führte zu verbesserten Kommunikationsfähigkeiten unter den internationalen Teams. Das wiederum steigerte die Effizienz der globalen Operationen und brachte eine Reduktion von Missverständnissen und kostspieligen Fehlern mit sich.

- Ein firmeninternes kleines Marketingteam entdeckte, dass einer der Grafikdesigner eine Leidenschaft für Psychologie hatte. Sie nutzten sein bisher unbekanntes Wissen, um Werbekampagnen zu entwickeln, die auf tiefenpsychologischen Prinzipien basierten. Der Erfolg dieser Kampagnen war außergewöhnlich, da sie die anvisierte Zielgruppe auf einer unerwartet emotionalen Ebene erreichten.

Unternehmen, die erkennen, wie wichtig es ist, Menschen an ihren ›richtigen Platz zu finden‹, schaffen nicht nur mitarbeiterorientierte Wohlfühlfaktoren, sondern auch wirtschaftliche Vorteile. Die Kunst besteht darin, für jede Fähigkeit die passende und erfüllende Position zu entdecken.
Durch das Erkennen und Fördern individueller Begabungen und Interessen entsteht eine Win-win-Situation, die zum strategischen Vorteil für Unternehmen wird und eine vielfältige und bereichernde Arbeitsumgebung verspricht. Genau aus diesen Gründen sollten Unternehmen auch bereit sein, sich für scheinbar abstrakte Konzepte und Praktiken zu öffnen.

- Warum nicht die Techniken einer gut strukturierten, aufgeräumten Küche in die Planung von Projekten integrieren? Das Prinzip des ›Mise en Place‹ kann die Projektrealisation tatsächlich leichter gestalten.

- Die Prinzipien der Musikkomposition können in die Softwareentwicklung einfließen. Harmonie, Rhythmus und Struktur in der Musik können als Modell für gut aufgebauten und effizienten Code dienen.

- Auch Stand-up-Comedy-Übungen im Kundenservice seien hier empfohlen. Nichts schult das Timing, die Analyse der Körpersprache und die Schlagfertigkeit besser als die Kunst der Improvisation vor einem Publikum mit Erwartungshaltung. Die Verbesserung der Reaktionsfähigkeit in stressigen Situationen kann die Qualität des zwischenmenschlichen Umgangs im Kundendienst erheblich steigern.

Diese Szenarien sind nicht fiktiv, sondern zeigen Beispiele von Kunden, die innovative Ansätze zur Steigerung des Mitarbeiterengagements und der Mitarbeiterbindung umgesetzt haben.

Es erfordert die Fähigkeit zum abstrakten Denken, um ›nicht-heimische‹ Prinzipien als Teil des organisatorischen Wissensschatzes zu betrachten. Es ist zugleich mutig und weitsichtig, den Mitarbeitern, die diese Ideen vertreten, die Freiheit zu geben, sie in ihren Arbeitsalltag zu integrieren. Und diese Freiheit unterstützt auch glaubhaft die Botschaft der Diversität.

Fehlertoleranz

Da wären wir also wieder beim Appell an eine Arbeitsumgebung, die die Menschen ermutigt, kreativ zu agieren und das vermeintlich Abwegige zuzulassen. Hier muss nicht permanent an der Incentive-Schraube gedreht werden, damit Mitarbeiter sich wertgeschätzt fühlen. Wenn ihre Ideen und Individualitäten Teil eines dynamischen Gestaltungsprozesses sein dürfen, werden sie sich als aktive Gestalter und nicht bloß als Ausführende empfinden. Statt auf kurzfristige monetäre Anreize zu setzen, sollten Unternehmen eine tiefere, symbiogenetische Verbindung mit ihren Mitarbeitern anstreben. Das verlangt ein variantenreiches Denken und die Bereitschaft, aus verschiedenen Quellen zu lernen. Und natürlich ist das in einer fehlertoleranten Kultur einfacher umzusetzen.

Die Studie »Company Resilience« der Germantech Foundation aus dem Jahr 2023 liefert wertvolle Erkenntnisse zum Umgang mit Fehlern in Unternehmen.[14] Dafür wurden Führungskräfte aus 300 Unternehmen der Deutschen Wirtschaft befragt. Sie betont ausdrücklich, wie wichtig eine offene Fehlerkultur für die Resilienz und grundsätzliche Innovationskraft ist, insbesondere in Krisenzeiten. Überraschenderweise lebt aber nur die Hälfte der als widerstandsfähig geltenden Unternehmen eine solche konstruktive Kultur. Angesichts der allgemeinen Anerkennung ihrer Wirkung auf die Innovationsleistung ist das eine erstaunliche Diskrepanz zwischen Erkenntnis und Praxis.

Auch die von EY durchgeführte Studie »Fehlerkultur Report 2023« hat aufschlussreiche Erkenntnisse zutage gefördert.[15] 800 Angestellte und 200 Führungskräfte aus unterschiedlichen Branchen wurden dazu befragt. 51 % der Teilnehmer sehen als Hauptproblem einer abwesenden Fehlerkultur, dass ihr Fehlen die Innovationsaktivitäten ausbremst. Ihnen ist bewusst, dass dadurch auch ein Verlust der Wettbewerbsfähigkeit droht. 50 % fürchten, dass vertuschte Fehler zu Skandalen eskalieren könnten, und 55 % nennen die Demotivation der Mitarbeiter als eine der größten Gefahren.

Die Sorge vor Konsequenzen aus Fehlentscheidungen und Fehlern ist allgegenwärtig. Diese höchst bedenklichen Ergebnisse unterstreichen die zentrale Bedeutung einer offenen Fehlerkultur für die Resilienz und das Innovationspotenzial von Unternehmen.

Radikale Zusammenarbeit

Durch die Idee, die Symbiogenese auf ein unternehmerisches Ökosystem zu übertragen, eröffnen sich viele neue Perspektiven. Auch hier gilt, dass Unternehmen nicht einfach hierarchische Gebilde sind, die sich von oben nach unten steuern lassen. Zumindest gilt das in der heutigen Unternehmenswelt, in der rasche Entscheidungen allgegenwärtig sind. Hier erscheint der hierarchische Ansatz veraltet.

Folgen wir hier der Organismus-Analogie, dann sind Unternehmen lebende Entitäten, in denen verschiedene Abteilungen oder Organe weitgehend autonom, hoch kommunikativ und adaptiv agieren müssen. Das macht sie effizient. Doch der Begriff ›Autonom‹ suggeriert eine gewisse Isoliertheit – eine Eigenständigkeit, die in Wirklichkeit nicht existiert. Wie im menschlichen Körper sind Teams und Individuen in Unternehmen eben keine isolierten Einheiten, sondern Bestandteile eines umfassenden Systems. Sie agieren scheinbar autonom, indem sie spezifische Aufgaben erfüllen, ohne direkt von anderen Teams oder Abteilungen« gesteuert zu werden. Ihre Freiheit endet jedoch dort, wo die Ziele und Bedürfnisse anderer oder des Gesamtunternehmens beginnen. Sie agieren autonom, sind aber gleichsam abhängig.

Die Symbiogenese akzeptiert dieses Paradox und arbeitet damit: Individuen und Teams befinden sich in einem permanenten Wechselspiel von Geben und Nehmen und sind nicht mehr ausschließlich für ihre jeweiligen Aufgabenbereiche verantwortlich. Sie berücksichtigen auch, wie ihre Expertise und Aktivitäten die Arbeit anderer Teams und Teammitglieder beeinflussen.

Grundsätzliches Ziel ist es, von den Kenntnissen anderer angrenzender Bereiche oder Abteilungen zu profitieren und systematisch Wissen auszutauschen. Indem alle Beteiligten die Prozesse nicht nur an ihrem Endergebnis oder Übergabepunkt erleben, sondern bereits deutlich früher einbezogen werden, können sie diese besser verstehen. Hier arbeiten Marketing- und Produktentwicklungsteams systematisch zusammen, um zum Beispiel Produktstarts effektiver zu gestalten. Im Marketing führt das zu einem grundlegend besseren Produktverständnis. Auf Seiten der Produktentwicklung beeinflussen die Einblicke aus dem Marketing das Produktdesign in kleinen, aber entscheidenden Details.

Ähnliches geschieht, wenn sich Forschungs-, Entwicklungs- und Produktionsabteilungen sowie der Vertrieb ausreichend Zeit füreinander nehmen. Wenn Kundenfeedback und Praxiserfahrungen regelbasiert geteilt und ausgewertet werden, hat das spürbare Auswirkungen auf die Innovationsfähigkeit des Unternehmens. Innovationen entstehen häufig an den Schnittstellen verschiedener Erfahrungs- und Wissensbereiche.

Wenn sich die produktionsrelevanten Abteilungen mit marktnahen Einheiten wie dem Vertrieb, dem Kundenservice oder direkt mit Kunden verbinden, entsteht eine kreative Verbindung zwischen Theorie und Praxis. Dieser systematische Austausch ermöglicht es, Innovationen hervorzubringen, die Kundenbedürfnisse sehr praxisorientiert bedienen. Wichtig ist hier die Bereitschaft, Wissen zu teilen. Das kann auch in einem sehr dynamischen Umfeld stattfinden: in kurzen Meetings, bei spontanen Gesprächen am Kaffeetisch oder in schnellen Teamcalls.

Grenzenlos?

Nicht im isolierten Handeln liegt die Meisterschaft, sondern in der kunstvollen Verschränkung der individuellen Potenziale. Im Bereich des Wissensmanagements etablieren einige Unternehmen bereits heute eine Kultur des Teilens, in der Informationen frei fließen, anstatt gehortet zu werden. Dies erinnert an ein Ökosystem, in dem alle Teile voneinander abhängig sind und gemeinsam wachsen.

Die Aufforderung zur radikalen Zusammenarbeit, die sich daraus ergibt, könnte vielen vertraut sein: Gerne wird sie in dem Konzept der ›abteilungsübergreifenden Zusammenarbeit‹ verallgemeinert. Doch je größer das Unternehmen, desto öfter entpuppt sich dieser Begriff als verführerisches Schlagwort in Unternehmenspräsentationen. Gelebte Realität hingegen ist sie nicht.

Bei genauerer Betrachtung offenbaren sich zahlreiche unangenehme Hindernisse in der oft gepriesenen Erfolgsgeschichte der internen Kooperation. Diese reichen von subtilen Animositäten zwischen den Abteilungen bis hin zu einer Kultur der Informationszurückhaltung. Es kommt immer wieder zu Missverständnissen, die Verzögerungen und Frustrationen nach sich ziehen. Ressourcenkonflikte entstehen, bei denen jede Abteilung ihre eigenen Ziele verfolgt. Alles Einzelereignisse, die in ihrer Gesamtheit dem Geist der Kollaboration widersprechen. Viele dieser Probleme entspringen den Unklarheiten bezüglich der Verantwortlichkeit und Nutznießung: Wer ist zuständig, wenn abteilungsübergreifend gearbeitet wird? Wem werden die süßen Früchte des Erfolges angerechnet? Wer muss die Last eines eventuellen Versagens tragen?

Es genügt nicht, lediglich die Idee der abteilungsübergreifenden Zusammenarbeit zu loben. Eine kritische Analyse der gesamten Arbeitsprozesse, ein Blick hinter die Kulissen, wäre dringend notwendig. Dabei würde sich eine Vielzahl an Widersprüchen und latenten Konflikten offenbaren.

So ist die Realität des Handelns im Unternehmensalltag geprägt von isolierten Geschäftszweigen, Silodenken und unzugänglichen

Wissensbereichen. Ganz unabhängig davon, was der Öffentlichkeit in den bereits erwähnten Unternehmenspräsentationen vermittelt wird. Latente Konflikte und Misstrauen, die aus unglücklichen Ereignissen und Missverständnissen der Vergangenheit resultieren, wirken wie unsichtbare Mauern. Hier werden Kommunikation und Kollaboration erschwert oder sogar verhindert.

Unter diesen Umständen kommt der Führungskraft eine zentrale Funktion zu: Es ist ihre Aufgabe, mentale Blockaden und emotionale Befindlichkeiten zu identifizieren, Unterstützung anzubieten, um diese zu überwinden und die gemeinsame Leistungskraft wieder herzustellen. Ihre Führungs-›Kraft‹ wird hier nicht durch die Fähigkeit definiert, detaillierte Anweisungen zu geben. Sie kann ihre Kompetenz beweisen, indem sie ein Milieu schafft, in dem autonome und selbstorganisierte Teams effektiv arbeiten können.

Die Führungskraft von heute agiert weniger als Befehlsgeber, sondern mehr als Moderator, Impulsgeber und Orientierungspunkt in kritischen Momenten. Das bedeutet, dass sie nur noch im Einzelfall eingreift. Die Ausnahme des Einmischens muss zur Regel werden. In einem System, das die Autonomie seiner Einheiten betont, wäre eine ständige Intervention von Führung kontraproduktiv. Sie wäre ein Zeichen von Misstrauen.

Der Eingriff der Führungskraft wird somit zum gezielten Akt in Momenten, die das System aus seiner Bahn zu werfen drohen, oder wenn sich unerkannte Möglichkeiten bieten, die ansonsten ungenutzt blieben. Es geht um Situationen, in denen die selbstorganisierenden Mechanismen an ihre Grenzen stoßen. Etwa bei Zielkonflikten zwischen Abteilungen, bei gravierenden Fehlentwicklungen oder disruptiven Veränderungen im Markt. Möglicherweise sind die betroffenen Instanzen gar nicht in der Lage, ihre eigene Situation oder ihre Betroffenheit zu erkennen oder angemessen einzuschätzen. Nur in diesen Momenten sind die klare Positionierung und Entscheidungsfähigkeit seitens der Führung gefragt – nicht um zurück ins Alte zu lenken, sondern um den Handlungsrahmen richtungsweisend zu justieren. So können die autonomen Einheiten ihre Potenziale entfalten.

Symbiogenetische Führung

Das ›Management in Ausnahmefällen‹ erfordert von der Führungskraft also ein hohes Maß an Aufmerksamkeit, Kommunikationstalent und Flexibilität. Wie sie mit der Ausnahme des Eingreifens umgeht, entscheidet darüber, ob die Mitarbeiter das neue Kollaborationsmodell akzeptieren und leben. Diplomatie und klare Linien müssen im Gleichgewicht sein, um Vertrauen in die neue Arbeitsweise zu schaffen.

Zu viel Eingriff zerstört die Glaubwürdigkeit. Doch ohne eine Autorität, die die Ausnahme bestimmt, läuft das System Gefahr, seine Orientierung und Anpassungsfähigkeit zu verlieren.

In einem unternehmerischen Ökosystem, das von einem autonom-intelligenten Anspruch an die einzelnen Abteilungen geprägt ist, erfolgt Führung also anders: Sie geschieht nicht durch direkte Kontrolle, sondern durch das Schaffen optimaler Rahmenbedingungen.

Die Hauptaufgaben einer symbiogenetisch handelnden Führungskraft sind demnach ›ermutigen und Ausnahmen entscheiden‹ sowie ›strategische Zurückhaltung‹.

- **Ermutigen und Ausnahmen entscheiden:** In Momenten, in denen das Team keine konsensuelle Lösung findet, müssen Führungskräfte entscheiden. Sie agieren als letzte Instanz, ein sicherer Anker in einem Meer von Möglichkeiten. Gleichzeitig sind sie jene, die ermutigen, Potenziale erkennen und Raum zur Entfaltung bieten.

- **Strategische Zurückhaltung:** In den meisten Fällen werden Führungskräfte jedoch zurückhaltend sein, um den Mitarbeitern den Freiraum für eigene Entscheidungen und Lösungen zu geben. Diese Balance zwischen Loslassen und Intervention ist ausschlaggebend. Sie setzt ein hohes Maß an Selbstbewusstsein, Vertrauen und Führungsreife voraus.

Die Führungskraft in einer symbiogenetisch handelnden Organisation versteht die Paradoxien von Freiheit und Struktur, von Autonomie und Abhängigkeit. Sie praktiziert eine Führungskultur, die Komplexität nicht reduziert, sondern beherrschbar macht. Die Teammitglieder besitzen das Potenzial, diese Komplexität selbstständig zu meistern. Sie bilden die kohärente Struktur im Chaos, indem sie aus eigener Kraft die Herausforderungen bewältigen. Die Führung achtet darauf, dass das System offen für neue Erkenntnisse bleibt, Wissen teilt und konsequent abteilungsübergreifend kommuniziert.

In Silos

Dies erfordert kontinuierliche Anstrengungen, um der Isolierung von Abteilungen entgegenzuwirken, die sich durch eine Abneigung gegen das proaktive Teilen von Informationen auszeichnet. Ein Silodenken ist nicht nur kontraproduktiv, sondern schadet der gesamten Organisation. Paradoxerweise entsteht es als Nebenprodukt eines tief verwurzelten Bedürfnisses nach Kontrolle: Es drückt das Streben nach Effizienz in klar definierten Aufgabenbereichen aus. Dabei wird übersehen, dass viele der heutigen Herausforderungen nicht innerhalb der starren Grenzen einer einzelnen Abteilung gelöst werden können. Komplexe Probleme erfordern ein multidisziplinäres Denken und synchronisiertes Handeln, um Organisationsresilienz und Innovationen zu gewährleisten. Der Bereichsegoismus fördert lediglich ein Mindset, bei dem sich Abteilungen nicht als Partner, sondern als Rivalen im Kampf um begrenzte Ressourcen betrachten. Unter solchen Umständen sind der Austausch von Know-how und die Nutzung von Synergien nicht die Regel – sie sind die bedauerliche Ausnahme.

Dieser Zustand wird weiter verschärft durch leistungsbasierte Anreizsysteme, die Einzelleistungen belohnen und dadurch eine Inselmentalität fördern. Die Organisation läuft Gefahr, in einer ›sich selbst erfüllenden Prophezeiung‹ gefangen zu sein. Indem sie die Effizienz einzelner Abteilungen belohnt, minimiert sie paradoxerweise die Gesamteffizienz. Es ist, als würde man die einzelnen Komponenten eines Uhrwerks separat optimieren. Eine Betrachtung, wie die fragilen Einzelteile zusammenwirken, um die Zeit präzise messen zu können, findet nicht statt.

Um das zu ändern, ist eine systemische Betrachtungsweise erforderlich. Führungskräfte müssen die Abteilungsziele im Kontext der übergeordneten Organisationsziele sehen und entsprechend handeln. Nur durch den bewussten Abbau von Abteilungsgrenzen und die Förderung von Schnittstellenkompetenz kann die Organisation ihre volle Leistungsfähigkeit entfalten.

Die drei folgenden Negativbeispiele veranschaulichen das.

Produktentwicklung und Marketing

In einem Technologieunternehmen hat die Produktentwicklungsabteilung monatelang isoliert an einer neuen Softwarelösung gearbeitet. Erst kurz vor dem offiziellen Launch wurde das Marketingteam einbezogen. Aufgrund von Personalmangel war es den Marketingexperten nicht erlaubt, den Entwicklungsprozess zu begleiten. Dies führte dazu, dass sie die Einzigartigkeit und die komplexen Funktionen der Software nur unzureichend verstehen konnten. Die Konsequenz ist eine Marketingkampagne, die nicht den gewünschten Effekt erzielt. Das Produkt wird die ursprünglichen Verkaufserwartungen nicht erfüllen.

Automobilindustrie

In einem Automobilkonzern sind die Abteilungen für Motorenentwicklung und Abgasreinigung strikt voneinander getrennt. Während die Motorenabteilung sich auf Leistung und Effizienz konzentriert, steht für die Abgasreinigung der Umweltschutz im Vordergrund. Mangels abteilungsübergreifender Koordination kommt es immer wieder zu Konflikten in der finalen Produktintegration. Das beeinträchtigt sowohl die Leistung als auch die Umweltverträglichkeit des Fahrzeugs.

Einzelhandel

In einem großen Einzelhandelsunternehmen arbeiten Einkauf, Vertrieb und Lager in großen Teilen unabhängig voneinander. Der Einkauf ordert Produkte, basierend auf historischen Daten. Das Lager optimiert hingegen die Lagerhaltungskosten. Der Vertrieb fokussiert sich derweil auf kurzfristige Umsatzziele.
Das Resultat ist ein unausgewogener Warenbestand, bei dem manche Produkte schnell vergriffen sind, während andere sich stapeln. Das führt immer wieder zu erheblichen Abschreibungen und wirtschaftlichen Verlusten.

In diesen drei Beispielen zeigt sich, wie Abteilungsbarrieren die gesamte Organisation schwächen. In der Regel ist ein Silodenken nicht das Ergebnis einer bewussten Entscheidung oder Planung. Es entsteht aus historisch verankerten Fehleinschätzungen, falsch verstandenen Aufgabenstellungen und zwischenmenschlichen Dynamiken. Das Ergebnis ist aber, dass sich jede Abteilung als eigenständige Entität verhält. So können Ressourcen, Fähigkeiten und Chancen nicht optimal eingesetzt werden. Diese Selbstgenügsamkeit verhindert die Bildung eines kohärenten, synergetischen Ganzen.

Versunken im Dogma der Zielerreichung vergisst so mancher Prozessverantwortliche eine grundlegende betriebswirtschaftliche Weisheit: Das Ganze ist mehr als die Summe seiner Teile. Dafür braucht es eine ganzheitliche Vision, die den Fokus weg von der isolierten Effizienz einzelner Abteilungen lenkt. Die Gesamteffizienz und -effektivität der Organisation müssen das Ziel sein.

Vorbild Start-up

Aufgrund ihrer spezifischen Umstände neigen Start-ups von Natur aus eher zu Arbeitsmethoden, die symbiogenetisch statt symbiotisch sind. In jungen Unternehmen sind die Abteilungsgrenzen noch fließend und es existiert eine Aufbruchsstimmung, die alle Mitarbeiter eint. Jeder Einzelne identifiziert sich stark mit dem Unternehmen. Durch die anfängliche Kleinheit der Organisation sind intensive Interaktionen und ein permanenter Wissensaustausch zwischen allen Beteiligten erforderlich. Es herrscht eine ›Wir-Kultur‹, die Unterschiede egalisiert.

Start-ups müssen schnell handeln und radikal innovativ sein, um sich am Markt zu behaupten. Dies erzwingt eine enge Kooperation über Abteilungen hinweg sowie das Entstehen neuer Fähigkeiten und Verhaltensmuster. Im Laufe der Zeit verschmelzen die einzelnen Unternehmensbereiche immer stärker zu einer Einheit. Sie passen sich einander an und werden voneinander abhängig.

So entsteht eine neue identitätsstiftende Ganzheit: Die wachsenden Herausforderungen zwingen sie zur Kollaboration.

Dieser symbiogenetische Prozess der Integration zu einem einzigartigen Organismus mit emergenten Eigenschaften ist typisch für erfolgreiche Start-ups in ihrer Frühphase. Die starren Abgrenzungen etablierter Unternehmen existieren hier nicht. Stattdessen herrscht eine Kultur der Flexibilität, des Teilens und der kollektiven Identität.

Start-ups zeichnen sich häufig dadurch aus, dass nicht die Zugehörigkeit zu einer Abteilung und formale Hierarchien zählen, sondern die Expertise und das Engagement der Mitarbeiter. Es herrscht eine Kultur der offenen Kommunikation und Zusammenarbeit über vermeintliche Grenzen hinweg. Sie reagieren schnell auf neue Gegebenheiten und mögliche Wachstumschancen. Wenn sich eine Chance bietet, das Unternehmen voranzubringen, arbeiten alle mit ihrer individuellen Kompetenz daran. Es werden kurzfristig projektbezogene Teams gebildet, die die besten Köpfe aus allen Bereichen zusammenbringen. So entstehen innovative Lösungen, die das Unternehmen in seiner Gesamtheit weiterentwickeln.

Diese Flexibilität und der Fokus auf das große Ganze betonen das Bestreben junger Unternehmen, Resilienz durch Anpassungsfähigkeit zu erreichen. Idealerweise identifiziert sich jeder Einzelne voll und ganz mit der gemeinsamen Unternehmung und ihren Zielen. Erst dadurch entstehen die notwendige Radikalität und Geschwindigkeit, um innovativ zu sein und sich in einem dynamischen Umfeld zu behaupten.

Die symbiogenetische Selbstverständlichkeit des Teilens und der Kollaboration ist hier Existenzgrundlage und ein Werkzeug zur Zielerreichung.

i: Symbiogenese im Unternehmen

Eine Zusammenfassung der wichtigsten Punkte zum symbiogenetischen Kollaborationsmodell:

- Es basiert auf dem biologischen Prinzip der Symbiogenese, bei dem unterschiedliche Organismen eine dauerhafte und untrennbare Beziehung eingehen. Aus dieser Verbindung entsteht ein neuer Organismus.

- Übertragen auf Unternehmen bedeutet es, dass Abteilungen und Teams nicht isoliert arbeiten, sondern in enger Verbindung und Abhängigkeit zueinander stehen. Durch gegenseitige Anpassung und Ressourcenteilung entsteht eine interdependente Beziehung zwischen den Parteien. Sie wechseln dadurch in den Zustand der Kollaboration. Erst im Rahmen dieser intensiven Dynamik bildet sich die Fähigkeit heraus, emergente Phänomene zu produzieren.

- Es findet ein intensiver, existenzieller Austausch von Informationen und Ressourcen zwischen den Abteilungen statt. Wissen wird nicht gehortet, sondern ist Allgemeingut.

- Mitarbeiter bringen ihre individuellen Kompetenzen und Sichtweisen systematisch ein. Durch die Integration und Wechselwirkung entstehen innovative Lösungen, die in den einzelnen Teilen nicht angelegt waren.

- Die Führungskräfte ermöglichen selbstorganisiertes Arbeiten und intervenieren nur in Ausnahmefällen. Sie schaffen Bedingungen für die Herausbildung einer interdependenten Unternehmensidentität.

- Ziel ist eine agile und anpassungsfähige Organisation, die als Ganzes auf Veränderungen reagieren kann. Nachhaltiges Wachstum entsteht durch das Streben nach enger Verzahnung, Austausch zwischen den Bereichen, Synergien und emergenten Phänomenen.

Abgrenzung zur Symbiose: Während der im Unternehmenskontext oft verwendete Begriff ›Symbiose‹ eher einen punktuellen Austausch beschreibt, meint die Symbio**genese** eine fundamentale, unauflösbare Verbindung zwischen Unternehmenseinheiten. Sie mündet in emergenten Phänomenen und in der Herausbildung einer gemeinsamen neuen Organisationsidentität.

Bevor wir uns mit der praktischen Umsetzung eines symbiogenetischen Kollaborationsmodells beschäftigen, wollen wir dessen Auswirkungen objektiv analysieren. Wir werden sowohl die positiven als auch die negativen Konsequenzen betrachten.

Kurzfristige Konsequenzen

Die Einführung sorgt dafür, dass die Grenzen zwischen Abteilungen durchlässig werden. Das führt zu einer direkten Erhöhung des Informationsaustausches. Jeder Mitarbeiter sieht sich plötzlich mit mehr Informationen konfrontiert, als nur denen, die für seine bisherige reguläre Arbeit nötig waren. Auch die Daten, Erwartungen und Ziele anderer Abteilungen müssen nun Berücksichtigung finden. Doch die menschliche Kapazität zur Informationsverarbeitung ist endlich. Der kognitive Aufwand, der zur Verarbeitung dieser zusätzlichen Informationen erforderlich ist, beeinträchtigt die Entscheidungsqualität und -geschwindigkeit. Es entsteht eine Entscheidungsparalyse: Da die Mitarbeiter so viele Daten und Perspektiven zu berücksichtigen haben, wird das Treffen einer Entscheidung unverhältnismäßig schwierig und zeitaufwendig. Die Versuchung, sich auf Oberflächlichkeiten zu konzentrieren oder gar Ad-hoc-Entscheidungen zu treffen, steigt.
Mit dem Aufweichen der Abteilungsgrenzen verschwimmen auch klare Zuständigkeitsbereiche. Mitarbeiter, die bisher eine feste Rolle in einem klar definierten Rahmen hatten, könnten anfangen, ihre Position und ihren Wert für das Unternehmen zu hinterfragen. Auch die kontinuierliche Interaktion über Abteilungsgrenzen hinweg bringt Herausforderungen. Mitarbeiter finden sich plötzlich in Projekten und Diskussionen wieder, die nicht unmittelbar ihren bisherigen Erfahrungen oder Qualifikationen entsprechen. Diese neue Freiheit wird von einigen als erfrischend und motivierend empfunden. Sie kann jedoch auch als zusätzliche Last oder sogar als Bedrohung wahrgenommen werden.
Dieser Zustand der Unsicherheit hat verschiedene mögliche Auswirkungen. Zum einen kann die Produktivität leiden, wenn

nicht klar ist, wer welche Aufgaben übernehmen soll. Zum anderen können Teamkonflikte entstehen, wenn mehrere Personen glauben, für den gleichen Aufgabenbereich zuständig zu sein. Oder aber: Niemand fühlt sich zuständig. Es braucht also klare Aufgabenzuweisungen und -annahmen.

Polarisierung

Wenn die Grenzen zwischen diesen Abteilungen durchlässig werden, trifft man nicht nur auf verschiedene Expertisen und Fähigkeiten. Plötzlich stehen auch divergierende Wertesysteme im Raum. Denn jede Abteilung, ob es nun die IT, der Vertrieb oder die Personalabteilung ist, hat über die Jahre hinweg eigene Verhaltensweisen, Prioritäten und sogar eine eigene Sprache entwickelt. Diese Differenzen sind nicht bloß oberflächliche Eigenarten. Sie sind Manifestationen tief verwurzelter Wertesysteme, die das Handeln der Mitarbeiter und die Entscheidungsfindung in diesen Abteilungen prägen. So wird eine Abteilung, die auf Effizienz und Kostenersparnis getrimmt ist, mit einer anderen kollidieren, in der Qualität und Kundenzufriedenheit höchste Priorität genießen.

Diese Auseinandersetzungen können über sachliche Diskrepanzen hinausgehen und emotional stark aufgeladen sein. Plötzlich werden Expertenwissen und bisher selten hinterfragte Glaubenssätze durch Wortmeldungen neuer Teilnehmer herausgefordert. Disharmonien und Widerstände, die aus solchen Wertekonflikten resultieren, können die Zielerreichung verlangsamen und sogar das Abteilungsklima vergiften.

Zudem ziehen sie eine mögliche Polarisierung nach sich: Statt einer integrativen und schöpferischen Beziehung tritt eine Art ›Abteilungs-Tribalismus‹ auf, bei dem jede Partei versucht, ihre Werte als die überlegenen darzustellen.

Und doch ... – trotz aller Risiken, gerade in der Anfangsphase eines solchen Kollaborationsmodells, gibt es unvermittelt auftauchende Leuchtturmerlebnisse.

Die frühzeitige Einbindung von abteilungsfremdem Denken und der Austausch zwischen Abteilungen schaffen eine hohe organisatorische Agilität. Diese resultiert schon kurzfristig in einer gesteigerten Reaktionsfähigkeit. In einer solchen Struktur befinden sich wichtige Informationen bereits im Fluss, lange bevor klassische Hierarchien die Kommunikation ermöglichen würden. Der Informationsaustausch erfolgt horizontal, nicht vertikal. Er funktioniert fließend über Abteilungsgrenzen hinweg und schafft damit die Voraussetzungen für schnelle, gemeinsame Entscheidungsfindungen.

Nehmen wir an, die Marketingabteilung erkennt eine Marktlücke oder eine Veränderung im Konsumentenverhalten. In traditionellen Strukturen würde diese Erkenntnis einen hierarchischen Weg nehmen, möglicherweise sogar über mehrere Ebenen hinweg. Irgendwann kommt die Nachricht in der Produktentwicklung oder beim Vertrieb an. Wann genau, bleibt Spekulation.

In einer symbiogenetischen Organisation wird diese Information fast in Echtzeit persönlich mit den relevanten Abteilungen geteilt. Die Produktentwicklung kann umgehend Anpassungen vornehmen, der Vertrieb kann seine Strategie modifizieren und das Management eine Benachrichtigung über den Vorgang erhalten. Dies ermöglicht eine rasche Reaktion auf externe Veränderungen und somit einen signifikanten Wettbewerbsvorteil.

Die Nachteile überwiegen

Es ist offensichtlich, dass die Nachteile in der Anfangsphase der Implementierung deutlich überwiegen. Dies ist eine natürliche Konsequenz, die sich aus dem tiefgreifenden Wandel der Unternehmensstruktur ergibt. Der Mensch hat über Jahrmillionen hinweg Überlebensstrategien entwickelt, die im Kern auf Sicherheit und Bejahung des Bekannten beruhen. Skepsis gegenüber dem Unbekannten war existenziell. Und bei der Einführung eines neuen Kollaborationsmodells handelt es sich auch nicht um geringfügige Anpassungen. Sie bedeutet eine Neuausrichtung, die alle Abteilungen und Arbeitsabläufe einbezieht. Das Gefühl der Überforderung, der Informationsüberflutung und Rollenunsicherheit wirkt wahrscheinlich dominanter als der Vorteil der gesteigerten Reaktionsfähigkeit.

Besonders am Anfang obliegt es den Führungskräften, den Blick der Mitarbeiter und der Organisation als Ganzes zu lenken: von den kurzfristigen Hürden und Unannehmlichkeiten hin zu den mittel- und langfristigen Vorteilen.

Informationsflut, Verwirrung und Neupositionierung sind der Preis für die Erschaffung eines Unternehmens, das schneller, flexibler und widerstandsfähiger ist als zuvor. Wenn die Führung in der Lage ist, dieses Ziel zu kommunizieren, kann das gelingen.

Summary: Die kurzfristigen Konsequenzen

Negativ

- **Informationsüberflutung:** Durch den gesteigerten und gänzlich anderen Informationsfluss können Mitarbeiter sich zunächst überwältigt fühlen, was zu einer Entscheidungsparalyse führen kann.

- **Rollenunsicherheit:** Die neue Struktur und die Anforderung, kontinuierlich jenseits der Abteilungsgrenzen zu agieren, können zu einer Unsicherheit in den eigenen Aufgaben und Verantwortlichkeiten führen.

- **Wertekonflikte:** Unterschiedliche Abteilungskulturen treffen aufeinander, was zu Wertekonflikten führen kann, die Widerstände auslösen und Disharmonien erzeugen.

Positiv

- **Reaktionsfähigkeit:** Durch die frühzeitige Einbindung und den kommunikativen Austausch verschiedener Abteilungen können Entscheidungen schneller getroffen werden.

Mittelfristige Konsequenzen

Der Kampf um Ressourcen, ob personell oder materiell, ist ein natürlicher Reflex im Kontext einer Organisation. Dieser kann sich im Angesicht neuer Möglichkeiten und Synergien sogar verschärfen. Wenn Abteilungen nach einer gewissen Zeit erkennen, welche Potenziale durch eine Kollaboration freigesetzt werden können, entsteht eine Neubewertung des Nutzens dieser Ressourcen. Mitarbeiter mit speziellen Fähigkeiten sind nicht mehr nur für ihre eigene Abteilung wertvoll, sondern für viele. Da jede Abteilung tendenziell ihre eigenen Interessen verfolgt, kann es schnell zu Konflikten kommen, wenn diese Talente ›umworben‹ werden.

Dieses Werben um Personal aus anderen Abteilungen kann zu Spannungen führen. Im schlimmsten Fall kann das die soziale Dynamik des Unternehmens in ein chaotisches Muster verwandeln. Die Beziehungen und emotionalen Verbindungen zueinander würden sich ändern. Das kann der ursprünglichen Absicht, eine kollaborative Organisation zu schaffen, entgegenwirken. Während alle nach den besten Talenten greifen, besteht auch die Gefahr, dass weniger beachtete, aber kritische Aufgaben vernachlässigt werden. Doch die Jagd nach Synergieeffekten darf nicht zu einer Kannibalisierung der Abteilungen untereinander führen. Es muss ein Gleichgewicht herrschen, das sowohl die Entfaltung dieser Synergien ermöglicht, als auch die Stabilität des Systems sicherstellt. Kurzfristige Gewinnerwartungen dürfen nicht zu einem Verlust an organisatorischer Resilienz führen. Es ist eine der schwierigsten Aufgaben im ganzen Transformationsprozess.

Die Aufdeckung von kollaborativen Synergien öffnet Türen, keine Frage. Allerdings kann die bloße Möglichkeit, mehrere Türen gleichzeitig zu öffnen, auch überfordern und der Fokussierung schaden. Dadurch sinkt die Effizienz.

In der Anfangsphase der kollaborativen Neuausrichtung kann das ständige Wechseln zwischen verschiedenen Projekten und Aufgaben sehr zeitintensiv sein. Dadurch werden auch mentale

Ressourcen gebunden. Die Aufmerksamkeit und Konzentration der Mitarbeiter werden fragmentiert, da sie ständig den Fokus ändern müssen. Hinzu kommt der Aufwand für die Koordination zwischen den Abteilungen, der ebenfalls nicht zu unterschätzen ist.

Diese teilweise fragmentierte Arbeitsweise kann ein Gefühl der Unvollständigkeit hervorrufen, da Projekte nicht mit der gewohnten Geschwindigkeit vorankommen, selbst wenn sich die Qualität der Ergebnisse verbessert. Auch in diesem Bereich muss die Führungsebene wachsam sein. Sie muss das Gleichgewicht zwischen der Freiheit kollaborativer Vernetzung, dem Zuwachs an Qualität und der Notwendigkeit, Projekte abzuschließen, im Blick haben.

Sie reden. Sie lernen.

Effizienzverluste sind in der Anfangsphase fast unvermeidlich und müssen als Investition in eine zukunftsfähige Struktur betrachtet werden. Sie erfordern klare Leitlinien, wie weit die Fragmentierung gehen darf, ohne die Kernprozesse der Organisation zu gefährden. Grundsätzlich soll die Möglichkeit, fachübergreifende Expertise in Echtzeit zu konsultieren, Entscheidungsprozesse beschleunigen, nicht verkomplizieren.

Unbestreitbar ist, dass die Erosion von Abteilungsgrenzen einen Quantitäts- und Qualitätssprung in der Unternehmenskommunikation erzeugt. Wo Informationen bisher nur tröpfchenweise zwischen den Abteilungen flossen, entwickelt sich jetzt ein stetiger Strom der Informationsübertragung. Dies wird eine Kommunikationsverbesserung im gesamten Unternehmen zur Folge haben. Dieser erhöhte Informationsfluss wird sich unmittelbar auf die allgemeine Fehlerquote auswirken. Da die Mitarbeiter nun einen besseren Einblick in die Prozesse anderer Abteilungen haben, können Missverständnisse frühzeitig geklärt werden. Projekte, die sonst vielleicht an fehlerhaften Vorannahmen oder unklaren Anforderungen gescheitert wären, finden jetzt in einem klaren Kontext statt. Das Minimieren von Fehlern und Missverständnissen spart im Nachhinein eine Menge Zeit und dadurch wichtige Ressourcen. Es entsteht eine neue Qualität von Transparenz. In einer solchen Kultur der offenen Kommunikation werden Daten und Erkenntnisse nicht mehr als Mittel der Macht eingesetzt werden können. Diese Transparenz hat einen enormen Einfluss auf die resiliente Entwicklung der Unternehmenskultur: Das Vertrauen wächst.

Vielfalt, Risiko und Innovation

Der kollaborative Anspruch der Symbiogenese kann als Katalysator für persönliches und berufliches Wachstum dienen. Indem Mitarbeiter abteilungsübergreifend zusammenarbeiten, erweitern sie nicht nur ihr Aufgabenspektrum und machen ihre Arbeit abwechslungsreicher. Sie gewinnen auch wertvolle neue Perspektiven und ein tieferes Verständnis für die Zusammenhänge und Abläufe im Unternehmen als Ganzes.

Dieser erweiterte Horizont eröffnet neue Möglichkeiten des Handelns. Mitarbeiter erkennen, an welchen Stellschrauben sie drehen können, um Prozesse zu optimieren und die Gesamtleistung zu steigern. Das spornt grundsätzlich an, die eigene Selbstwirksamkeit zu überdenken und fördert die persönliche Entwicklung. Zudem können in der abteilungsübergreifenden Zusammenarbeit neue Fähigkeiten und Kenntnisse erworben werden. Die Notwendigkeit, sich in andere Aufgabenbereiche hineinzudenken, stärkt grundsätzlich die Flexibilität und Anpassungsfähigkeit. In Einzelfällen eröffnet das auch ganz neue Karrierepfade. Und Menschen, die sich eigenverantwortlich entwickeln können, sind auch eher geneigt, sich langfristig an ein Unternehmen zu binden. Wenn sie ihre Fähigkeiten abteilungsübergreifend einbringen dürfen und sollen, erleben sie eine motivierende Aufgabenvielfalt jenseits starrer Grenzen. Erkennen sie zusätzlich, wie ihr Engagement direkt zum Unternehmenserfolg beiträgt, stärkt das die Identifikation mit dem großen Ganzen.

Der disziplinübergreifende Austausch, der das aktive Mitwirken in fremden Prozesslandschaften vorsieht, verändert auch die geschäftlichen Risikofelder. Stellen Sie sich vor, ein Team aus der Finanzabteilung arbeitet eng mit der Entwicklungsabteilung und der Qualitätssicherung zusammen. Jeder dieser Bereiche hat seinen eigenen Blickwinkel auf Risiken: finanzielle Machbarkeit, technische Umsetzbarkeit und Qualitätsansprüche werden sehr wahrscheinlich vielfältig interpretiert. Durch die enge Zusammenarbeit entsteht ein ganzheitliches Risikoprofil, das weit über die Summe der einzelnen Analysen hinausgeht.

Für den konkreten Projektverlauf bedeutet das: Wenn die Finanzexperten frühzeitig in die technischen Planungen involviert sind, können alternative Finanzierungsmodelle entwickelt werden. Sie gewinnen tieferen Einblick in die technischen Herausforderungen und Einsatzszenarien. So können sie Verschleiß, Ausfallzeiten und darauf basierende Serviceangebote antizipieren, die sie in ihre Berechnungen inkludieren. Umgekehrt erhält die Entwicklungsabteilung durch die finanzielle Expertise ein besseres Verständnis für die wirtschaftlichen Rahmenbedingungen ihrer Arbeit. Und die Experten der Qualitätssicherung können Schwachstellen identifizieren, bevor sie zu echten Problemen werden. So wird nicht nur die Produktqualität, sondern auch die finanzielle Planungssicherheit verbessert.

Auch Innovationsprozesse und die Kommunikation der entsprechenden Produkte oder Dienstleistungen werden durch das selbstverständliche Teilen von Expertise und Ressourcen qualitativ aufgewertet. Nehmen wir als Beispiel eine Produktentwicklungsabteilung, die eng mit dem Marketing zusammenarbeitet: Durch den fließenden Austausch von Erkenntnissen aus der Marktforschung und technischem Know-how können Produktanforderungen präziser definiert und schneller umgesetzt werden. In einer solchen Konstellation ergeben sich Möglichkeiten für Innovationen, die in einem geschlossenen System unerkannt bleiben würden. Die Entwicklungsingenieure werden durch die Einblicke des Marketings für Features sensibilisiert, die am Markt Anklang finden könnten. Die Marketingexperten erhalten ein tieferes Verständnis für die technischen Möglichkeiten und Einschränkungen. Dieses Wissen führt zu besseren Produktbeschreibungen und Darstellungen. Die so entstehenden realitätsnahen Kampagnen haben das Potenzial, die Akzeptanz bei der Zielgruppe deutlich zu erhöhen.

Summary: Die mittelfristigen Konsequenzen

Negativ

- **Ressourcenkonflikte:** Die Synergien können Begehren auslösen und zu einem Kampf um Ressourcen führen. Jede Abteilung möchte die besten Talente für sich beanspruchen.

Neutral

- **Effizienzsteigerung bzw. -verlust:** Durch den Zugang zu Ressourcen und Wissen anderer Abteilungen können Aufgaben schneller und besser gelöst werden. Während die Erschließung von Synergien als positiv angesehen wird, kann sie gleichzeitig zu einer Kannibalisierung der Abteilungen untereinander führen. Dadurch droht ein vorübergehender Effizienzverlust.

Positiv

- **Kommunikationsverbesserung:** Die Öffnung von Abteilungsgrenzen führt zu einem regelmäßigen und gesteigerten Informationsfluss, der Missverständnisse und Fehler vermindert.

- **Motivationsanstieg:** Mitarbeiter fühlen sich durch die neuen interdisziplinären Aufgabenstellungen herausgefordert. In vielen Fällen steigert das die Motivation.

- **Talentbindung:** Mitarbeiter, die ihre Fähigkeiten in verschiedenen, abwechslungsreichen Kontexten einsetzen können, sind zufriedener und somit länger an das Unternehmen gebunden.

- **Synergien:** Die Verknüpfung verschiedener Fachbereiche ermöglicht eine verbesserte Entwicklung innovativer Produkte.

- **Risikominimierung:** Durch das Zusammenführen von Experten aus unterschiedlichen Abteilungen können Risiken besser eingeschätzt und minimiert werden.

Langfristige Konsequenzen

Die Prinzipien der Symbiogenese bergen die Gefahr, dass die Komplexität des Systems ab einem Punkt in der Zukunft nicht mehr handhabbar ist. Teams, die regelmäßig in wechselnden Konstellationen arbeiten und synergetische Effekte suchen, sind ein dynamisches und komplexes Konzept.

Das macht es besonders für Führungskräfte herausfordernd, über das Tagesgeschäft hinaus den Überblick über Zusammenhänge und Abhängigkeiten zu bewahren. Entscheidungen sind schwerer zu treffen, wenn sie eine Vielzahl von interdependenten Faktoren berücksichtigen müssen. Strategien, die auf einfachen Ursache-Wirkungs-Ketten basieren, sind schlichtweg unwirksam in einer Welt, in der alles mit allem in Beziehung steht. Die Formel »Wenn X, dann Y!« ist obsolet.

In der langfristigen Perspektive droht die Gefahr, dass das Management in eine Art Lähmungszustand verfällt, weil es die vielarmigen Auswirkungen seiner Entscheidungen nicht mehr überschauen kann. Das Management könnte dann dazu neigen, auf kurzfristige, transparente Erfolge zu setzen, die leichter zu erreichen und zu bewerten sind. Ein solches Szenario würde nicht nur die Wettbewerbsfähigkeit des Unternehmens beeinträchtigen, sondern auch das Vertrauen der Mitarbeiter in die Führungsebene untergraben.

Und irgendwann geschehen nahezu gleichzeitig zwei Dinge: Der Moment kommt, in dem die erste Innovationswelle abebbt. Gleichzeitig lässt die anfängliche Begeisterung für die neu geschaffenen, durchlässigen Strukturen nach. Eine gewisse Trägheit breitet sich aus. Die Zufriedenheit mit den bereits erreichten Synergien und Fortschritten macht sich bemerkbar. Es besteht die Gefahr, dass sich das Unternehmen in einer neuen Routine der Selbstgefälligkeit verfängt.

Sobald die ersten Innovationserfolge erreicht sind, mangelt es einfach an weiterführenden Anreizen und die Eigenmotivation lässt nach. Ohne stetigen Innovationsdruck besteht die Gefahr, dass der anfängliche Schwung verloren geht. Dies führt dazu, dass die Aufbruchstimmung wieder den eingefahrenen Routinen und altbekanntem Silodenken weicht: Mitarbeiter und ganze Teams fallen in bequemere, alte Muster zurück. Diese Entwicklung ist häufig zu beobachten: Abteilungen neigen grundsätzlich dazu, sich zu isolieren, anstatt kontinuierlich zu kollaborieren. Es liegt in der Natur von ›Ab-teilungen‹, sich auf ihre jeweilige Kernkompetenz zurückzuziehen.

Hinzu kommt die Rolle der Führung. Fehlt eine visionäre Führungskraft, die den Innovationsdruck intelligent aufbaut und aufrechterhält, verliert die Organisation ihren Innovationskompass. Es mangelt an klarer Orientierung und strategischer Planung für zukünftige Entwicklungen.

Innovationsstau

Eine weitere Herausforderung ist die menschliche und organisatorische Kapazitätsgrenze. Das ständige Streben nach Neuem kann sehr anstrengend sein. Daher verschiebt sich irgendwann die Priorität von der Entwicklung frischer Ideen hin zur Abarbeitung einer Liste mit Potenzialen oder zur Optimierung des Bestehenden. Im Bemühen, die Ergebnisse des ersten Innovationsschwungs zu vertiefen, zu perfektionieren oder einfach »endlich mal abzuarbeiten«, kann die für weiteren Wandel erforderliche Dynamik und kreative Unruhe verloren gehen. Doch in letzter Konsequenz birgt die Akzeptanz des bereits Erreichten ein neues Risiko: Wer glaubt, bereits weit genug auf dem richtigen Weg zu sein, neigt dazu, nachlässiger und unaufmerksamer zu werden. Unter diesen Voraussetzungen verliert das Streben nach konstanter Verbesserung an Fahrt. Das kreative Chaos, das einst die Grundlage für innovative Durchbrüche war, wird durch die neue Routine ersetzt. Stillstand wird fälschlicherweise als professionelle Ruhe interpretiert.

Diese Ruhe gleicht einem Innovationsstau, der paradoxerweise ›nur‹ aus einer Überforderung durch Zeitmangel resultiert.

Ausgerechnet die sonst typischen Faktoren eines Innovationsstaus (Widerstand gegen Veränderungen, unzureichende Innovationskultur, etc.) spielen diesmal keine Rolle. Dennoch könnten Kritiker diesen Stillstand als Bestätigung ihres anfänglichen Misstrauens gegenüber der symbiogenetischen Kultur deuten. Sie hatten ja schon immer »so einige Schwierigkeiten mit der Umstellung auf dieses neue Modell.«

Der verlockende Gedanke, dass das Unternehmen auf bewährte, aber veraltete Praktiken zurückgreift, um die Kontrolle wiederzuerlangen, nimmt zu. Dies würde jedoch die Innovationskraft weiter dämpfen und das Unternehmen in einen Zustand der Stagnation versetzen.

Dieses Szenario wird allerdings dann unwahrscheinlich, wenn Führungskräfte ihre Rolle als Facilitatoren frühzeitig verstehen und leben. Es ist ihre Aufgabe zu verhindern, dass das Unternehmen in alte Muster zurückfällt. Das ›Management in Ausnahmefällen‹ funktioniert hier als Wegweiser und wird einen Strömungsabriss der symbiogenetischen Aktivitäten zu verhindern wissen.

Oranisationslernen

Im Wesentlichen ist die Aufgabe von Facilitatoren leicht zu beschreiben, wenn auch nicht leicht umzusetzen: Sie halten den Dialog am Laufen und sorgen dafür, dass der Austausch nicht ins Stocken gerät. Statt zuzulassen, dass Problemlösungen isoliert in der Stille des eigenen Denkens gesucht werden, ermutigen sie, den offenen Raum der Kommunikation zu nutzen.

Durch den stetigen Austausch, die Transparenz und die Durchlässigkeit zwischen den Abteilungen wird Wissen gespeichert, kontextualisiert, neu interpretiert und erweitert. Dadurch wird das Unternehmen nicht nur hinsichtlich des reinen Faktenwissens klüger; es gewinnt auch an Effizienz, da neu gewonnene Einsichten schneller in praktische Prozesse und Entscheidungen einfließen können. So entsteht eine kollektive Problemlösungskompetenz und es entwickelt sich eine systemische Intelligenz.

Deswegen ist ein intelligent aufzubauender Innovationsdruck durch die Führungsebene von so großer Bedeutung: Er ist die Vorstufe zur vorausschauenden Widerstandsfähigkeit – zur proaktiven Resilienz. Man wartet nicht auf den nächsten disruptiven Schock, sondern antizipiert ihn durch kontinuierliches internes Scannen und Rekalibrieren. Die Organisation lernt.

Das Organisationslernen basiert auf der Selbstverständlichkeit offener Kommunikation. Mitarbeiter grenzen sich nicht mehr in ihren spezialisierten Nischen ab, sondern nutzen die Vorteile eines transparenten Informationsaustauschs. Zudem fördert die Abwesenheit von Angst vor Fehlern – also eine offene Fehlerkultur – diesen Prozess erheblich. Offenheit und Vertrauen sind die Grundpfeiler einer resilienten Organisation. Auf der Basis einer solchen Kultur kann sie sich schneller an veränderte Bedingungen anpassen und somit auf die Unwägbarkeiten der Zukunft reagieren.

Externe Aufmerksamkeit

Das Bekenntnis zu Veränderung und Weiterentwicklung wird auch vom Markt, von Mitbewerbern, Kunden und Stakeholdern bemerkt werden. Ein Unternehmen, das versteht, seine Strukturen erfolgreich zu wandeln, sendet ein mächtiges Signal. Es kommuniziert, dass es nicht ausschließlich an kurzfristigen Profiten interessiert ist, sondern die langfristige Resilienz und Innovationsbereitschaft in den Vordergrund stellt.

Dieses Signal wird besonders für die Marktteilnehmer interessant sein, die ähnliche Werte teilen – jene, die auf nachhaltige Geschäftsmodelle und Wachstum durch Kooperationen setzen. Die durch die neue Kollaborationskultur erzielten, nach innen gerichteten Fortschritte werden als wichtiger Indikator angesehen – für die Fähigkeit des Unternehmens, auch externe Partnerschaften erfolgreich zu gestalten.

Es ist, als würde das Unternehmen eine Art Vertrauenskapital aufbauen. Dieses Kapital macht das Unternehmen nicht nur für

Kunden, sondern auch für potenzielle Partner attraktiv. Hier werden Möglichkeiten für gemeinsame Geschäftsmodelle, Joint Ventures oder Fusionen greifbar: Bausteine des Wachstums, die vorher vielleicht als zu riskant oder unpassend angesehen wurden. Es ist bekannt, dass weit über die Hälfte aller Firmenfusionen und -übernahmen scheitern, wobei die Intransparenz interner Prozesse ein erheblicher Grund dafür ist. Eine offene Kollaborationskultur wirkt dieser Intransparenz deutlich entgegen.

Die Transformation des Unternehmens hat also eine multiplikative Wirkung: Sie beeinflusst nicht nur die interne Kultur und Effizienz, sondern verändert auch die externe Wahrnehmung. Sie öffnet Türen, die zuvor verschlossen waren.

Summary: Die langfristigen Konsequenzen

Negativ

- **Komplexitätshandhabung:** Die wachsende Vernetzung und Interdependenz können zu einer so hohen Komplexität führen, dass die Führungsspitze Schwierigkeiten bei der Steuerung des Unternehmens hat.

- **Innovationsstau:** Die anfängliche Innovationswelle könnte abflachen, wenn sich Routine und Bequemlichkeit in den neuen Strukturen einstellen. Dies kann dazu führen, dass man sich auf alten Erfolgen ausruht und die Innovationskraft nachlässt.

Positiv

- **Organisationslernen:** Der organisatorische Wissensschatz wächst und macht das Unternehmen klüger, effizienter und anpassungsfähiger.

- **Kultureller Wandel:** Ein Klima der Offenheit und des Vertrauens etabliert sich, das für künftige Transformationen des Unternehmens eine robuste Grundlage bildet.

- **Außenwirkung:** Durch den erfolgreichen internen Veränderungsprozess wird ein starkes Signal an den externen Markt gesendet. Vertrauenskapital wird aufgebaut und die Attraktivität für starke Partner steigt.

Fazit

Diese sorgfältige Abwägung von Chancen und Risiken ist wichtig im Sinne der Transparenz. Es sollte auch klar sein, dass jeder Schritt in Richtung einer symbiogenetischen Struktur sowohl ein Experiment als auch eine Investition in das zukünftige Potenzial des Unternehmens darstellt. Es gibt nur wenige Vorläufer mit ähnlichen Arbeitsweisen. Daher betritt jede Organisation, jedes Unternehmen, das sich darauf einlässt, in vielen Bereichen Neuland.
Die Risiken dürfen nicht ignoriert werden. Doch in der sich drastisch verändernden Geschäftswelt wird das Festhalten am Status Quo das deutlich größere Risiko darstellen.

Nachfolgend wird das Beispiel eines Kunden beschrieben. Das Unternehmen hat sich entschieden, das symbiogenetische Kollaborationsmodell in seiner Grundidee einzuführen und eine Pilotphase zu starten. Die Vorgehensweise ist auf das entsprechende Unternehmen zugeschnitten und somit hochindividuell.

Grundsätzliches und der Start

Wenn ein Unternehmen beschließt, ein Modell wie das hier vorgestellte einzuführen, beginnt ein gut strukturierter Prozess. In der Anfangsphase werden die Phasen der Einführung durchdacht und vorausgeplant. So auch hier.

Im vorliegenden Kundenbeispiel werden während der Planungsphase in einem Workshop-Setting relevante Fragen ausführlich untersucht. Anschließend startet ein Pilotprojekt, in dem unter kontrollierten Bedingungen Erfahrungen gesammelt werden können. Bei positiver Prognose wird der Prozess schrittweise auf das gesamte Unternehmen ausgedehnt.

Als geeignete Teilnehmer für das Pilotprojekt werden drei Abteilungen des Unternehmens identifiziert. Die Führungskräfte dieser Abteilungen sind bereit, die veränderte Arbeitsweise zu unterstützen. Im Folgenden werden die Stationen der Vorausplanung und die Pilotphase beschrieben.

1. Diagnose und Sensibilisierung

Der Veränderungsprozess beginnt mit einer Sensibilisierung der Führungskräfte für das Potenzial der Idee. In diesem Rahmen wird eine Analyse der aktuellen Unternehmensstrukturen und -dynamiken durchgeführt. Sie betrachtet Faktoren wie interne Abläufe, Informationswege, Mitarbeiterzufriedenheit und Kommunikationsstile. Eine vorhandene Mitarbeiterbefragung liefert wertvolle Einblicke in den aktuellen Zustand der Organisation und auch die Führungskräfte sind bereit, ihre eigene Rolle kritisch zu reflektieren.

Die Ergebnisse der gemeinsamen Analyse werden in vorläufige Ziele übersetzt, die definieren, was verändert, erreicht und vermieden werden soll. Ebenso werden die potenziellen Auswirkungen erörtert.

2. Selbstreflexion

Vor dem Hintergrund dieser Überlegungen hinterfragt das Führungsteam auch seine eigene Bereitschaft und Fähigkeit zur Veränderung:

> » *Sind wir als Führungsteam bereit, etablierte Kommunikations- und Entscheidungsprozesse zugunsten kollaborativer und interdisziplinärer Ansätze zu verändern?*
> » *Haben wir den Mut, die Selbstorganisation und bereichsübergreifende Zusammenarbeit zu unterstützen?*
> » *Sind wir bereit, in allen Unternehmensbereichen Transparenz zu gewährleisten?*
> » *Können wir es akzeptieren, dass durch diese Offenheit neue, flexible und weniger klar definierte Strukturen entstehen?*
> » *Haben wir genug Vertrauen in unsere Mitarbeiter, ihnen die nötige Verantwortung und Autonomie zu übertragen?*

Die Beantwortung dieser Fragen erfordert ernsthafte Selbstreflexion. Der gemeinsame Dialog hilft dabei, Hintergründe zu vertiefen und die Fragen transparent sowie aufrichtig zu beantworten. Nach insgesamt zwei disziplinierten Halbtages-Workshops wird ein erfolgreicher Start wahrscheinlicher, denn das ›Ja‹ zu fast allen Fragen überwiegt.

3. Themen und Schnittstellen

Nachdem das Führungsteam seine Veränderungsbereitschaft signalisiert hat, beginnt die Identifikation relevanter Themen und Schnittstellen. Hier werden konkrete Potenziale zur Optimierung auf Prozess- und Abteilungsebene festgelegt. Dieser Schritt erfordert eine genaue Einschätzung des aktuellen Reifegrads der Organisation.

Hier helfen einige Orientierungsfragen:

» *Wo innerhalb der Organisation werden dringend neue Ideen und Handlungsimpulse benötigt?*
» *Welche Bereiche oder Abteilungen können von verstärkter Zusammenarbeit und dem Austausch von Wissen profitieren?*
» *Gibt es spezifische Projekte oder Initiativen, bei denen die Zusammenarbeit zwischen verschiedenen Abteilungen oder Mitarbeitern besonders vorteilhaft wäre?*
» *Wo müsste eigentlich schon lange mehr wertschöpfender Output generiert werden?*

Es wird festgelegt, welche Themen, Abteilungen und Bereiche bei einer interdisziplinären Zusammenarbeit das größte Potenzial für Innovation und Wachstum bieten. Zudem ergibt sich die Frage, ob die Begleitung des Pilotprojekts ausschließlich von der Führungsebene ausgehen soll. Ausgewählte Mitarbeiter könnten hier eine wichtige multiplikative Rolle übernehmen. Diese Entscheidung hängt maßgeblich davon ab, wie klar und überzeugend die Idee und das Ziel als ›Überzeugungstat des Führungsteams‹ vermittelt werden können. In diesem Fall spielen die ›Mentor‹-Persönlichkeiten im Unternehmen eine entscheidende Rolle. Sie können durch den Peer-to-Peer-Effekt die Akzeptanz des Veränderungsprozesses unter den Mitarbeitern fördern.

i: Peer-to-Peer

Der Peer-to-Peer-Effekt in der Organisationskultur bezieht sich auf die Einflüsse und Auswirkungen, die Mitarbeiter auf ihre Kollegen haben, ohne dass eine hierarchische Beziehung besteht. Als ›Peers‹ werden die Personen bezeichnet, denen man auf derselben hierarchischen Ebene begegnet. In einem organisatorischen Kontext können Peers wesentlichen Einfluss auf die Einstellungen, das Verhalten, die Motivation und die Leistung ihrer Kollegen ausüben.

Einige Aspekte des Peer-to-Peer-Effekts in der Organisationskultur sind:

- **Wissens- und Informationsaustausch:** Peers teilen Wissen und Informationen untereinander, was zu einer effektiveren Arbeitsweise und Problemlösung führen kann.

- **Soziale Unterstützung:** Mitarbeiter geben sich untereinander emotionale und praktische Unterstützung. Das kann Stress reduzieren und das allgemeine Wohlbefinden am Arbeitsplatz erhöhen.

- **Soziales Lernen:** Individuen beobachten und imitieren das Verhalten und die Techniken ihrer Kollegen. Das kann zu einer schnellen Verbreitung von Best Practices und allgemeinen Leistungssteigerung führen.

- **Normen und Werte:** Die von den Peers geteilten und geförderten Normen und Werte können die offizielle Unternehmenskultur ergänzen, ihr in manchen Fällen aber auch entgegenwirken.

- **Gruppendruck und Konformität:** Der Einfluss der Peers kann dazu führen, dass sich Mitarbeiter an die informellen Standards der Gruppe anpassen. Das hat sowohl positive als auch negative Auswirkungen.

- **Motivation und Engagement:** Die Anerkennung und das Feedback von Kollegen können motivierend wirken. Das erhöht das Engagement für die Arbeit und die ganze Organisation.

- **Konflikt- und Problemlösung:** Durch den Peer-to-Peer-Austausch können Konflikte auf einer persönlicheren Ebene angegangen und gelöst werden. Dadurch kommen formelle Disziplinarverfahren der Organisation seltener zum Einsatz.

- **Innovation und Kreativität:** Eine kollaborative Peer-Kultur kann Innovation und Kreativität fördern, indem sie eine Umgebung schafft, in der Ideen frei ausgetauscht werden können.

Der Peer-to-Peer-Effekt kann also eine starke Komponente in der Konstruktion und Aufrechterhaltung einer produktiven Organisationskultur sein. Dies ist allerdings nur der Fall, wenn er konstruktiv genutzt wird. Ein negativer Peer-Einfluss kann auch unerwünschte Verhaltensweisen und Einstellungen verstärken und so die Organisationskultur schädigen.

4. Interaktionszonen (CPPs)

Die Gestaltung von Interaktionsräumen wird sorgfältig durchdacht, um Konzepte für Treffpunkte zu entwickeln, die den freien Fluss von Ideen anregen. Dabei werden sowohl digitale als auch analoge Tools bereitgestellt, die Kreativität, Spontanität und Eigeninitiative fördern. Diese »Cross-Pollination-Points« (kurz CPPs / dt. Punkte der Kreuzbestäubung) erleichtern den schnellen Austausch von Informationen zwischen den Abteilungen oder Fachbereichen – sowohl digital als auch physisch. Sie werden an Orten wie der Kaffeeküche, im Besprechungsraum und dem Foyer geplant. Auch niederschwellige Videochatraum-Zugänge entstehen.

Die vorbereitenden Fragen sind:

» *Welche grundlegenden Voraussetzungen (Orte und Strukturen) können wir als ›Starterpakete‹ anbieten?*
» *Wo finden bereits Interaktionen statt, die man fördern könnte?*
» *Müssen Zeitfenster für Interaktionen freigehalten werden?*
» *Welche Technologien sollen den Austausch unterstützen?*
» *Wie werden Ergebnisse dokumentiert und weiterverfolgt?*

Das vorstrukturierte Einrichten solcher Kommunikationszonen innerhalb der Organisation verleiht dem Prozess, vor allem in der Anfangsphase, eine wichtige Struktur.

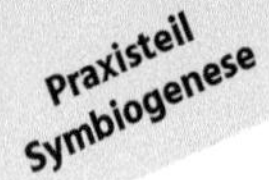

5. Streitkultur

Jedes ungeübte oder spontane Aufeinandertreffen von divergierenden Interessen birgt den Keim des Konflikts. Spannungsfelder sind somit auch in den CPPs unausweichlich. Es wird und soll Konflikte geben – sie sind integraler Bestandteil des Innovationsprozesses. Dennoch dürfen gewisse Grenzen nicht überschritten werden. Daher formuliert das Führungsteam klare Verhaltenskodizes, die eine sachliche Auseinandersetzung gewährleisten sollen. Hier wird auch die Notwendigkeit erkannt, noch einmal explizit auf den Wandel der Fehlerkultur hinzuweisen. Fehler sollen nicht als Makel, sondern als Lernchance angesehen werden.

» *Welche grundlegend unterschiedlichen Interessen könnten in den CPPs aufeinandertreffen?*
» *Welche Regeln für die Kommunikation und das Miteinander sind festzulegen, um konstruktive Dialoge sicherzustellen?*

Diese Vorarbeit ist die unverzichtbare Grundlage für einen wertschöpfenden Austausch. Und die Kommunikationsregeln beachten einen Punkt ganz besonders: In den CPPs wird die Führungsebene oftmals nicht vertreten sein. Ein direktes Eingreifen im Konfliktfall ist dadurch nicht möglich. Und wenn sie doch begleitend anwesend ist, bedeutet Begleitung nicht automatisch Einmischung oder Eingriff. Konflikte müssen die Teilnehmer jeder CPP-Session selbstverantwortlich klären.

6. Mentoren

Die ›Mentor‹-Persönlichkeiten eines Unternehmens haben eine wichtige interne multiplikative Funktion. Meistens sind sie keine Führungskräfte, sondern Mitarbeiter mit einem selbstgesetzten Auftrag: Sie geben ihr Wissen gerne umfassend weiter, finden Zeit für die Ausbildung junger Talente und erwarten dafür keine sofortige Kompensation. Durch die Weitergabe ihres Fach- und Erfahrungswissens zahlen sie unmittelbar in den Aufbau des immateriellen Kapitals ein.

In dem hier beschriebenen Prozess wird auch die mögliche Rolle der Mentoren geprüft. Da sie bereits intrinsisch motiviert sind, ist die Wahrscheinlichkeit hoch, dass sie einen Aufruf zur Mitgestaltung positiv beantworten. Sie sind bereits mental und emotional auf die Idee der Wertschöpfungsmaximierung ausgerichtet. Meistens benötigen sie nur einen aufrichtigen und wertschätzenden Impuls, um die Veränderungsaktivitäten zu unterstützen.
Die abschließenden Planungsfragen lauten:

» *Wer sind diese Menschen in unserem Unternehmen?*
» *Und wie können sie in den Einführungs- und Weiterführungsprozess eingebunden werden?*

i: Reziprozitätsprinzip

Das Reziprozitätsprinzip (oder auch ›Prinzip der wechselwirksamen Investitionen‹) ist eine fundamentale Regel des sozialen Miteinanders. Wenn jemand uns einen Gefallen erweist, fühlen wir uns verpflichtet, dies zu erwidern. Schenkt man uns Vertrauen, erwidern wir Vertrauen. Hilft jemand uns in der Not, wollen wir uns revanchieren, wenn die Situation sich umkehrt.

Dieses Prinzip der Gegenseitigkeit ist tief in unserer Psyche verankert und hat sich evolutionär entwickelt. In kleinen Gemeinschaften war gegenseitige Hilfe essenziell für das Überleben. Wer sich kooperativ verhielt, dem wurde mit Kooperation begegnet. Gruppenmitglieder bestraften Egoisten, indem sie ihnen die Unterstützung versagten. So setzte sich reziprokes Verhalten durch.

Heute nutzen wir das Reziprozitätsprinzip meist unbewusst, um soziale Bindungen aufzubauen und zu festigen. Wir schenken zum Geburtstag, weil wir selbst beschenkt werden wollen. Wir helfen Arbeitskollegen, damit sie uns später unterstützen. Durch Reziprozität signalisieren wir: »Ich bin bereit, mich für Dich einzusetzen, wenn Du Dich für mich einsetzt.«

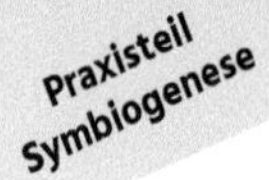

Möge es beginnen

Sobald die Vorplanungen abgeschlossen und geplante Ressourcen in Vorbereitung oder bereits verfügbar sind, wird das Pilotprojekt gestartet.

Struktur und Zeitraum: Kick-Off

Dafür wird ein Kick-Off-Meeting durch das Management angesetzt. In diesem Rahmen wird die zuvor sorgfältig zusammengestellte, heterogene Gruppe mit der symbiogenetischen Grundidee der Kollaboration vertraut gemacht. Auch die CPPs, Ziele und Rahmenbedingungen werden vorgestellt. Die Präsentation wird durch das Top-Management begleitet, um die Wichtigkeit des Vorhabens zu unterstreichen.

Die Teilnehmer erhalten auch eine vordefinierte Auswahl an Themen, für die sie Lösungsvorschläge und weiterführende Pläne entwickeln sollen. Das gesamte Pilotprojekt wird auf eine Dauer von sechs Monaten festgelegt. Wie dieses Pilot-Team daraufhin die Häufigkeit und zusätzlichen Inhalte der folgenden Cross-Pollination-Points gestaltet, liegt ganz in seiner eigenen Verantwortung.

Selbstorganisation und Autonomie

Von diesem Punkt an übernehmen die Abteilungsvertreter die Kontrolle. Sie formulieren die Agenda, entscheiden über die zu behandelnden inhaltlichen Meilensteine und definieren die Häufigkeit der Zusammenkünfte. Die Führungskräfte treten in den Hintergrund. Sie sind höchstens noch als stille Beobachter anwesend, aber nicht als aktive Teilnehmer. Ihre Anwesenheit ist auch in den folgenden CPP-Meetings nicht vorgesehen, zumindest nicht als Instanz für Normen oder Hierarchie.

Diese Praxis schafft nicht nur Freiraum für das Team, sondern dient auch als Vertrauensbeweis. Die Vorgesetzten demonstrieren, dass sie die Fähigkeit der Mitarbeiter zur Selbstorganisation annehmen und voraussetzen. Der Verzicht auf intensive Kontrolle fördert die intrinsische Motivation und macht den Weg frei für authentische, effektive und sinnstiftende Interaktionen.

Feedbackrunde

Nach jedem zweiten oder dritten CPP-Meeting, jeweils ohne Anwesenheit einer Führungskraft, erhält die Führungsebene ein zusammengefasstes Feedback. Sie erfährt, wie sich die Prozesse entwickeln, wo Synergien sichtbar werden, welche Hindernisse auftreten und welchen Wert die Teilnehmer dem bisherigen Vorgehen beimessen. So bleibt sie informiert, ohne den Prozess zu dominieren oder seinen natürlichen Verlauf zu stören. Sie würdigt die Expertise der Teilnehmer und ermächtigt sie, eigenverantwortliche Entscheidungen zu treffen.

Geringe Intervention, maximaler Raum

In der Folgezeit greift die Führungskraft nur in zwei Situationen ein: Erstens interveniert sie, wenn sie ausdrücklich um Rat oder Unterstützung gebeten wird. Sei es, um Ressourcen bereitzustellen oder organisatorische Hindernisse zu beseitigen. Dabei agiert sie in ihrer Rolle als Facilitator – nicht als allgegenwärtige und steuernde Instanz, sondern als situativ beteiligter, auf Nachfrage aktivierter Problemlöser. Ihr Handlungsbereich ist klar umrissen: Sie respektiert die Autonomie der Teams und tritt nur in Aktion, wenn ihre Expertise oder Entscheidungskompetenz konkret angefordert wird.

Zweitens erklärt die Führungskraft ihre Absicht und die Notwendigkeit, in Ausnahmesituationen einzugreifen, die ein sofortiges Reagieren erfordern. Dies ist dann der Fall, wenn es gilt, potenzielle Krisen abzuwenden oder besondere Chancen wahrzunehmen, die ein schnelles Handeln unabdingbar machen. Dieser ›Sicherheitsmechanismus‹ wahrt das Gleichgewicht zwischen kreativer Autonomie und unternehmerischer Sorgfaltspflicht. In solchen Fällen kommuniziert die jeweilige Führungskraft transparent und erklärt, warum ein Eingreifen notwendig war.

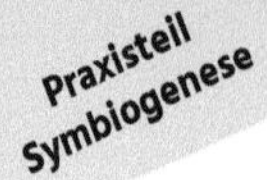

Es ist ein Balanceakt: Zu viel Einmischung hemmt die Eigeninitiative der Mitarbeiter, doch absolute Abwesenheit eines Regulativs birgt die Gefahr, dass Risiken nicht erkannt oder Chancen fehlinterpretiert werden.

Weiterentwicklung des Prozesses

Bereits nach sechs Wochen bilden sich neue Sub-Teams, die sich in wechselnden Konstellationen kleineren Aufgaben widmen. Die unterschiedlich aktiven Teilnehmer übernehmen Verantwortung für die Weiterentwicklung des Prozesses. Wann und wie die Ergebnisse in die Organisation eingebracht werden, entscheiden die Teams selbstständig. Sie entwickeln Bewertungskriterien und Indikatoren zur Messung des Erfolgs ihrer Interaktionen. Diese entstehen aus der Praxis heraus und werden mit der Führungsebene abgestimmt.

Während der Pilotphase organisieren die Teams selbstständig CPP-Meetings zu neuen Themen und laden interessierte oder erforderliche Teilnehmer aus verschiedenen Abteilungen ein. Es wird entschieden, dass es in der Pilotphase sinnvoll ist, die Führungsebene kurz über neue Teilnehmer zu informieren. Im regulären Betrieb wird diese Informationspflicht entfallen. Eine Abstimmung mit den Personaleinsatzplänen anderer Abteilungen scheint ausreichend zu sein. Bereits in der Pilotphase führt dies zu einer zunehmenden Komplexität sowohl in den Inhalten als auch in den Ergebnissen. Zudem verschiebt sich die Machtbalance bei der Erzeugung und Weitergabe von Informationen von einer hierarchischen Ausrichtung hin zu einer partizipativen Dynamik. Die kollektive Prozessverantwortung steigt. Die von allen Teilnehmern wahrgenommene Eigenverantwortung fördert bei einigen organisierend wirkenden Mitgliedern das unternehmerische Mindset. Diejenigen, die den Prozess am besten verstehen, haben die Freiheit und die Pflicht, ihn kontinuierlich zu optimieren.

Einige Teammitglieder beteiligen sich inzwischen mehr als andere, und interessierte Neuzugänge bringen erstaunliche An- und Einsichten in die Projekte ein.

240

Status Quo

Das über sechs Monate geplante Pilotprojekt wird inzwischen positiv bewertet und in ausgewählte Arbeitsabläufe integriert. Der Gedanke einer symbiogenetisch geprägten Kollaboration breitet sich stetig aus, trotz anfänglicher Bedenken hinsichtlich möglicher chaotischer Zustände. Die Befürchtungen, dass Mitarbeiter bei Bedarf nicht verfügbar sein könnten oder dass themenbezogene Konflikte den Teamgeist beeinträchtigen würden, haben sich als unbegründet erwiesen. Jedoch gab es intensive Diskussionen in einigen wenigen CPPs, die einen über lange Zeit verdeckten Konflikt aufdeckten. Infolgedessen verließ ein beteiligter Mitarbeiter das Unternehmen auf eigenen Wunsch – ein Umstand, der ebenfalls zum Prozess dazugehört. Alles ordnet sich neu.

Eine Mitarbeiterin wechselte aufgrund der Erkenntnisse der CPP-Interaktionen die Abteilung, da sie dort eine unerwartet bessere Passung fand.

Die Führungskräfte hatten tatsächlich mehr Zeit für wertschöpfende Projekte und mussten nicht in Kontroversen eingreifen, sondern nur in Einzelfällen zur Klärung von Sachverhalten beitragen.

In einem Fall führte ein Hinweis aus einem Meeting dazu, dass das Unternehmen erfolgreich an einer Ausschreibung für ein internationales Projekt teilnahm und den Zuschlag für einen Auftragswert im sechsstelligen Bereich erhielt.

Von den mehr als 35 regelmäßig teilnehmenden Mitarbeitern empfinden 31 den Prozess als bereichernd und möchten, dass er fortgesetzt wird. Dies entspricht einer Unterstützungsquote von über 85 %. Es bedeutet auch, dass innerhalb des Pilotprojekts bereits ein Drittel der Belegschaft aktiv an den CPP-Meetings und Projektarbeiten teilgenommen hat.

Diese Entwicklungen zeigen, dass der Prozess nicht nur die Arbeitsweise verändert, sondern auch zu einer organisatorischen Neuausrichtung und unerwarteten Erfolgen führen kann. Einige konkrete Projekte und Optimierungen, die sich in der Pilotphase ergeben haben, seien nachfolgend aufgeführt.

Materialfluss

Die Materialflusssteuerung zwischen Produktion und Logistik wurde schon lange als verbesserungswürdig betrachtet. Alle bisherigen Ansätze zur Verbesserung führten jedoch nicht zum gewünschten Ergebnis. Der entscheidende Impuls kam schließlich aus einer völlig unerwarteten Richtung: dem Marketing.

Durch eine Fachzeitschrift konnte ein Mediengestalter interessante Einblicke in die Anwendung von RFID-Technologie gewinnen. Er verfolgte diese Informationen jedoch nicht weiter, da sie für sein Fachgebiet nicht relevant waren. In dem Artikel äußerten viele Befragte allerdings den Wunsch nach verbesserter Transparenz und Rückverfolgbarkeit in den Lieferprozessen. Diese Informationen teilte er im Rahmen eines CPP-Meetings. Bis dahin war ihm nicht bewusst gewesen, dass die Materialflusssteuerung zwischen Produktion und Logistik als verbesserungswürdig galt. Sein Impuls, die RFID-Technologie auch intern zu nutzen, stieß daher auf Interesse. Die Vertreter der Abteilungen Produktion und Logistik hatten RFID schon zuvor als Lösung in Betracht gezogen. Allerdings war das Thema aus nicht mehr nachvollziehbaren Gründen ›unter den Tisch‹ gefallen. Das änderte sich nun.

In der Folge wurde die Idee unter Einbindung der IT-Abteilung genauer analysiert. Neben Überlegungen zur Einführung eines dafür notwendigen ERP-Moduls wird in einem Pilotprojekt auch der Einsatz von RFID zur Optimierung der Materialflusssteuerung getestet.

Automatisierung

An seinem vorletzten Tag hinterfragte ein Praktikant in einem CPP-Meeting innerbetriebliche Abläufe und gab Anstöße zur Verschlankung manueller Prozesse. Als Wirtschaftsinformatik-Student in der Controlling-Abteilung tätig, stellte er schon länger bestimmte manuelle Prozesse infrage. Sie schienen ihm umständlich und ineffizient. Seine Beispiele umfassten die zeitaufwändige Erfassung von Reisekostenabrechnungen und

Spesenbelegen sowie die Gestaltung der Ordnerstruktur. Seine Bemerkungen blieben bis dahin unbeachtet. Eine Mitarbeiterin aus der IT-Abteilung nahm diesen Impuls jedoch auf. Nach intensiven Diskussionen werden derartige und ähnliche Abläufe jetzt größtenteils automatisiert. Dadurch können bereits heute die geschätzten Prozesskosten um mehr als 35 % reduziert werden.

Short Stories

- Ein Vertriebsmitarbeiter regte an, interne Weiterbildungen statt externer Seminare anzubieten, da diese besser akzeptiert würden. Das HR-Team entwickelte ein Konzept für kürzere Lerneinheiten und Trainings durch interne Wissensträger, ergänzt durch die Präsenz von Trainern über digitale Tools.

- Eine Logistikmitarbeiterin teilte Informationen über mögliche Produktmängel mit, die sie indirekt von anderen Transportdienstleistern erhalten hatte. Der Vertrieb bestätigte, dass es vereinzelt Rückmeldungen dazu gab. Diese waren zwar bereits weitergeleitet worden, schienen jedoch nicht ausreichend Beachtung gefunden zu haben. Daraufhin wurde gemeinsam mit der Produktionsabteilung die Qualitätskontrolle verbessert.

- In einem CPP-Meeting wurde gemeinsam die Idee entwickelt, durch den Einsatz von 3D-Scannern die Qualitätssicherung zu verbessern. Nach einer Testphase wurden die Scanner in den Prozess integriert und die Ausschussquote weiter reduziert.

- Eine weitere Erkenntnis aus den Meetings war, dass sich viele Kundenanfragen wiederholten. Daraufhin richtete das Unternehmen eine intuitiv bedienbare und KI-basierte FAQ-Sektion auf seiner Website ein. Dies führte im Kundendienst zu einer Reduzierung der Anrufe und E-Mails um 20 %, was den Mitarbeitern ermöglichte, sich neuen wertschöpfenden Aufgaben zuzuwenden.

Das Besondere an diesen aus den CPPs resultierenden Veränderungs- und Optimierungsprozessen ist die Eigeninitiative und Verantwortungsübernahme der Mitarbeiter. In den CPPs konnten Schwierigkeiten offen angesprochen, Lösungsansätze gemeinsam entwickelt, geplant und implementiert werden. Abgesehen von abzustimmenden Investitionen erfolgte die Umsetzung ohne direkte Einflussnahme durch die Führungskräfte. Zeitintensive hierarchische Zwischenschritte entfielen. Und das ist erst der Anfang, denn auf den To-do-Listen der Teams stehen noch zahlreiche weitere Ideen für notwendige Veränderungen.

Aber WANN bitte?

Das praktische Beispiel zeigt, dass die Umsetzung auch ohne signifikante Effizienzeinbußen bei zeitlichen Abläufen gelingen kann. Dennoch stellt sich in vielen Unternehmen unweigerlich die Frage nach dem ›Wann‹ im herausfordernden Tagesgeschäft. Ressourcenknappheit ist ein universelles Problem, bei dem der operative Betrieb die manchmal knappen Kapazitäten geradezu verschlingt. Dadurch geraten Entwicklung und Förderung von Innovationen nur allzu oft in den Hintergrund.

Es ist verlockend, das ›Wann‹ auf den Sankt-Nimmerleins-Tag zu verschieben und zu sagen: »Wir werden uns um die Zukunft kümmern, sobald wir die Gegenwart bewältigt haben.« Doch diese Verschiebung ist eine Illusion. Die Gegenwart wird nie vollständig bewältigt sein und immer ihre eigenen, neuen Anforderungen stellen. In dieser Endlosschleife von Dringlichkeiten verliert eine Organisation ihr Potenzial für Wachstum und Veränderung. Die Metapher »Ich habe keine Zeit, meine Axt zu schärfen, denn ich muss einen Wald fällen«, trifft das Problem sehr gut. Daher ist das ›Wann‹ nicht nur eine Frage des Kalenders, sondern vielmehr eine Frage des Investments in die strategische Ausrichtung.

Lenken wir deshalb den Fokus auf eine substanzielle Herausforderung, die vielen Unternehmen in den nächsten Jahren noch Kopfzerbrechen bereiten wird: die Vier-Tage-Woche.

Die Vier-Tage-Woche

Die Forderung nach einer Vier-Tage-Woche bei vollem Lohnausgleich mag auf den ersten Blick attraktiv erscheinen, erweist sich bei näherer Betrachtung jedoch als kurzsichtig. Sie unterschlägt die vielschichtigen Herausforderungen der modernen Arbeitswelt und die komplexen Anforderungen, denen sich Unternehmen in naher Zukunft stellen müssen.

Die Diskussion an sich mag den Nerv der Zeit treffen, doch sie unterstellt dem Konzept ›Arbeit‹ auch, ein notwendiges Übel zu sein, dem man möglichst wenig Zeit widmen sollte. Eine solche Sichtweise ignoriert, dass Erwerbstätigkeiten auch sinnstiftend und erfüllend sein können. Dass diese dafür im Einklang mit den Talenten, Bedürfnissen und Zielen des Einzelnen stehen müssen, sollte selbsterklärend sein. Der Fehler liegt also nicht in der Arbeit selbst, sondern in der Art und Weise, wie sie verstanden und organisiert wird. Das mag auch daran liegen, dass manche Unternehmen ihre Rolle als soziale Orte des Lebens vernachlässigen und sich zu sehr auf die wirtschaftlichen Ziele fokussieren. Dadurch werden sie nur allzu oft zu Plattformen des emotionalen Drucks und zu Auslösern psychologischer Erkrankungen. Selbstverständlich ist eine Folge daraus, dass Mitarbeiter die Arbeitszeit reduzieren und sich in ihrer Freizeit erholen oder selbst verwirklichen wollen. Sollte das nicht möglich sein, erhöhen sie schließlich die Forderung nach bereits erwähntem ›Schmerzensgeld‹. Das ist nachvollziehbar und eine logische Konsequenz.

Die Vorstellung, dass die Verringerung der Arbeitszeit mit einer Steigerung der Effizienz aufgefangen werden kann, ist eine grobe Vereinfachung komplexer Mechanismen. Nicht jede Tätigkeit lässt sich ohne Qualitätsverlust in kleinere Zeiteinheiten pressen. Und eine auf zwischenmenschliche Kommunikation bauende Arbeitskultur wird unter dem aufkeimenden Kritikpunkt der Zeitverschwendung ebenfalls leiden.

Auch die Maßnahmen zur Erweiterung und Aktualisierung der Mitarbeiterkompetenzen werden unter verdichteten

Arbeitsbedingungen eine Herausforderung darstellen. Wenn sich die Arbeitszeit verkürzt, ohne dass die Arbeitsbelastung entsprechend reduziert wird, bleibt kaum Raum für individuelle Weiterentwicklung. Wenn die hier propagierte Kombination aus fachlicher Expertise und menschlicher Intuition eine Rechtfertigung für die Rolle des Menschen im Zeitalter der KI ist, darf Weiterbildung keinesfalls vernachlässigt werden. Im Gegenteil: Sie muss eine entscheidende Position einnehmen, da sie **das** zentrale Argument für die berufliche Zukunftssicherung darstellt. Dass Unternehmen nicht nur Systeme zur Gewinnmaximierung sein dürfen, haben wir bereits durchleuchtet. Sie sind komplexe, soziale Gebilde, die eine Vielzahl von Zielen, Bedürfnissen und Interessen integrieren müssen. Menschen, die mit ihrer Arbeit zufrieden sind und ihre Zeit in einem gesunden Arbeitsklima als wertvoll empfinden, streben in der Regel nicht danach, ihre Anwesenheit um 20 % zu verringern.

Arbeit sollte nicht als notwendiges Übel betrachtet werden, sondern als ein Ort der Selbstverwirklichung und des gesellschaftlichen Beitrags. Das bedeutet, die Organisation so zu gestalten, dass sie sowohl den Bedürfnissen des Einzelnen als auch den Erfordernissen des Marktes gerecht wird. Dabei sollte sie ein Gefühl der psychologischen Sicherheit fördern. Nur dann kann erwerbstätige Arbeit als sinnstiftend und erfüllend erlebt werden.

Der fünfte Tag

Angesichts eines wachsenden gesellschaftlichen Drucks zu diesem Thema ist eine Neudefinition des diskutierten fünften Arbeitstages sinnvoll. Dieser Tag, der für viele 20 % ihrer gesamten wöchentlichen Arbeitszeit ausmacht, sollte zur Entwicklung eigener Ideen und Ausführung kreativer Arbeiten genutzt werden können. Anstatt die Arbeitszeit nur zu reduzieren, kann sie qualitativ neu interpretiert werden. Konkret können hier Hackathons zur Lösung interdisziplinärer Herausforderungen oder gemeinsame

i: Hackathon

Der Begriff ›Hackathon‹ stammt ursprünglich aus der IT-Branche und setzt sich aus den Wörtern ›Hack‹ und ›Marathon‹ zusammen. Im Kontext der Organisationsentwicklung ist es eine Veranstaltung, die verschiedene Fachbereiche und Expertisen zusammenbringt. In einer festgelegten Zeitspanne sollen dabei praktikable Lösungen für konkrete, branchenübergreifende Probleme gefunden oder Prototypen entwickelt werden. Ein Hackathon dauert dabei 12 bis 24 Stunden, über mehrere Tage verteilt.

Die Agenda wird bewusst offen gehalten. Zu Beginn stehen die Herausforderungen, formuliert als Fragen oder Problembeschreibungen, die das gesamte Unternehmen oder gar die Branche betreffen. Diese können von der Optimierung interner Prozesse bis hin zur Erschließung neuer Märkte reichen. Auch gesellschaftliche Fragestellungen, die das Unternehmen tangieren, sind möglich. Dabei werden interdisziplinäre Teams gebildet. Ein Softwareentwickler arbeitet plötzlich mit einem Marketingspezialisten, ein Ingenieur mit einem Designer. Hier wird niemand auf seine berufliche Rolle reduziert – jeder ist ein Problemlöser, ein kreativer Gestalter.

Fehler sind erlaubt, sogar willkommen, denn sie führen zu Erkenntnissen. Am Ende des Hackathons präsentiert jedes Team seine Lösungen oder Prototypen. Doch die Veranstaltung endet nicht mit einer einfachen Präsentation. Die Ergebnisse werden kritisch hinterfragt, und die besten Ansätze finden ihren Weg in die operative Umsetzung.

Es ist eine radikale Form der Mitarbeiterentwicklung und Problembehandlung. Sie lenkt den Fokus weg von starren Abteilungsstrukturen und Hierarchien hin zu einer flexiblen, problemlösungsorientierten Arbeitskultur. Ganz im Sinne und Stil der CPP-Meetings.

Workshops zur Weiterbildung stattfinden. Der Fokus liegt dann auf Projekten und Unternehmungen, die team- und abteilungsübergreifend sind. Ebenso ist es denkbar, in diesem Zeitrahmen strategische Partnerschaften mit externen Organisationen zu

vertiefen. Auch soziale Projekte können unterstützt werden, die
im Einklang mit den Werten des Unternehmens stehen.
In der Quintessenz werden Fähigkeiten
und Talente nicht nur für den eigentlichen Job, sondern auch für das
gesamte Unternehmen und die
Gesellschaft eingesetzt.
Dadurch eröffnen sich
gleichzeitig auch neue
Wege für die persönliche
Entwicklung.
Der Hauptgrund für die
Neuinterpretation des
fünften Arbeitstags sollte
klar sein: In Anbetracht
der zunehmenden
Diskussionen
und Forderungen
nach einer Vier-
Tage-Woche ist
es strategisch klug,
bereits jetzt zu
handeln. Diese Neuge-
staltung sollte darauf
abzielen, maximalen
Wert sowohl für die
Menschen als auch
für das Unternehmen
selbst zu schaffen. Durch
die frühzeitige Umorientierung
ist man nicht nur gesellschaftlichen und politischen Veränderungen einen Schritt voraus. Auch die Organisationskultur, die
Zukunfts- und Widerstandsfähigkeit werden dadurch auf proaktive Resilienz trainiert.

Fazit

Die Einführung oder schrittweise Umstellung in Richtung symbio-genetisches Kollaborationsmodell ist nicht nur eine logistische, sondern auch eine kulturelle Herausforderung. Führungskräften muss klar sein, dass eine solche Transformation nicht einfach angeordnet werden kann. Andernfalls würde der Führungsstil im Gegensatz zur Idee der Symbiogenese stehen, die auf freiwilliger, langfristiger Zusammenarbeit und gegenseitigem Nutzen basiert. Eventuelle Widerstände von Mitarbeitern gegenüber neuen Ideen sollten nicht als Problem, sondern als wertvolle Informations-quelle verstanden werden.

Widerstand kann verschiedene Ursachen haben: ein Mangel an Verständnis für die Vorteile des neuen Konzepts, Angst vor Veränderungen oder praktische Bedenken hinsichtlich der Umsetzbarkeit. Daher wird eine klare und offene Kommunika-tion über die Ziele und Vorteile der Veränderung dazu beitragen, Ängste und Bedenken zu verringern. Die Teilnahme am Prozess sollte freiwillig sein, doch es ist zu erwarten, dass sich im Laufe der Zeit immer mehr Mitarbeiter zur Teilnahme ermutigt fühlen werden. Um die Akzeptanz bei der Umsetzung zu erhöhen, kön-nen externe Facilitatoren hinzugezogen werden, die den Prozess begleiten und unterstützen.

Trotz alledem wäre es illusorisch zu erwarten, dass alle Mitarbeiter sofort die Vorteile eines symbiogenetischen Kolla-borationsmodells erkennen und sich begeistert beteiligen würden. Ein gewisser Grad an Skepsis und Widerstand ist nicht nur zu erwarten, sondern stellt auch ein wichtiges Korrektiv dar. Das Management sollte dieses Feedback nutzen, um das Kon-zept kontinuierlich zu überprüfen und anzupassen. Auf diese Weise kann eine nachhaltige Veränderung der Arbeitskultur erreicht werden. Idealerweise entwickelt sich die Organisation dadurch zu einem »Great Place to Work« – einem Ort, mit dem man sich gerne identifiziert.

Kontingenz

Ab nach Draußen

Das Prinzip der Symbiogenese hat nicht nur intern das Potenzial, erfolgreich zu funktionieren. Die Analogie, sich mit einem anderen Organismus zweckorientiert zu verbinden, kann auch auf substantielle Beziehungen mit Geschäftspartnern übertragen werden. Anstelle von einseitigen Abhängigkeitsverhältnissen oder oberflächlichen, transaktionalen Beziehungen wird das Ziel einer gemeinsamen Wertschöpfung verfolgt. Beide Seiten profitieren und entwickeln sich aufgrund ihrer Kollaboration. Geschäftsbeziehungen würden auf dem Prinzip des gegenseitigen, langfristigen Nutzens basieren, nicht auf isolierten kurzfristigen Einzelinteressen.

Auch durch die Projektion des Konzepts auf Kundenbeziehungen erscheint ein Wandel sinnvoll. Der Kunde wird nicht länger als passiver Konsument betrachtet, sondern als aktiver Partner eingebunden. Er ist nicht mehr bloßer Abnehmer von Produkten oder Dienstleistungen, sondern Mitgestalter innovativer Angebote.

Das folgende Kapitel widmet sich eingehend den Möglichkeiten, wie Unternehmen ihre Beziehungen zu Geschäftspartnern, Stakeholdern und Kunden erweitern können.

Nochmals sei hervorgehoben: Diese Maßnahmen basieren auf der Annahme, dass Gemeinsamkeit und Zusammenarbeit wesentlich zur Resilienz eines unternehmerischen Organismus beitragen. Das kollaborative Vorgehen stärkt die Anpassungs- und Widerstandsfähigkeit gegenüber wechselnden Marktbedingungen und unvorhersehbaren Herausforderungen.

Risikoaversion

Der Schwerpunkt der kommenden Überlegungen liegt auf der Erforschung **neuer** Handlungsfelder. Wir fokussieren uns auf Optionen, die von anderen Marktteilnehmern vernachlässigt werden, sei es absichtlich oder unbewusst.

Eine Vielzahl von Möglichkeiten zur Geschäftsentwicklung erscheint zu Beginn unattraktiv. Das gilt besonders in Zeiten der Krise und Unbeständigkeit. Unsicherheiten bezüglich zukünftiger Markttrends und Kundenpräferenzen halten Unternehmen davon ab, sich auf unerforschte Geschäftsmöglichkeiten einzulassen. Infolgedessen bleiben potenzielle Gelegenheiten ungenutzt, wenn die Herausforderungen, die sie mit sich bringen, als zu groß empfunden werden. Diese Orientierung kann Chancen für Innovation und Expansion verhindern und damit die langfristige Wettbewerbsfähigkeit beeinträchtigen.

Hinzu kommen zögerliche Entscheidungsträger, die aus Angst davor, ein mühsam aufgebautes, gut laufendes Business zu gefährden, Risiken konsequent meiden. Diese Mentalität führt zu einer Haltung, bei der Stabilität und die Aufrechterhaltung des Status quo höher bewertet werden als innovative Ansätze für Wachstum. Die Furcht vor Störungen überschattet die langfristig ausgerichtete strategische Entwicklung.

Die Absicht, die eigene Marktposition nicht durch unnötige Experimente aufs Spiel zu setzen, ist durchaus nachvollziehbar. Aus dieser Perspektive erscheint es auch sinnvoll, einer Managementlehre zu folgen, die traditionell auf Risikominimierung setzt. Dennoch sei die Frage nach dem Ursprung dieser Risikoaversion erlaubt. Möglicherweise findet sich eine Antwort in der Entstehungsgeschichte der Managementtheorie.

Regeln, was man regeln kann

Das schwere Eisenbahnunglück von Campbell's Station in den USA im Jahr 1848 kann als Wegbereiter für die Entstehung

moderner Managementpraktiken gelten. Bei dem Unglück entgleiste ein Passagierzug in einer Kurve aufgrund überhöhter Geschwindigkeit. Bis zu 50 Menschen kamen in den zertrümmerten Holzwaggons ums Leben.

Die Tragödie warf ein Schlaglicht auf die Gefahren des damals noch weitgehend unregulierten Eisenbahnsektors. Sie zeigte, dass Sicherheit nicht allein auf Basis von Erfahrungswissen und Improvisation der Eisenbahngesellschaften gewährleistet werden konnte. Vielmehr bedurfte es systematischer, wissenschaftlich fundierter Regeln und Verfahren, um Risiken beim Eisenbahnbau und -betrieb zu mindern.

Angestoßen durch die öffentliche Diskussion wurden in der Folge erste Geschwindigkeitsbegrenzungen und Baustandards für Gleise und Waggons eingeführt. Es erfolgte eine Präzisierung der Verantwortlichkeiten im Bereich Sicherheit in den bis dato eher chaotisch organisierten Eisenbahngesellschaften.

Damit waren erste Schritte hin zu bekannten Managementstrukturen mit klar definierten Zuständigkeiten, hierarchischen Abläufen und technischen Regelwerken getan.

In der zweiten Hälfte des 19. Jahrhunderts etablierte sich ein professionelles Management, das mit Zeitplänen, Statistiken und Kalkulationen arbeitete. Es machte Abläufe berechenbarer und effizienter. Der Zufall sollte weitgehend eliminiert werden. Diese Entwicklung bildete die Grundlage für die Theorie des wissenschaftlichen Managements von Frederick Taylor. Dieser analysierte die Arbeit bis ins kleinste Detail, um jeden Handgriff zu optimieren. Mit Stoppuhr und Filmaufnahmen erfasste er jeden Arbeitsschritt, um Zeitverschwendungen zu eliminieren. Die Arbeit wurde in einfachste Teilprozesse zerlegt und standardisiert. Der Arbeiter sollte nur noch ausführen, das Denken oblag dem Management. Taylors wissenschaftliche Betriebsführung, auch bekannt als ›Taylorismus‹, zielte darauf ab, die ›beste‹ Methode zu finden, um maximale Effizienz zu erreichen.

Auch wenn diese Art des Managements in ihrer Reinform nicht mehr existiert, haben viele der damaligen Prinzipien ihre Spuren hinterlassen. Manches, was Taylor einst als Fortschritt betrachtete, empfinden wir heute als Zumutung. Dennoch sind wir in gewisser Weise noch immer seine Erben. Aus diesem Duktus heraus ist es verständlich, dass viele Entscheidungsträger zögern, bewährte und auf Vorhersehbarkeit getrimmte Strukturen zu verändern. Diese sorgen für Stabilität und eine vermeintliche Vorhersagbarkeit des Geschäfts. Das Paradox liegt darin, dass eine risikoscheue Haltung die Anfälligkeit eines Unternehmens für die von außen induzierten Veränderungen erhöht. Das Streben nach Berechenbarkeit geht zulasten der Anpassungsfähigkeit.

Manche mögen behaupten, ihre Anpassungsfähigkeit zeige sich durch Investitionen in die globale Expansion ihrer Produktionsstätten, um die Produktion näher an den Kunden zu bringen. Doch dies trifft nicht den Kern, denn ihre Strategie nährt sich aus reinen Effizienzbestrebungen. Langfristige Kosteneinsparungen durch kürzere Transportwege und eine Absicherung gegen das Risiko einer Monostruktur sind hier das Ziel. Sie symbolisieren die reaktive Form, mit Veränderungen am Rand des Geschäftsmodells umzugehen.

Der Fokus dieses Kapitels liegt jedoch auf dem Kern der Expansion und Anpassungsfähigkeit: dem Mut, sich dem wahrhaft Neuen und Unbekannten zu stellen.

Gründen macht Angst

Wenn ein Unternehmen den Faktor ›Unberechenbarkeit‹ lediglich als einen unausweichlichen Bestandteil seiner wirtschaftlichen Tätigkeit betrachtet, beeinträchtigt das sein Innovationspotenzial. Zufälle werden dann als unkalkulierbares Risiko wahrgenommen, das es weitestgehend zu vermeiden gilt. Dies erklärt auch, warum die theoretisch als wertschöpfend geltende offene Fehlerkultur meist nur zögerlich umgesetzt wird: Risiken sind einfach unpraktisch und Fehler sollten bitte vermieden werden.

Nur wenige Unternehmen integrieren den Zufall als bedeutenden Faktor in ihre Unternehmensstrategie. Ein Konzept, welches das Unvorhersehbare als planbare Option zur Innovationsfindung betrachtet, wirkt einfach zu abstrakt. Im Folgenden konzentrieren wir uns daher auf die Entwicklung einer Strategie, die den Faktor ›Unberechenbarkeit‹ als Ressource zur Schaffung von Geschäftsmöglichkeiten nutzt.

Der symbiogenetische Gedanke dient auch hier als Inspiration, um Geschäftsbeziehungen zu transformieren und zu vertiefen. Anstatt sich auf transaktionale, eindimensionale Interaktionen zu beschränken, fokussieren wir uns auf die Etablierung von wertorientierten, partnerschaftlichen Beziehungen. Abschließend betrachten wir die Möglichkeiten der verlässlichen Kundenbindung und radikalen Kundenzentrierung.

In den folgenden Gedankengängen spielt die Anerkennung und Nutzung der Faktoren Zufall und Unberechenbarkeit für B2B-Partnerschaften und Kundenbeziehungen eine tragende Rolle. Wenn alle Beteiligten die Ungewissheit der Zukunft und ein gesundes Maß an Sorge um ihre eigene Relevanz teilen, entsteht ein starkes Band, das sie zusammenschweißt. Denn eine gemeinsame Herausforderung kann Beziehungen festigen und vertiefen. Oder anders ausgedrückt: Die Angst vor der Zukunft, vor der Irrelevanz der eigenen Existenz, schweißt zusammen.

Ein gutes Beispiel hierfür lässt sich in der Kultur von Start-ups finden. Diese befinden sich konstant im Stresszustand, getrieben von der Angst zu scheitern. Diese andauernde Anspannung ist jedoch notwendig, denn sie sorgt dafür, dass die Gründer innovativ und wettbewerbsfähig bleiben. Wer sich in falscher Sicherheit wiegt, schafft es erst gar nicht zur Marktreife, wird früher oder später vom Markt verdrängt oder geht bankrott.

Erfolgreiche Gründer haben verinnerlicht, dass sie sich keine Ruhepause erlauben können. Die Angst, von der Konkurrenz überholt zu werden, treibt sie täglich an, sich weiterzuentwickeln und keine Chance ungenutzt zu lassen. Diese marathonartige Bereitschaft, sich permanent unter Druck zu setzen und zu verbessern, ist in der schnelllebigen Start-up-Welt unumgänglich. Nur so kann langfristiges Überleben gesichert werden.

Gründer müssen lernen, konstruktiv mit der ständigen Furcht vor dem eigenen Untergang umzugehen. Indem sie die Angst in Tatendrang und Innovationskraft verwandeln, können Start-ups ihrer fragilen Natur trotzen. Die permanente Stresssituation ist demnach nicht Fluch, sondern Segen – der Motor, der Jungunternehmen antreibt und am Leben erhält.

Treiber: Unsicherheit

Die Furcht ist ein universeller, zuverlässiger Treiber. Auch die Versicherungswirtschaft hat die Furcht als einen der stärksten menschlichen Antriebe erkannt und nutzt diesen Umstand geschickt für ihr Geschäftsmodell. Das Konzept einer Versicherung ist es, eine Risikominimierung auszuloben und Sicherheit zu suggerieren. Denn Menschen fürchten sich vor den finanziellen Folgen unvorhersehbarer Ereignisse wie Krankheit, Unfällen oder Naturkatastrophen. Diese Furcht ist der Nährboden, auf dem die Versicherungswirtschaft gedeiht. Sie hat es geschafft, die Furcht als Geschäftsmodell zu institutionalisieren und bietet Produkte an, die altbekannte Ängste adressieren. Sie kultiviert auch ein Bewusstsein für Risiken, die vielen Menschen sonst gar nicht bewusst wären. Durch gezielte Marketingstrategien und Informationskampagnen werden auch Risiken und Gefahren mit beschränkter Wahrscheinlichkeit gekonnt in den Vordergrund gerückt. So steigern sie das Bedürfnis nach mehr Sicherheit und damit die Nachfrage nach Versicherungsprodukten.

Die Furcht vor einer ungewissen Zukunft und der möglichen Verschlechterung der eigenen Lebensqualität ist eine mächtige Kraft. Die Vorstellung, dass alles hoffnungslos ist und ganz schrecklich enden wird, kann verbindend wirken. Und Angst ist nicht nur ein individuelles, sondern auch ein kollektives Phänomen. Sie kann

Menschen, Gemeinschaften oder ganze Gesellschaften vereinen, die sich in einer ähnlichen Lage der Unsicherheit befinden.

Diese kollektive Angst kann paradoxerweise eine Quelle der Stärke sein. Sie zwingt uns, den komplexen und unvorhersehbaren Herausforderungen der Zukunft ins Auge zu blicken. Und diese Konfrontation ist gut. Denn in einer Welt, die sich durch exponentielle technologische Fortschritte, geopolitische Verschiebungen und soziale Veränderungen ständig wandelt, ist die Auseinandersetzung mit der Unsicherheit unvermeidlich und notwendig.

Die Angst vor einer ausweglosen Zukunft ohne Perspektive kann somit als Katalysator für konstruktive Veränderungen und Anpassungen dienen. Sie mag den Anstoß zur Entwicklung neuer Strategien, Geschäftsmodelle oder Partnerschaften geben, die darauf abzielen, diese Unsicherheiten zu bewältigen. In diesem Sinne funktioniert Angst als ein Mechanismus zur Förderung der Resilienz. Die bewusste Auseinandersetzung mit den Unwägbarkeiten der Zukunft kann Strategien hervorbringen, die über eine bloße Überlebensabsicht hinausgehen – sie hilft Unternehmen zu wachsen. Doch die Angstökonomie, wie sie in der Versicherungsbranche praktiziert wird, sollte nicht der unternehmerische Antrieb sein, um Partnerschaften zu bilden. Es gibt weitaus konstruktivere Motivationen für den Aufbau solcher Allianzen. Beispielsweise das Streben nach Innovation, die Verbesserung der Kundenerfahrung oder die gemeinsame Entwicklung nachhaltiger Lösungen. Diese konstruktiven Beweggründe tragen dazu bei, eine zukunftsorientierte und widerstandsfähige Geschäftskultur zu schaffen.

In der Psychologie wird zwischen den Konzepten der ›Hin zu‹- und ›Weg von‹-Energien unterschieden. Die Differenzierung zwischen diesen beiden Richtungen der Motivation ist nicht nur psychologisch, sondern auch wirtschaftlich relevant.

›Weg von‹-Energien sind durch eine reaktive Haltung charakterisiert. Sie resultieren in dem Wunsch, Risiken zu vermeiden und Misserfolge zu umgehen. Der Fokus liegt hier auf dem Verhindern von Verlusten, was zu einer eher konservativen Haltung führt.

Im Gegensatz dazu sind ›Hin zu‹-Energien proaktiv, zukunftsgerichtet und tendenziell risikobereit ausgerichtet. Sie resultieren in der Suche nach Chancen, wobei ihr Ziel nicht primär die Risikominimierung ist, sondern vielmehr die Maximierung von Potenzialen. Unter ihrem Leitgedanken betont die unternehmerische Vision das aktive Streben nach Gestaltung und Veränderung. Unternehmerisches Handeln, das von ›Hin zu‹-Energien geprägt ist, fokussiert sich auf das Erreichen konstruktiver Ziele statt auf die Vermeidung schmerzhafter Konsequenzen.
Die einfache Zusammenfassung lautet:

• Eine von Pessimismus getriebene Wirtschaftsweise führt dazu, dass Ressourcen in defensive Strategien fließen. Es werden Wege gefunden, bestehende Strukturen zu schützen und Veränderungen abzuwehren.

• Eine von Optimismus getriebene Wirtschaftsweise führt dazu, dass Ressourcen in kreative und expansive Strategien fließen. Es werden Wege gefunden, um Ressourcen für Innovation und Wachstum zu mobilisieren.

i: Serendipität

Der Begriff ›Serendipität‹ wurde 1754 von dem britischen Schriftsteller Horace Walpole erfunden, der in einem Brief die Charaktere eines Märchens beschrieb, die durch Zufall und Scharfsinnigkeit unerwartete Entdeckungen machten. Er bezog sich dabei auf die Geschichte »Die drei Prinzen von Serendip«, wobei »Serendip« ein alter Name für die Insel Sri Lanka ist.

Die Fähigkeit, aus zufälligen Beobachtungen zu überraschenden Schlüssen zu kommen und Nutzen zu ziehen, nannte Walpole schließlich ›Serendipität‹. Heute steht der Begriff für eine überraschende und erfreuliche Entdeckung, die gemacht wird, während man eigentlich nach etwas ganz anderem sucht.

Beispiele

- **Das Post-it:** Die selbstklebenden Notizzettel entstanden aus einem ›misslungenen‹ Experiment von Spencer Silver bei 3M im Jahr 1968, als er einen schwach haftenden Klebstoff erfand. Eigentlich war er auf der Suche nach dem genauen Gegenteil.

- **Der Klettverschluss:** Der Schweizer Ingenieur Georges de Mestral erfand den Klettverschluss in den 1940er Jahren, nachdem er bemerkte, wie die Klettenfrüchte am Fell seines Hundes und an seiner Kleidung haften blieben.

- **Teflon:** Roy Plunkett entdeckte das Material Polytetrafluorethylen (PTFE), besser bekannt als Teflon, als er 1938 bei DuPont an Kältemitteln arbeitete.

- **Linoleum:** Frederick Walton entdeckte im Jahr 1860 zufällig Linoleum als Bodenbelagsmaterial, als er einen oxidierten Leinölfilm beobachtete.

Diese Entdeckungen sind zumeist einer aufmerksamen Person zu verdanken – jemandem, der in der Lage war, das Potenzial einer unvorhergesehenen Entwicklung oder eines scheinbaren Missgeschicks zu erkennen.

Im Erlebensmodus

Die optimistische Wirtschaftsweise versteht, dass in der Unvorhersehbarkeit und Vielfalt der Zukunft zahlreiche ungenutzte Chancen liegen, die nur darauf warten, ergriffen zu werden. Oftmals sind es die zufälligen Entdeckungen, die unerwarteten Wendungen und spontanen Geistesblitze, die den Weg zu neuen, lukrativen Geschäftsideen ebnen. Wer offen ist für das Unerwartete und bereit, auch aus Zufällen zu lernen, kann die vielfältigen Möglichkeiten einer ungewissen Zukunft für sich nutzen und in profitable Innovationen verwandeln.

Hier kommt das Prinzip der Serendipität ins Spiel. Es beschreibt das Phänomen, glückliche Entdeckungen zu machen, während man eigentlich auf der Suche nach etwas völlig anderem ist. Es betont die Bedeutung einer offenen und kreativen Haltung gegenüber Neuem, wodurch unerwartete Chancen auftauchen und Lösungen entstehen können. Das erforderliche ›Out-of-the-Box‹-Denken kann zu Einsichten führen, die bei einer starren Fixierung auf das Erreichen von unverhandelbaren Zielen unbeachtet bleiben würden.

Im Geschäftsalltag bedeutet das grundlegend unterscheidliche Arten der Aufmerksamkeit: den chancenorientierten, von Neugier getriebenen Erlebensmodus und einen sicherheitsorientierten Überlebensmodus. Beide haben ihre Berechtigung, führen jedoch zu unterschiedlichen Ergebnissen.

Anstatt sich nun aber auf einen unvorhersehbaren, ›chaotischen‹ Zufall zu verlassen, können Unternehmen ein Umfeld schaffen, das den ›geplanten‹ Zufall fördert. Es werden Anstrengungen unternommen, um die Chancen auf geschäftsfördernde Entdeckungen zu erhöhen, die im Prinzip nur ein gesteigertes Maß an Neugier und Aufmerksamkeit brauchen, für die Suche nach dem Phänomenen der Emergenz, wenn aus ›1 plus 1‹ plötzlich ›11‹ entsteht.

Dafür müssen Bedingungen geschaffen werden, unter denen neue, komplexe Muster oder Strukturen beobachtbar entstehen dürfen. Das bedeutet eine Innovationsstrategie, die es ermöglicht, eine breite Palette von zufälligen Ideen und Perspektiven zu erforschen. Und diese Strategie soll nicht nur in den Forschungslaboren einer F&E-Abteilung funktionieren, sondern im Tagesgeschäft oder im Projektalltag, fast beiläufig. Das wird in einer flexiblen Unternehmenskultur, in der Experimente und kreative Risikobereitschaft belohnt werden, leichter zu bewerkstelligen sein als in einem traditionell starren, hierarchischen System. Oder anders gesagt: Überlassen wir den Zufall nicht dem Zufall, sondern planen wir ihn als bedingt kontrollierbaren Faktor ein. Durch eine strategische erlebensorientierte Herangehensweise wird er zu einem nutzbaren Element – zu einem Verbündeten.

Chaotischer Zufall

- **Unberechenbar:** Die Ereignisse oder Entdeckungen treten ohne Vorwarnung oder Planung auf.

- **Spontan:** Die Ereignisse erfolgen ohne vorgefasste Absicht.

- **Unkontrolliert:** Es gibt keine Möglichkeit, das Eintreten oder die Art der Zufälle zu steuern.

Geplanter Zufall:

- **Strukturiert:** Es gibt eine bestimmte Methode, um die Wahrscheinlichkeit von Zufällen zu erhöhen.

- **Intentional:** Die Handlungen sind darauf ausgerichtet, Bedingungen zu schaffen, die die Wahrscheinlichkeit von Zufällen erhöhen.

- **Kontrolliert:** Obwohl die Ereignisse nicht vorhersehbar sind, gibt es einen gewissen Grad an Kontrolle über die Bedingungen, unter denen sie auftreten können.

- **Systematisch:** Die Anstrengungen sind methodisch und planvoll, um eine Umgebung zu schaffen, die zufällige Ereignisse oder Entdeckungen fördert.

Hier bringen wir wieder den Gedanken der Symbiogenese ins Spiel. Die Frage lautet: Wie kann durch das Zusammenspiel zweier eigenständiger Partner das Unvorhersehbare, der Zufall, eine Chance für Wachstum sein?

Die Antwort liegt in der Inklusion von Emergenz: Zwei oder mehr Akteure finden sich zusammen, um etwas unvorhersehbar Neues mit maximalem Nutzen für alle Beteiligten zu erschaffen.

Zur Erinnerung: Unter Emergenz versteht man das plötzliche Auftreten neuer Eigenschaften oder Strukturen, die sich nicht direkt aus den Eigenschaften der einzelnen beteiligten Komponenten ableiten lassen. In der Zusammenarbeit unterschiedlicher Entitäten sollen also emergente Phänomene auftreten, die keiner der Partner allein hätte voraussagen oder herbeiführen können.

CRISPR/Cas9

Die Entdeckung der CRISPR/Cas9-Technologie durch Jennifer Doudna und Emmanuelle Charpentier ist ein gutes Beispiel aus der Forschung für das, was man ›kompetenzbezogene Emergenz‹ nennen könnte.

Die Biochemikerin Doudna und die Mikrobiologin Charpentier begegneten sich auf einer Konferenz in Puerto Rico im Jahr 2011. Ihre unterschiedlichen Expertisen und gemeinsamen Interessen waren eine gute Grundlage, um komplexe biologische Phänomene zu analysieren – aber aus unterschiedlichen Perspektiven. Sie entschlossen sich, als Team einen Mechanismus zu untersuchen, der als CRISPR bekannt ist – ein genetisches Werkzeug, das es Bakterien ermöglicht, Viren zu erkennen und zu bekämpfen. Ihre Forschungen führten zu der überraschenden Entdeckung, dass Bakterien eine Art ›Gedächtnis‹ besitzen, das Informationen über frühere Virenangriffe enthielt. So konnten sie sich vor einem erneuten Angriff schützen.

Das Enzym Cas9, das von einer speziellen RNA-Sequenz gesteuert wird, ermöglicht es den Bakterien, das Erbgut angreifender Viren zu zerschneiden. Als die Forscherinnen realisierten, dass es möglich wäre, diese RNA-Sequenz künstlich zu modifizieren, entstand in wechselseitiger Inspiration der innovative Gedanke: Cas9 sollte als molekulare Schere an jeder gewünschten Stelle im Erbgut eingesetzt werden können.

Diese Idee und ihre Umsetzung haben enorme Konsequenzen für uns alle. Schon heute dient CRISPR/Cas9 in der Medizin dazu, genetische Defekte zu korrigieren und somit Erbkrankheiten zu heilen. In der Landwirtschaft ermöglicht es die gezielte Veränderung von Nutzpflanzen, um sie robuster, ertragreicher oder nährstoffreicher zu machen. Und in der Grundlagenforschung ist CRISPR ein unverzichtbares Werkzeug geworden, um Krankheitsmechanismen aufzuklären und neue Antibiotika zu entwickeln.

Auch wenn die Technologie viele ethische Fragen nach sich zieht, bleibt sie ein vielseitiges Werkzeug. Die Entdeckung ist ein Lehrstück für den Wert interdisziplinärer Forschung. Nicht umsonst wurde die CRISPR/Cas9-Technologie vielfach ausgezeichnet, einschließlich des Nobelpreises für Chemie im Jahr 2020.

Ursprünglich angetrieben von einem anderen Forschungsziel, dem Interesse an mikrobiologischen Abwehrmechanismen, öffneten Doudna und Charpentier eine völlig neue Dimension der biologischen Wissenschaften.

Hier zeigt sich, wie wichtig es für ein Team ist, offen für unvorhergesehene Entdeckungen zu sein.

Die Wintel-Allianz

Auch die Geschichte von Intel und Microsoft zeigt, wie sich vielfältige Fähigkeiten und Interessen in einer Partnerschaft potenzieren können. Ursprünglich verfolgten beide Unternehmen unterschiedliche Ziele: Intel widmete sich der Entwicklung leistungsstarker Mikroprozessoren, während Microsoft die Software-Landschaft erobern wollte.

In den 1980er-Jahren, als die Nachfrage nach PCs stieg, gingen Intel und Microsoft eine Partnerschaft ein. Die Kombination aus

Intels 8088 Mikroprozessor und MS-DOS als Betriebssystem führte schließlich zur Entwicklung des IBM-PCs.

Es folgten das erste Microsoft Windows und Intels 386er-Prozessorserie. Windows überzeugte mit seiner revolutionären, benutzerfreundlichen Grafikoberfläche, und Intels Chips sorgten für die erforderliche Rechenpower. Entwickler bevorzugten Windows aufgrund seiner Intel-Kompatibilität, und PC-Fabrikanten setzten grundsätzlich auf Intel-Chips, um die Windows-Kompatibilität sicherzustellen. Eine Kombination, die bis heute eine breite Akzeptanz findet.

Trotz der damit verbundenen marktbeherrschenden Stellung, die regulatorische Untersuchungen nach sich zog, gilt die ›Wintel-Allianz‹ als Musterbeispiel für die Schaffung eines Industriestandards durch die Zusammenarbeit von selbstständigen, aber wechselseitig abhängigen Unternehmen. Die Allianz hat ein Ökosystem hervorgebracht, das weit über das hinausgeht, was Intel oder Microsoft allein hätten erreichen können. Es ist ein Erfolg, der nur durch das Zusammenspiel beider Partner möglich wurde.

Apple und ARM

Die Geschichte über die Beziehung zwischen Apple und ARM beginnt nicht mit dem iPhone. Das Unternehmen ARM spezialisierte sich sehr früh auf die Entwicklung von stromsparenden RISC-Prozessoren für integrierte Systeme und kleinere Computer. ARM war nicht darauf aus, die großen, energiehungrigen Prozessoren für Desktop-Computer zu ersetzen. Sie wollten vielmehr in spezialisierten Bereichen Fuß fassen.

Apple erkannte die Möglichkeiten, die sich aus der Energieeffizienz der ARM-Architektur ergaben. In ihren Augen bot sich damit ein gigantisches Potenzial für die Konstruktion mobiler Geräte. 2007 stellte Apple das erste iPhone vor. Im Kern des Geräts arbeitete ein ARM-Prozessor. Apple hatte die ARM-Architektur modifiziert, um sie an die speziellen Anforderungen eines Geräts anzupassen, das sowohl Telefon als auch Computer ist. Die Entscheidung für ARM war ein strategischer Coup: Sie ermöglichte die Langlebigkeit des Akkus und die Leistung, die für eine ansprechende Benutzererfahrung erforderlich waren.

Diese Wahl hatte Auswirkungen, die weit über Apple hinausgingen. Sie definierte quasi den Standard für mobile Prozessoren. Die Energieeffizienz ermöglichte es, dass Smartphones immer leistungsfähiger und vielseitiger werden konnten, ohne dass die Akkulaufzeit unangemessen litt.

Die Partnerschaft zwischen Apple und ARM illustriert, wie eine technologische Entscheidung eine ganze Branche umgestalten kann. Und auch hier ist der symbiogenetische Aspekt elementar: Nur durch die Zusammenführung beider Ideen entstand eine Revolution. Die Konzepte sind untrennbar miteinander verwoben.

Die Beispiele illustrieren die Grundvoraussetzung für ihren einzigartigen Erfolg: Interdependenz, die schöpferische Abhängigkeit. Aus ›1 plus 1‹ wird ›11‹. Erst aus dem Zusammenspiel der Beteiligten entsteht etwas Einzigartiges und Wertvolleres. Der Prozess ist emergent.

Wenn dies die Formel für Erfolg ist, dann besteht die Herausforderung darin, diese emergenten Chancen systematisch zu schaffen. Das heißt, eine Grundlage für ihre Entstehung zu legen und bereit zu sein, die sich ergebenden Möglichkeiten zu nutzen. Dies erfordert Geschick im Umgang mit dem Unerwarteten und eine hohe Anpassungsfähigkeit.

Die in diesem Kapitel bisher betonten drei Faktoren ›Zufall‹, ›Serendipität‹ und ›Emergenz‹ lassen sich unter einer Dachkategorie vereinen: der Kontingenz.

Es ist die Überzeugung, dass nichts vorherbestimmt sein muss und alles möglich ist. Diese Offenheit für eine Vielfalt an Möglichkeiten und Ergebnissen eröffnet einen ungewöhnlichen Weg des Wachstums und der Innovation.

i: Kontingenz

Der Begriff der Kontingenz stammt aus der Philosophie und bedeutet so viel wie ›Zufälligkeit‹ oder ›Möglichkeit‹. Kontingenz beschreibt die prinzipielle Offenheit und Unbestimmtheit von Ereignissen und Entwicklungen. Vorannahmen und Vorhersagen müssen nicht zwangsläufig so eintreten, wie sie prognostiziert werden. Sie können auch einen anderen Verlauf nehmen. Diese Erkenntnis versetzt ein Individuum in die Lage, die Zukunft aktiv zu gestalten. Indem es die Kontingenz akzeptiert, verabschiedet es sich von der Vorstellung, die Dinge seien unabänderlich. Es erkennt seine Handlungsmacht, die Zukunft im Sinne der eigenen Werte und Ziele zu formen. Voraussetzung dafür ist die Bereitschaft, Gewohntes, Traditionelles und vermeintlich ›Richtiges‹ infrage zu stellen. Kontingenz zu denken heißt, neue Perspektiven einzunehmen und unkonventionelle Ideen in Betracht zu ziehen. Dieser Denkansatz erweitert den Horizont für Optionen jenseits dessen, was wir für wahrscheinlich oder unveränderlich halten.
Kontingenz ist nichts anderes als ein Raum der Möglichkeiten.

Unberechenbarkeit als Betriebskapital

Das Konzept der ›Kontingenz‹ ist weder in unserem alltäglichen Sprachgebrauch noch in unseren Denkprozessen gebräuchlich verankert. Vielleicht liegt es daran, dass der Begriff in verschiedenen Kontexten unterschiedliche Bedeutungen und Anwendungen findet.

In militärischen Planungen steht Kontingenz oft für Szenarien, die eintreten könnten und für die Vorbereitungen getroffen werden müssen, unabhängig davon, wie hoch ihre Eintrittswahrscheinlichkeit ist. In der Informatik wird Kontingenz in Bezug auf Systemausfälle und die Notwendigkeit von Backup-Systemen diskutiert. Hier geht es um die Planung und Vorbereitung auf unvorhersehbare Ereignisse, die ein System beeinträchtigen könnten. In der Betriebswirtschaft und im Management besagt sie, dass es keine ›einzige beste Art‹ gibt, eine Organisation zu managen. Die effektivste Organisationsstruktur hängt von verschiedenen externen und internen Kontingenzfaktoren ab.

Sei es in der Philosophie, Soziologie, Mathematik, Statistik, Theologie oder im juristischen Kontext – all diesen Gebieten ist die Grundidee gemein, dass Kontingenz auf Möglichkeiten verweist, die eintreten können, aber nicht zwangsläufig eintreten müssen. Dabei kann die Anerkennung von Kontingenz als Einflussfaktor weitreichende psychologische Implikationen haben. Im Coaching ist sie beispielsweise eine sehr wirksame Interventionsmethode. Erkennt ein Individuum, dass Ereignisse und Zustände veränderlich sind, weil sie einem komplexen Geflecht aus möglichen Einflussfaktoren unterliegen, ändert das den Blickwinkel: Kontrolle ist eine Illusion.

Auch ein Unternehmen, welches das Prinzip der Kontingenz akzeptiert, wird nicht versuchen, alle Variablen zu kontrollieren. Es ist bereit, sich anzupassen und von neuen, unerwarteten Entwicklungen zu lernen und zu profitieren. Wenn die Zukunft nicht vorherbestimmbar ist, weil alles emergent ist, wird es diesen Umstand nutzen. Dafür muss es Wege finden, Unvorhersehbarkeit und Mehrdeutigkeit als Wachstumschance zu erschließen. Kontingenz wird dann zum Betriebskapital, das kreative Lösungen und Innovationen ermöglicht. Genau dafür ist das nachfolgende Konzept der C.L.I.CK-Kollaboration ein sehr praxisnaher Ansatz.

C.L.I.CK

Begeben wir uns von den theoretischen Überlegungen zu einer konkreten Handlungsempfehlung: Eine Vorgehensweise zur entdeckungsfreundlichen Projektgestaltung namens C.L.I.CK, das Akronym für **»Creative Long-haul Interdependent Collaborative Knowledge«**.

Es ist ein Modell, um Projekte und Partnerschaften zu entwickeln, die neue Geschäftsmöglichkeiten entdecken und aufbauen sollen. Diese sollen zur Diversifikation des

Unternehmens beitragen und seine proaktive Widerstandsfähigkeit stärken. Häufig verbindet dieses Modell einen von außen kommenden Auftrag mit einem intern initiierten Forschungs- und Entwicklungsauftrag.

Das Ziel von C.L.I.CK ist es, innovative Produkte und Dienstleistungen zu schaffen. Der Schwerpunkt liegt im Aufbau eines gemeinsamen Wissens innerhalb der Zusammenarbeit, das zur explorativen Nutzung durch die Partner im C.L.I.CK-Netzwerk dient. Der Prozess basiert auf der Zusammenarbeit von mindestens zwei Teams verschiedener Organisationen, die jeweils spezifisches Wissen und Ressourcen einbringen. Durch die Zusammenführung ihrer unterschiedlichen Expertisen entsteht ein kreativer Prozess, der schrittweise einen umfassenden Wissenspool aufbaut: das Kollaborationswissen. Es bildet sich durch das aufmerksame Zusammenspiel der Partner in einem Umfeld, das ausreichend Zeit für die Erforschung unvorhergesehener Ereignisse lässt. Es ist ein bewusst geschaffener Raum für Kontingenz, Zufall und emergente Phänomene. Sie bilden die Grundlage für innovative Produkte oder Dienstleistungen.

Aus diesem Grund ist auch eine langfristige Investition in die Partnerschaft sinnvoll und notwendig. Die vereinbarte gemeinsame ›Langstrecke‹ stellt sicher, dass alle Beteiligten die Früchte ihrer gemeinsamen Arbeit vollständig nutzen können. Dadurch schaffen sie ein nachhaltiges und wachstumsorientiertes Umfeld.

Das Akronym C.L.I.CK baut sich wie folgt auf:

- **Creative: Das Schöpferische im Fokus**
  Die Partnerschaft betont die Bedeutung von Kreativität und innovativem Denken. Die Partner arbeiten gemeinsam an der Entwicklung neuer Ideen, Produkte, Dienstleistungen oder Lösungsansätze.

- **Long-haul: Die Langstrecke**
  Die Zusammenarbeit zielt nicht auf schnelle Erfolge ab. Die Partner sind bereit, Ressourcen zu investieren, Geduld zu zeigen und auf Ergebnisse entlang der ›langen Strecke‹ zu bauen.

- **Interdependent: Nur gemeinsam einzigartig**
  Beide Partner unterstellen, dass sie nur in dieser Kombination
  die Fähigkeit besitzen, emergente Phänomene zu generieren.
  Diese sollen einen Mehrwert schaffen, den die Partner jeder
  für sich allein nicht erreichen könnten. Bereits dadurch sind sie
  voneinander abhängig.

- **Collaborative Knowledge: Kollaborationswissen erzeugen**
  Das gemeinsam eingebrachte und erzeugte Wissen bildet
  das Kernstück der Zusammenarbeit. Im konsequent offenen
  Wissensaustausch und der gemeinschaftlichen Wissensent-
  wicklung sollen innovative Lösungen entwickelt werden, die
  weit über die isolierten schöpferischen Fähigkeiten Einzelner
  hinausgehen.

C.L.I.CK eignet sich hervorragend als Projekt-Zusatzmodul,
beispielsweise als Add-on für neue und entstehende Vertriebspro-
jekte, die unter konventionellen, regelbasierten Bedingungen
durchgeführt werden. Hierbei vereinbaren die Partner, dass sie
einen Mehrwert generieren wollen, der über den ursprünglichen
Auftrag hinausgeht – und das unter Add-on-Bedingungen. Diese
basieren auf maximaler Offenheit gegenüber provozierten, jedoch
unvorhersehbaren Erkenntnissen, die im Rahmen des ursprünglichen Auftrags auftreten können.
Kollaborationen unter C.L.I.CK-Bedingungen unterscheiden sich
in einigen Punkten von herkömmlichen Projektpartnerschaften
und Richtlinien des Projektmanagements:

›Emergenz und Kreativität
gehen vor Vorhersagbarkeit und Planung.‹

Im Rahmen des C.L.I.CK-Add-ons streben die Beteiligten nach
den nicht-linearen, unvorhersehbaren Vorteilen, die aus der
Partnerschaft entstehen können. Auf der einen Seite wird der
Ursprungsauftrag standardmäßig linear, vorhersagbar und ›sicher‹
bearbeitet. Auf der anderen Seite existiert ein Höchstmaß an

Aufmerksamkeit für die emergenten Erscheinungen, die aus den Projektvorgängen entstehen. Theoretische Hinweise auf sie ergeben sich aus kreativen Eingebungen wie »Eigentlich müsste man ...« oder »Was wäre, wenn ...?«

Diesen Gedanken ist unbedingt Gehör zu schenken, und sie sollten unter allen Bedingungen offen und frühzeitig geäußert werden. Sie gemeinsam zu verfolgen, ist Teil des Konzeptes. Wenn dafür zusätzliche Ressourcen notwendig sind, dann werden diese bereitgestellt.

C.L.I.CK ist der Auffang- und Integrationsmechanismus für die unvorhergesehenen Ereignisse und möglichen Erkenntnisse, die sonst Gefahr laufen, ›unter den Tisch zu fallen‹.

Anwendungsszenario

Nehmen wir als konkretes Anwendungsszenario die Erweiterung eines bevorstehenden Kundenprojekts – den Ursprungsauftrag. Temporäre Zusammenschlüsse zwischen Unternehmen sind im Geschäftsleben nicht unüblich. Oft arbeiten verschiedene Parteien zusammen, um gemeinsame Ziele zu erreichen. Das kann die Umsetzung eines Großauftrages sein oder das gemeinsame Bemühen, einen komplexen Ausschreibungsprozess zu gewinnen. Diese Zusammenarbeit beschränkt sich meist auf eine zweckgebundene Partnerschaft zur Erfüllung des Ursprungsauftrags.

C.L.I.CK erweitert diesen Handlungsrahmen: Neben der Hauptaufgabe, dem Ursprungsauftrag, wird auch Energie auf das Erkennen und Erforschen emergenter Phänomene gelenkt, die im Projektzeitraum auftauchen. Dieser selbst auferlegte parallele interne Forschungsauftrag bedeutet das Sammeln von Erkenntnissen, die nicht notwendigerweise zur Erfüllung des Ursprungsauftrags notwendig sind. In C.L.I.CK werden diese Daten erfasst, analysiert und auf ihre Anwendbarkeit hin bewertet. Das erweiterte aufmerksame Arbeiten mit unvorhersehbaren Entwicklungen und Erkenntnissen zielt darauf ab, ihren Wert für potenzielle Innovationen einzuschätzen.

Dieses strukturierte Vorgehen ist kein theoretisches Konstrukt, sondern bewährt sich in der Praxis. Ein Beispiel aus dem Projektalltag eines Kunden verdeutlicht das.

Im Anschluss richten wir unser Augenmerk auf einige Besonderheiten der Vorgehensweise von C.L.I.CK.

Der Ablauf in Kurzform:

1. Beurteilung der Eignung von C.L.I.CK als Add-on für ein anstehendes Projekt

2. Klärung der Rahmenbedingungen unter den Beteiligten

3. Planung und Vorabzuweisung von Ressourcen für potenzielle emergente Entwicklungen

4. Gleichwertige Behandlung des externen Ursprungsauftrags und des internen C.L.I.CK-Auftrags während der Realisierungsphase

5. Verfolgung jeder C.L.I.C.K.-Spur: Experimentieren, Evaluieren, konstruktive Konfliktaustragung und Durchhalten

6. Einsatz geplanter Ressourcen zur Bewältigung zusätzlicher Komplexität

7. Abschluss des Ursprungsauftrags

8. Bewertung und Entscheidung über die Fortsetzung oder den Abschluss von C.L.I.CK

2000 Chancen zur Innovation

Ein Hersteller von professionellen Audio- und Videokabeln und ein Spezialist für industrielle LED-Displays beschließen die Zusammenarbeit in einem umfangreichen Industrieprojekt. Der Auftrag eines Großkunden beinhaltet die Installation von 2000 verkabelten Display-Einheiten in einigen neuen Produktionsstätten. Mehrere Ingenieure und Vertriebsmitarbeiter beider Unternehmen sind bereits persönlich bekannt und schätzen die Expertise des jeweils anderen.

Der Kabelhersteller trägt Know-how und Produkte aus dem Gebiet robuster und zuverlässiger Verbindungstechnologien bei. Der Display-Spezialist liefert Hardware und Fachwissen zu energieeffizienten, langlebigen Anzeigesystemen. Beide Kompetenzbereiche entwickeln so ein wartungsfreundliches, integriertes Display-System, das über Jahre zuverlässig die Performance der Fertigungseinheiten anzeigt.

Die frühzeitige Besprechung von »Was wäre, wenn ...«-Szenarien offenbart das Potenzial für ein C.L.I.CK-Projekt. Nach Rücksprache mit den Geschäftsführungen beider Unternehmen werden eventuell notwendige zusätzliche Ressourcen (Zeit und Personal) frühzeitig geplant und genehmigt. Sollten emergente Phänomene und interessante Erkenntnisse im Rahmen des Ursprungsauftrags auftauchen, würden die Partner diese systematisch weiterverfolgen wollen.

Kurz nach dem Projektstart entfaltet sich eine lebhafte, jedoch in weiten Teilen produktive Diskussionskultur. Diese Phase offenbart die Vielfalt individueller Denkweisen und hinterfragt etablierte Konventionen und Gewohnheiten. Die Notwendigkeit zur kontinuierlichen Synchronisation – sei es in der Projektplanung oder im Einsatz beim Kunden vor Ort – stellt eine spürbare Belastung dar. Eigentlich ist für Ablenkungen und kreative Untersuchungen keine Zeit vorhanden.

Jenseits der vorgezeichneten Projektwege des Ursprungsauftrags herrscht dennoch Aufmerksamkeit für kreative Eingebungen, abwegige Gedanken und alternative Nutzungsszenarien. Gleichzeitig wachsen auch die Meinungsverschiedenheiten über die Erforschung lohnenswerter Entdeckungen. Es finden disziplinierte Aussprachen statt, in denen die unterschiedlichen Sichtweisen und Erfahrungen offen artikuliert und dokumentiert werden. Die dadurch entstehenden ›heißen Spuren‹ werden mit großer Intensität verfolgt, obwohl bereits sechs mögliche Entwicklungslinien an der unerbittlichen Wand der physikalischen Realität gescheitert sind.

Kurz vor Abschluss des Ursprungsauftrags gelingt einem Sub-Team aus Vertriebsmitarbeitern und Ingenieuren eine unerwartete Entdeckung in der Datenübertragung per Funk. Untersuchungen zu elektromagnetischen Materialien und ein Durchbruch in der Signalverarbeitung führen dazu, dass selbst bei schwächsten Empfangsbedingungen eine hohe Datenintegrität gewährleistet werden kann. Das Team entwickelt daraus eine ausfallsichere Methode zur kabellosen Signalübertragung, die für den Dauerbetrieb geeignet ist.

Die Entdeckung wird allerdings nicht in den Ursprungsauftrag integriert, was auch nicht im Interesse des Auftraggebers liegt. Aber aus der von Anfang an geplanten konsequenten Verfolgung einer emergenten Entwicklung hat sich ein potenziell neues Produkt zur Eigenvermarktung ergeben. Die euphorischen Überlegungen gehen sogar so weit, dass daraus ein eigenes Geschäftsfeld begründet werden kann. Denn die Entdeckung bietet Vorteile für Einsatzszenarien, die weit über die Problemstellung des Ursprungsauftrags hinausgehen: Sie reduziert Installationskosten, minimiert Ausfallzeiten und macht aufwendige Verkabelungen obsolet.

Die Neugier der Ingenieure endet jedoch nicht hier. Aufgrund der Empfehlung eines Logistikmitarbeiters nimmt das Sub-Team Kontakt zu einer auf den Yacht-Innenausbau spezialisierten Schreinerei auf. Auf der Suche nach platzsparenden Lösungen aus anderen Bereichen erhalten sie wichtige Einblicke in den Bereich der sogenannten »High Density«-Installationen. Dadurch entstehen Ideen für den Einsatz platzsparender Batterielösungen.

Das Resultat ist eine kompakte Energieversorgung, die problemlos Installationen auf engstem Raum ermöglicht. Die gesamte Technikkombination ist außerdem so langlebig, dass sie einen minimalen Wartungsaufwand verspricht. Das Einsparpotenzial für den Kunden in Bezug auf Installation und Betrieb ist enorm. Dadurch sichern sich die C.L.I.CK-Partner ein signifikantes Unterscheidungsmerkmal im Wettbewerb.

Die Konsequenz dieser Entdeckungen ist weitreichend: Der Kabelhersteller entscheidet, eine neue Produktgruppe für drahtlose Übertragungstechnologien zu forcieren. Der LED-Display-Spezialist wiederum erkennt die Möglichkeiten, die sich aus der Miniaturisierung der Batterietechnologie ergeben. Er initiiert eine eigene Sparte für mobile und autarke Display-Lösungen.

Der außergewöhnliche Mehrwert in diesem Beispiel resultiert aus der Bereitschaft, das Unvorhersehbare als integralen und nützlichen Bestandteil des Projekts zu betrachten. Daraus ergibt sich der logische Schritt, Eventualitäten vorauszudenken. Diese bilden sich in einer vorausschauenden Ressourcenplanung und -allokation ab, was ein späteres situatives Handeln erleichtert.

C.L.I.CK verpflichtet die Partner dazu, eventuell anfallende Aufwände und zusätzliche Mühen von Beginn an zu berücksichtigen. Diese Proaktivität minimiert die Wahrscheinlichkeit, dass selbst kleinste, aber interessante Erkenntnisse unbeachtet bleiben. Ein ›unter den Tisch fallen‹ eventuell lohnender Spuren wird minimiert oder gar ausgeschlossen. Durch die frühzeitige Entscheidung, emergente Phänomene intensiv zu untersuchen, entsteht ein gesteigertes Bewusstsein für potenzielle Innovationschancen.

Hier hat sich die zusätzliche Aufmerksamkeit ausgezahlt und ein potenziell neues Produkt oder sogar Geschäftsfeld eröffnet. Und das zahlt in die Unternehmensresilienz ein. Jede Innovation und jede Spin-Off-Unternehmung reduziert die Gefahr einer betrieblichen Monokultur und erweitert die Unternehmenskompetenz. Das ist mutige Resilienzbildung.

Besonderheiten

In Bezug auf die weniger offensichtlichen Besonderheiten eines C.L.I.CK-Projektes seien hier zwei Aspekte besonders erwähnt: der Umgang mit Konflikten und der Umgang mit Fehlern.

Umgang mit Konflikten

Eine konventionelle Projektsteuerung strebt nach störungsfreien Abläufen. Abweichungen vom Plan, das Infragestellen von Routinen und Dispute um Vorgehensweisen gelten als Sand im Getriebe. Sie sind Reibungspunkte, die es zu vermeiden gilt.

C.L.I.CK kehrt diese Sichtweise um. Reibung wird hier nicht als Ärgernis, sondern als Chance zur Klärung des eigenen Denkens und der kreativen Position begriffen. Die hier entstehenden Kontroversen und Konflikte werden als Katalysatoren für Innovation und Fortschritt betrachtet.

Diese Ausrichtung stellt alle Beteiligten vor emotionale und intellektuelle Herausforderungen. Ein solches Verständnis von Reibung setzt die Bereitschaft voraus, liebgewonnene Standpunkte und Vorgehensweisen zur Disposition zu stellen. Dazu braucht es von Beginn an Mechanismen, die Auseinandersetzungen zulassen und in konstruktive Bahnen lenken. Konflikte sind wichtige, potenzielle Quellen der Inspiration. Sie sind der stetig mahnende Ruf, offen für Vielfalt zu bleiben.

Umgang mit Fehlern

Traditionelles Projektmanagement orientiert sich an den Grundsätzen der Fehlervermeidung, Vorhersehbarkeit und Risikominimierung. Im Gegensatz dazu verfolgt C.L.I.CK einen völlig anderen Ansatz. Offensichtliche Lösungen bergen nur selten Innovationspotenzial. Deswegen wird in C.L.I.CK bewusst Raum für unkonventionelle Ideen und Ansätze geschaffen, die abseits des Mainstreams liegen. Hier ist der Mensch Treiber des Experimentellen. Fehler werden zu unverzichtbaren Lerninstrumenten. Dafür braucht es einen Arbeitsethos, der

Irrwege nicht als Versagen, sondern als Erkenntnisprozess begreift. Experimente, die scheitern, sind elementarer Teil des Fortschritts. Der Entdeckergeist fragt nicht »Wie vermeide ich Fehler?«, sondern sagt: »Das habe ich noch nicht probiert, es ist das Risiko wert.«

Diese Denkweise erfordert Mut und Geduld gleichermaßen. Mut, um sich ins Unbekannte vorzuwagen, und Geduld, um aus Fehlern systematisch zu lernen. Hier geht es nicht um die Vermeidung, sondern um den kompetenten Umgang mit Risiko. Es gilt also, eine offene Fehlerkultur und Risikokompetenz aufzubauen.

Und das grundsätzlich.

C.L.I.CK Standards

Zurück zu den Empfehlungen oder ›Standards‹ für die Durchführung von C.L.I.CK. Bleiben wir bei der Annahme, dass ein Ursprungsauftrag existiert, der dazu führt, dass die Kooperationspartner sich zusammenfinden. Wir setzen auch voraus, dass ein C.L.I.CK-Potenzial erkannt und die eventuell notwendigen Ressourcen vorab geplant wurden. An diesem Punkt kann der konkrete Projektstart erfolgen, wobei der operative Ablauf einigen Standards folgen sollte. Idealerweise werden diese Standards von allen Beteiligten auch in ihren Konsequenzen verstanden und im Projektalltag umgesetzt:

1. Emergente Phänomene sind das sekundäre Hauptziel.

2. Fehler sind OK. Fail fast - Fail cheap.

3. Konflikte werden nicht unterbunden.

4. Diversität ist die Lösung.

5. Maximale Offenheit steigert die Erfolgschancen.

Standard 1

Emergente Phänomene sind das sekundäre Hauptziel.

Die Akzeptanz des Zufalls, der Unvorhersehbarkeit, ist ein zentrales Element der C.L.I.CK-Kultur. Dennoch stehen zwei Hauptziele gleichzeitig im Mittelpunkt: die Erfüllung des Ursprungsauftrags und die Erforschung interessanter Erscheinungen oder emergenter Phänomene. Beide Ziele werden als gleichwertig betrachtet. Beides, die termingerechte, ordentliche Erledigung des Ursprungsauftrags und das Streben nach Innovation in C.L.I.CK, sind wesentliche Bestandteile des Projekts. Es ist jedoch unternehmerisch kurzsichtig und gefährlich, den Ursprungsauftrag (primäres Hauptziel) zugunsten neu entstehender Möglichkeiten (sekundäres Hauptziel) zu vernachlässigen. Die daraus resultierenden Konsequenzen sind nicht akzeptabel. Im Zweifelsfall hat der Ursprungsauftrag Vorrang. Folglich erfordert es Disziplin und gegenseitige Aufmerksamkeit, ein ausgewogenes Verhältnis zwischen diesen Prioritäten zu finden. Nur so lässt sich das volle Potenzial eines C.L.I.CK-Projekts erschließen.

Ableitungen:

Der Ursprungsauftrag ist das primäre Hauptziel.
Emergente Phänomene sind das sekundäre Hauptziel.
Im Zweifelsfall hat der Ursprungsauftrag Vorrang.

i: Minimum Viable Product

Ein Minimum Viable Product (MVP) dient als Indikator für die Praktikabilität und Akzeptanz eines Produkts oder einer Dienstleistung. Dabei handelt es sich um einen grundlegenden Prototyp, der gerade so funktional ist, dass er von den ersten Nutzern getestet werden kann. Der Hauptzweck des MVP liegt darin, schnell Erkenntnisse über die Bedürfnisse und Anforderungen des Zielmarktes zu erlangen.

In der Softwareentwicklung wird ein MVP verwendet, um spezifische Hypothesen zu testen. Diese Tests sind üblicherweise quantitativer

Standard 2
Fehler sind OK. Fail fast - Fail cheap.

Bei der Verfolgung einer emergenten ›Spur‹ ist es nahezu unvermeidlich, des Öfteren eine Sackgasse zu betreten. Doch Fehlentwicklungen, unproduktive Entscheidungen oder Mängel in der Ausführung werden als notwendige Lernchancen betrachtet, um Innovation voranzutreiben. Das ist kein Freibrief für Oberflächlichkeiten, sondern eine Vereinbarung, um die Angst vor Fehlern zu nehmen. Sie müssen allerdings frühzeitig erkannt und kommuniziert werden, um die damit verbundenen Kosten zu minimieren. Interessante Ereignisse oder Erkenntnisse werden schnellstmöglich untersucht oder hinterfragt. Eventuelle physische oder digitale Prototypen werden als ›Minimum Viable Product‹ zügig entwickelt und getestet. Es gilt, den Prozess der Validierung von Hypothesen, Modellen oder Produkten so effizient und kosteneffektiv wie möglich zu gestalten.

Ableitungen:

Fehler sind OK, wenn sie als Lernchance genutzt werden.
Deshalb werden Fehler jeglicher Art frühzeitig kommuniziert.
Das gilt besonders, wenn dadurch ihre Kosten
minimiert werden können.

Natur und beinhalten Kennzahlen wie das Investitionsinteresse, die Nutzerzahlen oder die Verweildauer. Ziel ist es, Daten in Echtzeit zu sammeln und so eine fundierte Entscheidungsgrundlage zu schaffen. Sollten die Ergebnisse Anpassungen erforderlich machen, kann das MVP flexibel und ohne signifikante Verluste modifiziert werden.
Das MVP ist somit kein finales Produkt, sondern ein dynamisches Werkzeug. Es dient als Lernplattform, um die Marktausrichtung zu präzisieren. Die Erkenntnisse werden genutzt, um ein marktreifes Produkt zu entwickeln, das den Bedürfnissen der Zielgruppe gerecht wird.

Standard 3
Konflikte werden nicht unterbunden.

In einem C.L.I.CK-Projekt gelten Kontroversen oder Konflikte nicht als Makel. Sie sind integraler Bestandteil der Zielerreichung, der zur Weiterentwicklung des Gesamtprojekts beitragen kann. Daraus ergeben sich drei Leitgedanken:

1. Konflikte sind keine unerwünschten Nebeneffekte, sondern systemrelevante Indikatoren. Sie zeigen, wo Anpassung und Rekalibrierung nötig sind. Ignorieren ist keine Option. Anerkennen und Bewusstmachen hingegen ist Pflicht.

2. Konflikte sollen nicht verhindert, sondern kanalisiert werden. Sie erhalten einen definierten Raum, in dem sie, ohne das gesamte Projekt zu destabilisieren, als treibende Kraft für Weiterentwicklung und Anpassung dienen können.

3. Die Herausforderung steckt nicht zwangsläufig in der Auflösung, sondern im produktiven Aushalten. Nicht jeder Konflikt muss oder kann ›gelöst‹ werden. Ein aktives Hinterfragen offenbart gegebenenfalls sein Potenzial für Lernprozesse und Innovation.

Diese drei Leitgedanken sind die Aufforderung, den Komfortzonen des Miteinanders zu entkommen und das transformative Potenzial von Konflikten anzuerkennen. Das frühe Aufsetzen von Regeln für den Umgang mit Spannungsfeldern ist daher ratsam.

Ableitungen:
Konflikte sind wichtige Indikatoren und Hinweisgeber.
Konflikte erhalten ihren eigenen, geschützten Raum.
Das Aushalten von Konflikten kann eine Lösung sein.

Standard 4
Diversität ist die Lösung.

Den Partnern ist bewusst, dass sie für die Realisierung des Ursprungsauftrags aufeinander angewiesen sind. Dabei wird die Verschiedenheit der Beteiligten nicht als Belastung, sondern als potenzieller Vorteil angenommen. Unterschiede in Expertise, Erfahrung und Perspektive bilden eine wertvolle Ressourcenpalette für das gemeinsame Ziel. Die Vorteile von unterschiedlichen Denk- und Arbeitsweisen werden anerkannt und von allen Beteiligten als essenziell für das gesamte Projekt erachtet.

Diversität ist niemals das Problem, sondern die Lösung. Sie bietet die Möglichkeit, die eigene Sichtweise zu schärfen und voneinander zu lernen. Erst durch die Andersartigkeit und Vielfalt wird die Kollaboration sinnvoll.

Ableitungen:

Zur Realisierung sind die Parteien aufeinander angewiesen.
Jede Sichtweise kann eine wichtige Ressource sein.
Innovation entsteht durch Unterschiedlichkeit.
Diversität ist die Lösung, nicht das Problem.

Standard 5
Maximale Offenheit steigert die Erfolgschancen.

In der Zusammenarbeit sind eine transparente Kommunikation und die unverzügliche Anforderung benötigter Unterstützung wesentlich. Jegliche Verzögerung oder Intransparenz in der Kommunikation bremst den gemeinsamen Fortschritt. Sollten Entdeckungen mehr Ressourcen erfordern – sei es finanziell, in Form von Expertise oder Zeitaufwand –, wird dies deutlich und unverzüglich mitgeteilt.

Die Offenlegung von Erkenntnissen, persönlichen Grenzen und Schwierigkeiten ist ein strategisch wichtiger Schritt. Diese Transparenz fördert eine klare Informationslage, die schnelle und produktive Entscheidungen ermöglicht. Informationen bewusst zurückzuhalten, ist hinderlich und widerspricht dem Geist der Zusammenarbeit.

Ableitungen:

Intransparenz verhindert Fortschritt.
Transparenz ermöglicht schnelle Entscheidungen.
Unterstützungs- oder Ressourcenbedarf wird unmittelbar und eindeutig kommuniziert.

Sicherungsmaßnahmen

Auch für eine langfristig orientierte Partnerschaft sollte grundsätzlich eine Exit-Strategie existieren. Diese muss fair und transparent sein, Mechanismen für ihre Auflösung und die Verteilung der neu gewonnenen Ressourcen enthalten. Sie greift prinzipiell bei zwei spezifischen Ereignissen:

1. Die Vollendung des Ursprungsauftrags

Sobald das primäre Hauptziel erfüllt ist, ist es an der Zeit, das Projekt geordnet zu beenden. Das bedeutet, die Ergebnisse zu bewerten, Lernerfahrungen zu dokumentieren und Ressourcen freizusetzen. Die Vollendung des Ursprungsauftrags signalisiert aber nicht automatisch den Abschluss des C.L.I.CK-Projekts. Hier existiert Raum für weiterführende Erkenntnisse und die Vertiefung der kollaborativen Wissensbasis. Zu Projektbeginn haben sich die Partner auf eine symbiogenetische Zusammenarbeit vereinbart. Ein Commitment, das auch impliziert, dass zahlreiche emergente Effekte möglicherweise nach Projektabschluss ihre Bedeutung oder Funktion verlieren. Dies gilt es frühzeitig zu klären. Eine endlose Ausdehnung der C.L.I.CK-Partnerschaft ohne klare Richtung oder Zielsetzung sollte vermieden werden.

2. Mehrfache Verstöße gegen Standards

Sollten im Verlauf des Projekts wiederholt grundlegende C.L.I.CK-Standards missachtet werden, erfordert dies eine kritische Überprüfung. Das kann auch eine vorzeitige Beendung des Add-on-Projektes bedeuten. Standards wie die Akzeptanz von Fehlern, der Umgang mit Konflikten und die klare Kommunikation sind wesentliche Pfeiler der C.L.I.CK-Kultur. Werden diese wiederholt verletzt, ist dies ein Indikator für grundlegende Probleme in der Kollaboration. Für diesen Fall eine klare Exit-Strategie parat zu haben, dient dem Schutz des primären Hauptziels – dem Ursprungsauftrag.

Interessant für Kunden?

C.L.I.CK kann nicht ausschließlich als internes Instrument für Forschung und Entwicklung verstanden werden. Es ist auch eine potenzielle Einladung an Kunden, gemeinsam neue Geschäftsfelder und -modelle zu erkunden. Das Angebot, zusammen neue Geschäftsmöglichkeiten zu untersuchen, wird bei einigen Kunden Anklang finden.

Natürlich ist nicht jeder Kunde für ein C.L.I.CK-Projekt geeignet. Die Idee, sich gemeinsam auf den Zufall einzulassen, klingt sehr risikobehaftet und abstrakt. In unsicheren Zeiten widerspricht es dem Streben nach Berechenbarkeit der meisten Marktteilnehmer. Die ›richtigen‹ Kunden für eine Kollaboration sind diejenigen, die schon eigeninitiativ nach innovativen Wegen suchen, um ihre Geschäftsmodelle zukunftsfähig zu machen. Es werden jene sein, die bereit sind, sich auf die Unwägbarkeiten der Zukunft einzustellen – diejenigen, die die Bedeutung von Anpassungsfähigkeit und Resilienz in ihren Strategien bereits verankert haben. Möglicherweise teilen sie eine ähnliche Auffassung von der Notwendigkeit strategischer Allianzen und einem kreativen Umfeld, in dem fortschrittliche Geschäftsbeziehungen gedeihen können. Stellen Sie Geschäftspartnern mehr zur Verfügung als nur eine Zukunftsvision. Präsentieren Sie ihnen eine Praxis, die sich dem Aufspüren von Innovation verschrieben hat. Heben Sie hervor, dass es nicht darum geht, auf jede Frage eine Antwort zu haben, sondern darum, gemeinsam die richtigen Fragen zu formulieren.

»Wie wäre es, wenn wir uns gemeinsam ein Fundament an Fachwissen erarbeiten, das uns entscheidende Vorteile im Wettbewerb bringt?«

Und wenn Sie nicht gleich mit der Tür ins Haus fallen möchten, dann klopfen Sie höflich an. Jede moderne Führungskraft weiß um das Prinzip der Opportunitätskosten. Starre Denkweisen in einem sich schnell entwickelnden technologischen Umfeld können schließlich sehr kostspielig sein und niemand mag lukrative Chancen verpassen. Hier steckt eine Menge Potenzial für Angebote, die zumindest Interesse erzeugen können.

Die subtile Einbindung von Kunden in Innovationsworkshops ist eine sanfte Methode, um passende Kandidaten für eine Kollaboration zu identifizieren. In diesem Rahmen können alle Teilnehmenden ein Verständnis für die individuellen Absichten und Ziele entwickeln, und zum richtigen Zeitpunkt kann die Idee eines gemeinsamen C.L.I.CK-Projekts strategisch klug platziert werden.

Fazit

Die Integration der Kontingenz in die Wertschöpfungsstrategie macht den Zufall zu einem Verbündeten in Sachen Innovation. Auf der Suche nach diesem Zufall in eine Sackgasse zu investieren, ist daher vielmehr ein strategischer Zug als ein Fehltritt. Diese bedauernswerten Sackgassen sind nicht mehr als lästige, aber notwendige Umwege auf dem Weg zu unerwarteten Durchbrüchen. Wer sich auf diese Umwege einlässt, sollte widerstandsfähig gegenüber Vorwürfen der Ressourcenverschwendung sein. Diese Vorwürfe stammen aus einer Wirtschaftswelt, die nur allzu oft von der Furcht vor dem Ungewissen gelähmt zu sein scheint.

Das Aufspüren emergenter Phänomene gleicht der Suche nach dem verborgenen Gold, das nur die Mutigen zu schürfen wagen.

1
2
3
F**K
OFF

Kundenzentrierung

Mittendrin

Treten wir einen Schritt zurück und reflektieren das bisher Erreichte. Zu Beginn des Buches widmeten wir uns der Bedeutung der Unternehmensresilienz und konzentrierten uns auf zukunftsweisende Fragestellungen zur Analyse des Geschäftsmodells. Im zweiten Kapitel untersuchten wir die Intuition als einen kraftvollen Wegweiser in Entscheidungsprozessen. Das dritte Kapitel führte uns zu innovativen Wegen der Zusammenarbeit und des Informationsaustauschs. Hier, im vierten Kapitel, haben wir den geplanten Zufall als Quelle der Innovation begrüßt.

Doch letztlich bleibt all das ohne Bedeutung, wenn die Arbeitsergebnisse keinen Abnehmer finden. Jedes Produkt und jede Dienstleistung muss sich irgendwann der finalen Bewertungsinstanz stellen: dem Kunden, der die Rechnung zahlt. Ein Markt ohne Kunden existiert schlichtweg nicht.

Schauen wir uns also zum Abschluss den tatsächlichen Stellenwert des Kunden und den Beziehungsaufbau einmal genauer an.

Die Recherchen für dieses Buch wurden im Sommer 2023 durch eine Reihe vorbereitender Workshops begleitet. Eines der zentralen Themen war dabei die Kundenloyalität. Die Teilnehmer erhielten den Auftrag, kreative Konzepte zur langfristigen Kundenbindung zu entwickeln. Dabei wurden vielversprechende Ansätze identifiziert, die entweder bereits praxiserprobt sind oder ein hohes Potenzial versprechen.

1. Innovation Labs und Wissenspartnerschaften

Kunden werden zu Mitentwicklern: Beide Konzepte, Innovation Labs und Wissenspartnerschaften, sind bewährte und zeitgemäße Ansätze zur Kundenbindung mit starker Zukunftsorientierung. Innovation Labs arbeiten prinzipiell mit den agilen Werkzeugen von Start-ups, um Prototypen zu entwickeln und die Zusammenarbeit innerhalb cross-funktionaler Teams zu fördern. Arbeitsweisen wie Design Thinking, Lean Startup und Scrum helfen, neue Ideen zu entwickeln, die für das Unternehmen entweder disruptiven oder komplementären Einfluss haben können. Dabei können Kunden in unterschiedlichen Phasen der Produktentwicklung ihre Erfahrungen und Bedürfnisse einbringen. So tragen sie aktiv zur Gestaltung der Produkte bei, die ihren Erwartungen entsprechen.
Wissenspartnerschaften gehen noch einen Schritt weiter, indem sie grundsätzliches Forschungswissen teilen und dadurch die langfristige intellektuelle Verbindung vertiefen.

2. Cross-Mentoring

Brücken bauen, Verständnis schaffen: Mentoring ist heute noch viel zu oft eine Frage der Hierarchie. Erfahrung wird von oben nach unten weitergegeben, und das geschieht innerhalb der Grenzen des eigenen Unternehmens. Dadurch beschränken sich die Perspektiven auf das, was intern bereits bekannt ist.

Hier setzt die Idee des Cross-Mentorings an: eine dynamische Methode, die den Wissenstransfer über Firmengrenzen hinweg ermöglicht. Beim Cross-Mentoring werden Mitarbeiter verschiedener Unternehmen zu gegenseitigen Lehrmeistern. Sie agieren als Mentoren und lernen gleichzeitig voneinander. In regelmäßigen Zusammenkünften – seien es Workshops oder digitale Meetings – wird Wissen ausgetauscht und es entstehen Dialoge, die den Boden für neue Strategien bereiten.

Dieser interdisziplinäre Erkenntnisgewinn ist Treibstoff für Innovationen und ein Booster für die Wettbewerbsfähigkeit. Er fördert die persönliche Weiterentwicklung und verwebt unterschiedliche Branchenkenntnisse zu einem robusten Netzwerk, das allen Beteiligten zugutekommt.

3. Profit-Sharing-Kickback

Kunden als Investoren: Rabatte sind ein einfacher Weg, die Illusion von Kundenbindung zu erzeugen. Doch was bleibt, wenn kein Preisnachlass gewährt wird? Eine nachhaltige Verbindung sieht anders aus, denn sie erfordert nicht zwangsläufig kurzfristige monetäre Anreize. Sie verlangt vielmehr eine Teilhabe, die über den Kaufakt hinausgeht – etwas, das den Kunden an das Unternehmen bindet und ihn zum langfristigen Partner macht.

Das Profit-Sharing-Kickback stellt eine ungewöhnliche, aber sehr nachhaltige Form der Teilhabe dar. Es bedeutet eine anteilige Gewinnbeteiligung, zum Beispiel an einer eigens für diesen Zweck gegründeten Produktentwicklungsgesellschaft. Die Investition erfolgt durch den Einsatz von Ressourcen wie Wissen, Personal oder Zeit und wirkt sich direkt auf die zukünftigen Unternehmensgewinne aus. Kunden werden zu Teilhabern an Produkten, die ohne ihr Zutun nicht existieren könnten. Es entsteht eine Partnerschaft, die Loyalität belohnt und einen berechenbaren finanziellen Anreiz bietet.

Der Kunde im Mittelpunkt

Allen Kaufleuten ist klar, welchen Stellenwert der Kunde letztendlich hat. Dennoch ist es ungeschickt, ihn in der Wertschöpfungskette genau dort zu platzieren: ans Ende.

Viele Unternehmen sehen sich einer enormen Aufgabe gegenüber, wenn es darum geht, ihre Organisationsprozesse auf den Kunden auszurichten. Nicht, weil die Unternehmenslenker das Prinzip der Kundenbedürfnisse nicht selbst im Blick hätten. Trotzdem erfahren sie immer wieder Schwierigkeiten im Ressourcenmanagement, was die Organisation entsprechend beeinträchtigt. Dazu gehören Personalengpässe, Meinungsverschiedenheiten über die strategische Ausrichtung, Budgetrestriktionen sowie ein Mangel an interner Kommunikation und Abstimmung.

Diese internen Probleme missachten die grundlegenden Bedürfnisse der Kunden und das Wettbewerbspotenzial eines Unternehmens in kundengetriebenen Märkten. Dabei wäre es dringend an der Zeit, die Perspektive des Kunden konsequent in den Mittelpunkt **aller** Unternehmensprozesse zu stellen.

Die Erfahrung zeigt auch, dass gut gemeinte Appelle an die Mitarbeiter und so manche Führungskraft nicht ausreichen, um eine echte Kundenzentrierung zu erreichen. Dafür bedarf es einer dedizierten Instanz, die dafür verantwortlich ist, kundenzentrierte Strategien zu entwickeln und umzusetzen. Diese Person muss die Befugnis haben, Prozesse zu überprüfen, Verbesserungen zu entwickeln und die Implementierung kundenzentrierter Maßnahmen zu steuern.

Um diese Transformation effektiv zu gestalten, ist die Einführung einer neuen Führungsposition der richtige Schritt: des ›Chief Customer Experience Officers‹ (CXO).

Diese Position ist dafür verantwortlich, die Orientierung am Kunden als zentrales Prinzip im gesamten Unternehmen zu verankern. Mit übergreifendem Blick stellt der CXO sicher, dass Bereiche wie Forschung und Entwicklung, Produktion,

Marketing, Vertrieb und Service konsequent für den Kunden funktionieren. Das bedeutet ebenfalls zu verhindern, dass wichtige Ressourcen durch abstrakte Prozesse oder spezifische Abteilungsinteressen in Anspruch genommen werden.

Seit den 2000er Jahren erkennen Unternehmen weltweit die Bedeutung der Kundenerfahrung (Customer Experience, Abk. CX) als entscheidenden Differenzierungsfaktor an. Die Rolle des CXO hat sich aus diesem wachsenden Bewusstsein entwickelt. Sie war die Reaktion auf eine zunehmende Marktsättigung und die Schwierigkeit, sich allein über Produkte oder Preise im Markt abzuheben.

Mit fortschreitender Digitalisierung und der wachsenden Bedeutung des Internets für den Handel haben sich auch die Kundenerwartungen gewandelt. Kunden bevorzugen nahtlose und personalisierte Erlebnisse über alle Kontaktpunkte hinweg – vom Online-Engagement bis zum physischen Kauf im Ladenlokal. Unternehmen erkannten, dass sie nicht nur Produkte verkaufen, sondern umfassende Kundenerlebnisse gestalten müssen, die eine emotionale Bindung aufbauen.

Der CXO überwacht und verbessert typischerweise alle Aspekte der Kundeninteraktion, um ein durchgehend positives Erlebnis zu gewährleisten. Dazu gehören das Design und die Implementierung kundenorientierter Prozesse, die Nutzung von Kundendaten und die Förderung einer kundenzentrierten Unternehmenskultur. Die Positionierung des Berufsbildes auf der Leitungsebene unterstreicht dessen grundlegende Wichtigkeit und Dringlichkeit.

Wer sich mit dem Jobprofil eines CXO beschäftigt, wird feststellen, dass die Aufgaben erheblich variieren können. In unserem Zusammenhang seien daher zwei Handlungsfelder hervorgehoben.

CXO = Konsequenter Kundenzentrierer

Als Kundenzentrierer konzentriert sich der CXO darauf, die Kundenperspektive im Zentrum aller Unternehmensaktivitäten zu verankern. Er oder sie ist dafür verantwortlich, dass jedes Produkt, jede Dienstleistung und jedes Verfahren die Bedürfnisse und Erwartungen der Kunden erfüllt oder übertrifft. Der CXO agiert als Bindeglied zwischen den verschiedenen Abteilungen und arbeitet eng mit ihnen zusammen, um eine Verankerung der Kundenorientierung in der Unternehmenskultur zu gewährleisten. Zu den Aufgaben gehören die Implementierung von Feedback-Systemen, die Verbesserung des Kundensupports und das Training von Mitarbeitern. Das Ziel ist immer, ein starkes Bewusstsein für die Bedeutung eines hervorragenden Kundenerlebnisses zu entwickeln.

Folgende Bereiche sind in der Verantwortlichkeit enthalten:

- **Co-Creation – Kundenintegration in die Produktgestaltung**
  Aktive Einbeziehung von Kunden in den Entwicklungsprozess durch gemeinschaftliche Workshops, Ideenwettbewerbe und gemeinsames Design auf interaktiven Plattformen.

- **Customer Advocacy – Kunden als Botschafter gewinnen**
  Entwicklung von Ansätzen, die Kunden dazu motivieren, als Fürsprecher der Marke aufzutreten und ihre positiven Erlebnisse auf organische Weise zu verbreiten.

- **Community Engagement – Beteiligung der Fach- und Interessengemeinschaft**
  Aufbau und Pflege einer aktiven Kunden-Community, um eine tiefe Markenbindung zu etablieren und einen Raum für Rückmeldungen und die gemeinsame Produktoptimierung zu schaffen.

- **Predictive Analytics – Vorhersagende Datenanalyse**
  Verwendung KI-gestützter Analysemethoden, um Kundenbedürfnisse zu antizipieren und personalisierte Lösungen zu bieten, bevor der Kunde selbst das Bedürfnis äußert.

- **Cultural Alignment – Kulturelle Abstimmung**
  Anpassung der Markenkommunikation an die kulturellen
  Präferenzen und Erwartungen der Kunden, um eine stärkere
  emotionale Verbindung und Identifikation zu erreichen.

- **Lifestyle Services – Synchronisation der Produktbereitstellung oder Leistungserbringung**
  Anpassung von Produkten und Dienstleistungen an die individuellen Arbeitsrhythmen und Gewohnheiten der Kunden, um
  eine optimale Integration in deren täglichen Arbeitsablauf zu
  gewährleisten.

CXO = Business Evangelist

Die Rolle des Business Evangelisten hat ihre Wurzeln in der
Technologiebranche der 1980er Jahre. Unternehmen wie Apple
begannen, ›enthusiastische Befürworter‹ einzusetzen, um ihre
Produkte und Technologien zu fördern. Diese Evangelisten oder
›Prediger‹ waren oftmals charismatische Persönlichkeiten mit
tiefem Verständnis für die Produkte. Sie nutzten ihre Überzeugungskraft und ihr öffentliches Ansehen, um die Innovationen
und Visionen des Unternehmens zu verbreiten. Ihre Aufgabe war
es, eine Brücke zwischen den technischen Entwicklungen und
den Endnutzern zu bauen. Sie kommunizierten die Vorteile und
Möglichkeiten der Technologien und steigerten somit das öffentliche Interesse und die Akzeptanz.

Mit der Zeit wurde die Rolle in viele andere Branchen übernommen. Dort nimmt sie eine Schlüsselfunktion in der Markenkommunikation und Kundenbindung ein.

Die spezifische Bezeichnung ›Business Evangelist‹ ist in Deutschland weniger verbreitet als im englischsprachigen Raum. Stattdessen firmieren ähnliche Aufgaben unter Titeln wie ›Brand
Ambassador‹ oder ›Community Manager‹. Oft sind es Mitarbeiter
oder externe Berater, die das Unternehmen und seine Produkte
oder Dienstleistungen repräsentieren und aktiv promoten. In
der Start-up-Szene spielen sie eine wichtige Rolle, da sie oft die

ersten sind, die von neuen Ideen und Produkten erfahren. In ihrer multiplikativen Funktion tragen sie dazu bei, dass diese sich schnell verbreiten und bekannt werden.

In unserem Kontext agiert der CXO als Business Evangelist und trägt die kundenzentrierte Vision des Unternehmens in die breite Öffentlichkeit. Das umfasst das Teilen von Erfolgsgeschichten, das Sprechen auf Konferenzen und das Teilhaben an Diskussionen in sozialen Netzwerken. Der CXO setzt alle Hebel in Bewegung, um die Marke kundenorientiert auszurichten und zu stärken.

Das betrifft auch die Beziehungen zu bestehenden und potenziellen Kunden. Die repräsentative Funktion hilft, das Vertrauen der Kunden zu stärken und eine starke Markenbindung zu fördern. Im Prinzip ist die Position des CXO gleichbedeutend mit der Integration einer selbstfinanzierten Kundenvertretung in das Unternehmen: Ein selbst ernannter Anwalt des Kunden, der stetig dafür sorgt, dass dessen Bedürfnisse im Fokus bleiben.

Diese klare Ausrichtung wird vom Markt nicht unbemerkt bleiben und die Marktpräsenz maßgeblich beeinflussen.

Die Zukunft ist dann mal jetzt!

In einer Zeit, in der die Digitalisierung immer schneller voranschreitet, müssen wir die Bedeutung menschliche Interaktionen im Geschäftsleben neu bewerten. Automatisierung und Künstliche Intelligenz sind zweifellos treibende Kräfte in der Wirtschaftswelt. Sie optimieren grundlegende Prozesse und schaffen neue Möglichkeiten zur Kundenbindung. Dennoch dürfen sie nicht als Ersatz für die menschliche Komponente angesehen werden.

Auch im B2B-Bereich wird das Bedürfnis nach menschlicher Interaktion bestehen bleiben. Wenn digitale Algorithmen das tägliche Miteinander und die eigenen Fähigkeiten immer weiter beeinflussen, wächst der Wunsch nach echter, nicht-digitaler Teilhabe. Das Streben nach menschlicher Nähe ist somit kein veraltetes Konzept, sondern ein zentraler Faktor beim Aufbau langfristiger Geschäftsbeziehungen.

Hier liegt das signifikante Potenzial zur Differenzierung im Wettbewerb: die Art und Weise, wie Unternehmen intern und extern mit Menschen interagieren - mit Mitarbeitern, Kunden und Partnern.

Jedes Unternehmen steht vor der Herausforderung, sein Wachstum nicht ausschließlich auf technologische Lösungen zu stützen. Denn die Bedeutung des menschlichen Potenzials ist aktueller und relevanter denn je.

1+1=11
11

Bereit?

Die Methoden und Ideen in diesem Buch mögen auf den ersten Blick unbequem wirken – und genau darin liegt ihr Wert: Unbequemlichkeit entsteht durch die Konfrontation mit dem Unbekannten, dem Neuen. Die Einzigartigkeit dieses Neuen birgt Chancen, aber auch Risiken. Wäre es einfach zu kopieren, hätten es Wettbewerber längst übernommen. Genau darin liegt das Potenzial eines dauerhaften Wettbewerbsvorteils:

Es ist schwierig nachzuahmen.

Nun stellt sich die Frage: Wer ist bereit, die Initiative zu ergreifen und diese Methoden anzunehmen? Der Mut, sich dem Neuen zu öffnen und Unbequemes zu akzeptieren, kann das Fundament für einen bemerkenswerten Erfolg legen. Er ist es wert, bemerkt zu werden: von Partnern, Kunden und dem Markt.

Es verlangt Pioniergeist, kreatives Denken und den Willen, bekannte Wege zu verlassen.

Viel Erfolg dabei!

Ihr
Michael Berndt

Quellen:

1. Forbes.com
    »Goldman Sachs Predicts 300 Million Jobs Will Be Lost Or Degraded
    By Artificial Intelligence«
    March 2023 - Jack Kelly

2. Goldman Sachs
    »Global Economics Analyst - The Potentially Large Effects of Artificial
    Intelligence on Economic Growth«
    March 2023 - Joseph Briggs, Devesh Kodnani

3. edX
    »The 2023 edXAI Survey - Naviganting The Workplace In The Age Of AI«
    September 2023

4. WEF World Economic Forum
    »The Future of Jobs Report 2023«
    April 2023

5. Gallup.com
    »Gallup Engagement Index Deutschland 2023«
    März 2024

6. Gallup.com
    »The Economic Cost of Poor Employee Mental Health«
    Dezember 2022 - Dan Witters, Sangeeta Aagrawal

7. DIW Deutsche Institut für Wirtschaftsforschung
    »SOEP - The German Socio-Economic Panel Study 2014«

8. IW Institut der deutschen Wirtschaft
    »IW-Trends 2/2018 - Vertrauenskultur als Wettbewerbsvorteil in
    digitalen Zeiten«
    2018 - Dominik Enste, Mara Grunewald, Louisa Kürten

9. IW Institut der deutschen Wirtschaft
»IW-Report 45/2020 - Vertrauen in Unternehmen«
2020 - Prof. Dr. Dominik Enste, Louisa Kürten, Inga Schwarz

10. Springer Verlag
»Bauchgefühl im Management - Die Rolle der Intuition in Wirtschaft,
Gesellschaft und Sport«
2021 - Alexandra Hildebrandt, Werner Neumüller

11. Journal of Management Studies 60(5)
»The Heuristics and Biases of Top Managers: Past, Present, and Future«
Mai 2023 - Gerard P. Hodgkinson, Barbara Burkhard, Nicolai J. Foss,
Dietmar Grichnik, Riikka M. Sarala, Yi Tang, Marc Van Essen

12. HDI Deutschland AG
»HDI BERUFE-STUDIE 2023«
September 2023

13. Boston Consulting Group
»Decoding Global Talent - What Job Seekers Wish Employers Knew«
Januar 2023

14. GERMANTECH Stiftung für Bildung und Entrepreneurship
»Company Resilience - Achieving Growth in Times of Polycrisis«
2023

15. EY Wirtschaftsprüfungsgesellschaft
»Fehlerkultur Report 2023 - Zwei Drittel der Führungskräfte sprechen
nicht über eigene Fehler«
März 2023